在学校运用焦点讨论法，可以帮助教育工作者——

· 拓展思考力和学习力
· 让学习变得更有意义
· 让团体沟通更为有效
· 避免和解决矛盾问题
· 增强教学评估的有效性

本书出版过程中，上海真爱梦想公益基金会"校长引导力F计划"第一期学员及助教团队参与了部分案例的校对工作，特此感谢！

"校长引导力F计划"第一期学员及助教团队名单（按姓氏拼音排序）：

安　永	陈桂兰	龚　路	龚　梅	郭　明	韩彦江	何亚娟	何阳庆
胡　斌	黄小路	蒋　俊	靳京武	赖　丹	李恩璐	李婉茹	李　媛
凌建红	刘　惠	刘　秒	刘晓云	刘秀丽	陆静雯	马　晖	潘玮秋
钱　卫	秦　瑛	任　伟	王洪君	王　萍	魏　强	肖　静	谢重新
徐　峰	许静红	雍海涛	游宏雅	张春城	张曙光	张月军	赵军伟
朱爱华	祝廷建						

学校引导力提升丛书

[加]乔·尼尔森◎著

屠彬◎译

任伟◎校

关键在问

——焦点讨论法在学校中的应用

教育科学出版社

·北 京·

精彩评论

对任何一位专业的教育工作者而言，组织和引导有价值的讨论是其应当具备的一项能力。但是，一场高质量的、有效的讨论不可能平白无故地发生。焦点讨论法的逻辑结构，能够为我们在组织讨论过程中激发团队的凝聚力和有深度的思考提供保证。《关键在问——焦点讨论法在学校中的应用》一书，为我们教育工作者成为有效讨论的组织者提供了广泛而实际的指导。作者着力给我们分享了大量的焦点讨论法应用示例，每一份讨论示例都是按照焦点讨论法四个层面（客观性层面、反应性层面、诠释性层面和决定性层面）的问题引导展开的。其中，大部分讨论示例还按照讨论对象进行了分类，如对学生、对教职员工、对家长和社区成员等。对期望掌握大师级引导技能的教育工作者而言，这本书为你提供了你所需要的全部内容。

——美国资深教育咨询顾问与培训师、文化事业学会（ICA）元老级引导师、上海真爱梦想公益基金会教师发展学院名誉顾问　R. 布鲁斯·威廉姆斯

对任何想要在教育领域的场景中做出重要决策的人来说，《关键在问——焦点讨论法在学校中的应用》都是一本非常必要的参考用书。对于如何在课堂上更好地与学生相处，如何更好地处理校长与教师之间的关系，以及如何组织更为有效的家长会议和各类行政会议，作者乔·尼尔森在这本书中都有丰富的体现，简直就是引导理念的最佳实践！这是非常实用的一本书！

——国际引导者协会（IAF）名人堂成员、文化事业学会（ICA）国际总会理事比尔·史泰博

借助焦点讨论法的理念与方法引导学习者获得有意义的学习体验，无疑是提高中小学教学乃至教师研修成效的一个关键抓手。乔·尼尔森集自身数十年实践与研究写作了本书，在引导学习者借助深度参与，获得客观感知、个人反思、把握实质和实践应用等方面提供了丰富的经验。这本书不仅从理论和方法层面对焦点讨论法进行了深入浅出的阐释，还汇集成功实践提供了真实的案例示范。在我看来，本书对于任何有志于变革自身教学的基层教师和教师教育专业人员，都是一部不可多得的专业教科书。

——《教师研修：国际视野下的本土实践》作者　张铁道

焦点讨论法是撬动学习者结构化思维的支点，是确保学习者思考进阶的有效工具。更为重要的是，焦点讨论法改变了教与学的关系。教学者和学习者在共同话题的引领下通力协作、相互信任、坦诚分享，经由讨论制定共同的"行动纲领"。在工具的支持下，主导和主体均能深度参与学习过程，获得新策略，形成新观点，学习共同体的创建真正得以实现。

——北京教育学院教师教育人文学院院长　吴欣歆

我想和各位有机会接触到《关键在问——焦点讨论法在学校中的应用》的读者分享的是，焦点讨论法是基于不计其数的教育研究而发展出来的，无论是教师、学生、家长，还是从事教育管理的行政人员，焦点讨论法都是一种值得学习的核心技能和教育哲学。O-R-I-D 四个层面的思考是一个完整过程，四个层面的逻辑思维结构为我们打开了一扇通向思维的大门，为团体的讨论提供了结构，为团队成员清晰的思考和表达提供了有效的工具，它能够帮助我们提升思考力和学习力，让学习变得更有意义。同时，本书中提供了大量的实操案例，对于解决冲突，达成共识，做出行动决策，以及用于组织发展与创新激发的组织流程，提供了非常实用的操作指导，能够让团队沟通更为有效。相信无论是团队领导、团队成员，还是引导者、管理者，一定能从本书中受益。

——山东省青岛市市南区教育研究中心主任　王　红

焦点讨论法为教师提供了一种结构化的提问方法，通过有层次地提出问题，引发师生间高质量的有效对话，实现师生的共同成长。以我自己在学校的实践而言，焦点讨论法既用于群策群力的教师研讨会中，也用于以学生为主体的课堂教学之中，还用于致力于品质成长的主题班会上。总之，焦点讨论法在我校两年的实践中，为学校营造了和谐的沟通氛围，提升了对话质量，改变了我们的思维方式，释放了学习的潜力。

——上海真爱梦想公益基金会"校长引导力 F 计划"第一期学员、山东省青岛市第二十四中学校长　刘晓云

学校是一个完整的系统，所有希望能够在这个系统中取得成功的校长、教师，都一定要读这本书。书中呈现的引导技术——焦点讨论法步骤清晰且极其简单。它帮助读者学会如何通过四个层面的提问厘清事实、关注感受、挖掘价值和做出决定。实践焦点讨论法两年来，我的感受是：焦点讨论法可以转变你的思维方式和行动方式，更重要的是，可以创造更高效、更人性化的工作环境。它适用于工作和生活的方方面面，让我们的工作和生活更加积极顺畅。本书的精髓是：沟通、决策、变革的关键在于高质量的提问。一本书真的就能改变你的学校和班级吗？答案是："能！"

——上海真爱梦想公益基金会"校长引导力 F 计划"第一期学员、山东省青岛市湖岛小学校长　马　晖

学习的关键在于行为的改变，无法由外强加，必须自内生发。提问引导并启发学生是老师最重要的核心能力。本书由国际引导界大师乔·尼尔森执笔，集结教育情境的提问，让每位老师轻松备课，是老师们桌上必备的工具书。

——国际引导者协会（IAF）国际认证专业引导者及评审、Open Quest 董事长许逸臻（Laura Hsu[CPF]）

"ORID 是个宝，学会使用不得了。"这是我 7 年前学习焦点讨论法之后的感言。这些年我不仅自己用，还教了很多人怎么用它，感觉只增不减：好，宝，一辈子值得拥有的财富。作为培训师，它让我课上的提问更结构化、更聚焦、更深入、更能引起学习者的思考和共鸣；作为会议引导者，它是我设计流程的底层框架，用它不缺项，自然流畅；作为父亲，有时睡前和儿子聊几个小问题，帮他回顾和理解一天的经历，让生活充满意义。喜闻本书出版，由衷地告诉你：无论对个人、家庭、学校还是工

作，没有错误的答案，只有问不对的问题。预祝你在读—用—思后发现更多问的魅力。

——国际引导者协会（IAF）认证专业引导者（CPF）、上海真爱梦想公益基金会"校长引导力 F 计划"顾问　张树金（Simba）

焦点讨论法提供了一套简单有效的知彼解己的方法，我不仅仅从中学会提问，还学会了有效聆听，聆听他人、聆听自己。

——专业团队引导者、上海真爱梦想公益基金会"校长引导力 F 计划"顾问　任　伟

中文版序

如果我们能周密地思考问题，带领团体做出明智的决定，我们就能最大限度地发挥我们的才智。而如果我们能教会孩子清晰地思考，其实也就是在为我们能有一个更好的未来而投资。

《关键在问——焦点讨论法在学校中的应用》一书现在有了中文版，可供中国的老师和对教育感兴趣的人士阅读，我为此感到很开心。

我第一次与焦点讨论法相遇大约是在 50 年前，那时我正接受培训，打算做一名小学老师。当我开始上课时，我学到了使用这种方法来帮助我的学生思考他们的学习内容，让他们能真正地理解和运用所学的知识。我发现，当我不再只是单纯地对学生讲授，而是让他们自己投入到学习内容中时，他们能学到更多的东西。而作为一名曾在世界范围内教授学前班的孩子、中小学生以及成人的老师，我在聆听学生经验的同时也在持续地学习。于是，我决定撰写这本书，与其他老师和学校领导者一起来分享这些学习收获，帮助我们教会学生如何思考。

引导学习是一种提供信息之后带领学生讨论这些信息，让他们发现自己的想法和智慧的方式。通过这种方式，学生就创造了自己对知识的所有权，也就更有可能在实际生活中对这些知识加以运用。

焦点讨论法正是我所知道的引导学习的最佳方法。这一方法基于 50 多年对来自不同文化的人如何加工信息的研究。你会在书中读到，当我们能够清晰思考时，一般有四个层面。首先，我们观察正在发生什么，之后我们会对这些信息产生内在的联想和反应，然后我们会解读相应状况的意义，最终我们决定围绕这样的状况做些什么。每个层面的思维都建立在前一层面的基础上。使用焦点讨论法可以带领一个团体用这种自然的过程共同来进行思考。

当我们一次次地与学生一起运用焦点讨论法时，他们就能开始应用这种思维过程思考其他重要的内容。我们正是用这样的方式来教会他们在自己的生活中解决问题、创造新知的。

在本书的第一部分，你将首先读到这种方法背后的理论，也会了解一些关于我应用这种方法的故事。在第二部分，你会读到如何准备和真正引导一场焦点讨论。在第三部分有很多讨论应用示例，你可以使用并调整这些示例，设计你在自己的实际工作情境中可以运用的讨论。共有 40 多位老师和校长贡献了书中的这些示例，他们在自己的课堂上和学校里引导过这些讨论。这一部分也给出了一些如何将示例作为实际讨论模板使用的提示。

附录中包含了不少内容，其中包括一份适用于引导焦点讨论的起点清单，以及焦点讨论法每个层面的问题示例，等等。

焦点讨论法初看起来很简单，但你会在使用中学到越来越多的东西，并且不断发现它的用途所在。我使用焦点讨论法已经超过 45 年了，现在每次使用时仍有新的领悟。

希望这些讨论和背后的理论能为你带来灵感。

愿你享受这本书！

乔·尼尔森

2016 年 5 月

译者序

大学毕业后，我的第一份工作是在一个基金会的农村项目点做社区项目和学校项目。基金会的价值观是"以社区为中心"，在学校就是"以学校为中心"、"以学生为中心"。在与农村学校的老师和校长讨论项目时，常常会聊到"什么样的教育是好的教育"、"我们想给学生带来什么"之类的问题。而他们面对的困难和挑战，与本书作者乔·尼尔森在开篇时提出的问题相差无几："为什么孩子不学习?"、"为什么他们不能更深入地思考?"、"为什么孩子缺乏动力?"、"为什么他们学不会怎样与其他人一同工作或好好相处?"而对于他们来说，可获得的资源和支持又十分有限。当地传统的教师培训已经不能满足教师成长的需求，一些新的培训资源又有些"不接地气"，体验学习、参与学习、项目学习，方法论"看上去很美"，但却缺少结构化、易掌握、可操作的工具，回到现实时依然难以应对课堂的实际需要与压力，最终又回到过去的老路上，时间久了，无力感自然潜滋暗长。

翻译《关键在问——焦点讨论法在学校中的应用》的过程中，我得知上海真爱梦想公益基金会已经启动的"校长引导力F计划"培训项目就应用了包括焦点讨论法在内的一系列引导方法，参与项目的成员中有相当一部分是来自乡镇地区学校的校长和部门管理者。于是，那些几年前遇到的殷切的面孔，又时常浮现在我的脑海里。如果他们掌握了这样一种实用的方法，既能灵活地嵌入课堂教学，又能作为逻辑依据设计新的课程；既能将整个课堂反转为参与式的体验和讨论，也可以在传统的课堂里通过调整讲授的结构来改进授课方式，那将会有一些不一样的改变发生吧!

《关键在问——焦点讨论法在学校中的应用》背后的教育观和方法论对于教育者来说并不陌生。从约翰·杜威强调"做中学"的实用主义教育思想，到陶行知提出的"生活即教育"理念，都在提倡打破固化的师生关系、教学关系，代之以共创和合作，创造与学习者的生活更相关、更有意义的经验。而焦点讨论法正为我们提供了这样一种可操作的方式，帮助我们实现体验、学习、反思的无缝衔接。

焦点讨论法是一种实用工具，也是一种思维方法，对这个方法的使用也是一个不断发展和生长的动态过程。我自己的一部分工作包括设计与实施面向中小学生的戏剧课程，以及为夏令营与冬令营的志愿者提供体验式培训。接触焦点讨论法之后，我在课程逻辑和讨论思路的设计上受益良多。这一方法适用于不同层面的设计，从连续几天的课程框架，到某一节课的结构，再到某个具体讨论的问题编排，都可以遵循焦点讨论法背后的自然思维过程，令活动和问题变得更有意义。

"实用"，便是我对这本书最大的观感。方法背后的理论简洁精要，应用的解说提示细致准确。应用示例的部分占到了全书篇幅的近80%。这些示例按照不同的使用侧重点分成了六章（原书第二版新加入的示例单独作为一章），也按照参与者的类型分为学生（第六章细分到了不同年龄段的学生）、教职员工、家长和社区居民等几类，便于翻检查阅。需要注意的是，虽然本书针对不同参与者的讨论涉及不同的主题，但某个特定主题的讨论如稍加修改，也可面向另一群参与者进行讨论。比如，某个示例是用于教职工们观看某部教育主题的电影后的学习讨论，那么，这样一个示例当然也可以稍加修改，用来与学生进行观影后的讨论。这些示例都来自一线教育工作者的实践，因此也有很强的实用性。不过，中国的教育与学校背景较西方国家来说多少会有不同，所以读者也需要在使用这些示例时做一些改编，或是设计符合自己需要的讨论。

对于书中提到的一些人物、著作、术语，在翻译时也增加了相应的说明，作为脚注。涉及的术语采用了相对普遍的翻译方式，其中难免有疏漏和不确切的地方，敬请各位读者给予谅解和指正。

本书的引进要特别感谢任伟先生的推动和介绍，他也花费了大量的精力审读了本书的初译稿，提出了很多宝贵的意见。教育科学出版社的刘灿先生和本书责任编辑谭文明先生为保证本书出版质量，付出了大量细致耐心的工作。此外，他们还一直在持续通过出版的方式介绍国内外最新的教育探索、营造基于本土学校教育创新的社群，为教育工作者注入滋养的力量。

愿这本书给广大教育工作者带来收获和启发，令我们的课堂焕发更多活力；也愿我们有一天能汇编出一本基于本土经验的焦点讨论案例集！

屠 彬

2016 年 6 月

目　录
CONTENTS

第四部分 附录

第一部分

理论

第一章
在学校中运用焦点讨论法的重要性

> 思考、质疑和想象是人类意识的工具，是人类区别于动物和机器之所在。这些思维工具可以发挥人类的主动性，而负责任的个体需要具备这样的主动性，以便参与和构建自己的生活。
>
> ——约翰·拉尔斯顿·索尔[①]

走进全世界任何一位教师的办公室，你都能在一片"嗡嗡"声中听到各种充满挫败感的故事和关于教学的矛盾问题——学生为什么不学习？他们为什么不能更深入地思考，从而发展出解决问题所需要的高阶思维[②]能力呢？他们为什么缺乏动力去学习我们想让他们学习的内容？他们为什么学不会怎样与其他人一同学习或好好相处呢？

在这些办公室里，还充斥着其他的挫败感——耗费时间的备课、漫长而无效的教职工会议、与家长之间困难的沟通，以及与其他教师之间的误会；与此同时，家长、学生、学校管理者也都在为相似的问题苦恼着。

此外，作为教师，我们还面临着各种压力：我们要向更多的学生、彼此差异更为显著的学生教授更丰富的内容，但与此同时，给他们的资源和支持却又在不断减少。面对这些更为紧迫的现状，我们必须寻找可以解决上述问题的方法。

可以确定的是，无论是在教室、办公室、学校会议，甚至在一对一的讨

[①] 约翰·拉尔斯顿·索尔（John Ralston Saul），加拿大作家，以其在个人主义、公民性、公共利益等政治经济方面的著作而闻名。国内已翻译其专著《全球化崩溃》，由人民出版社在 2013 年出版。（本书脚注除非特别说明，均为译者注。）

[②] 美国当代著名的教育学家布卢姆（Bloom）建立了教育目标分类系统，认为学习分为不同的层次。高阶思维（higher order thinking）是指在学习领域和问题解决中的分析、比较、阐释、评估、综合等一系列认知过程。

论中，都必然存在某种方法，可以帮助我们更清晰、深入地思考，一定存在着某种途径来引导学生、家长以及我们老师就某一个主题展开讨论，最终达成有意义的学习。

事实也确实如此。我的教学生涯始于 20 世纪 70 年代一个城市贫民区的学校，那时的我还是一个刚刚从农场中走出来的天真女孩。我获得了一个用于设计和引导讨论的实用方法，而在过去的 30 年间，我发现这个方法极富价值。它可以用来引导儿童和成人的学习，可以为学习注入现实生活的意义，可以令沟通更为深入有力，可以在个人和团体层面解决问题。这个方法也可以给学生的思维提供一个有效的逻辑框架，帮助他们厘清自己的思考。

这个方法有很多不同的名称，如"艺术形式方法"、"讨论法"、"焦点讨论法"① 等等。这一方法包括"O–R–I–D"四个层面。简单地说，这一方法依次涉及四个思维层面：

　　客观性层面（Objective）：处理信息和感官的觉察；
　　反应性层面（Reflective）：有关个人的反应和联想；
　　诠释性层面（Interpretive）：关于意义、重要性和含义；
　　决定性层面（Decisional）：关注解决方案。

这是文化事业学会②在 40 年的工作中，基于对人们处理信息的研究和观察而开发完善的一种方法。而这本书就是为了与我们老师、学校管理者、家长、学生分享焦点讨论法这一工具，以便帮助我们解决上述种种问题的。下面我将阐述焦点讨论法在学校中所能发挥的诸多作用，总的来说，使用这一方法可以做到：

拓展思考力和学习力

---

① 本书中将 focused conversation 统一译作"焦点讨论法"或简称为"讨论法"。由于这种方法除了用于团体讨论，也会用于一对一沟通或个人内在思考过程，在后面两种情况中，conversation 一词译为"对话"。

② 文化事业学会（Institute of Cultural Affairs，ICA）是一家专注引导、培训、研究的机构，为美国和其他三十多个国家数以万计的从业者提供有效的参与式技巧培训。该学会拥有四十余年的国际经验，在设计、培训人们使用简易、高效的团体领导力方法上一直居于领先地位。参见：http://www.ica-international.org/。

让学习变得更有意义

让团体①沟通更为有效

避免和解决矛盾问题

增强教学评估的有效性

一、拓展思考力和学习力

引导抽象思维能力

在我做老师时，经常会让孩子们在读完某个故事之后马上回答"这个故事讲了什么？"之类的问题，而孩子们的答案总是停留在表面，比如说，"这个故事讲了两个孩子和他们的狗"。后来，当我了解了焦点讨论法，才意识到教学活动（如讨论）并不一定非得像我之前那样设计。

大约 30 年前的一个夏天，在一次夏令营活动中，我为一群学龄前的孩子们上课。我让这些孩子背诵一首熟知的儿歌《小玛菲特小姐》②。之后我们围绕这首儿歌进行了简要的讨论，过程大致如下。

1. 客观性问题

"有哪些单词的意思是你们还不太明白的？"（tuffet，curds，whey——我做了解释）

"儿歌里有哪些人物呢？"（小玛菲特，蜘蛛）

"一开始发生了什么？然后呢？再之后呢？"

"小玛菲特害怕的时候做了些什么？"

2. 反应性问题

"你在什么地方有过类似的经历？"（一个孩子说他妈妈让他吃白软干酪，结果他很不喜欢；其他几个孩子也分享了各自受到惊吓的故事和他们当时的

---

① 在《引导：团队群策群力的实践指南》（英格里德·本斯著，电子工业出版社 2011 年出版）一书中，对"团体"（group）和"团队"（team）两个概念曾经做过清晰的解释。本书中所指的，一般情况下是"团体"，即"一群人集中在一起互相交流，解决某个问题或协调某件事"。示例部分则多为"团队"，即"一群人集中在一起，为了达成一个明确、有挑战性的共同目标，大家都参与了这个目标的确定过程"。

② 英语童谣。原文是：Little Miss Muffet/Sat on a tuffet/Eating of curds and whey/Along came a spider/Who sat down beside her/And frightened Miss Muffet away. 大意是：玛菲特小姐坐板凳，吃着凝乳和奶酪，一只蜘蛛爬过来，吓得小姐扭头跑。

反应。)

3. 诠释性问题

"这个故事究竟给我们讲了些什么?"

一个小女孩想了几秒钟,然后眼睛突然一亮:"这个故事讲了……当害怕的时候,你可以决定是逃跑还是不逃跑!"

4. 决定性问题

最后,这个小女孩对我说:"下次我要自己决定该怎么做。"

这让我惊讶不已。这个小家伙已经从这首儿歌中读到这样深层次的意义,甚至能和她自己的生活联系起来。她探索抽象意义的能力,或者说已经达到更高层面的思维能力,正是由焦点讨论法循序渐进的过程逐步激发形成的。

焦点讨论法从最明显和最容易获取的信息开始,一步步引导讨论者展开更高阶的思考,因此,应用这种方法可以拓展学生的抽象思维能力。

培养清晰思考的能力

我们可以把焦点讨论法作为一种培养分析能力和创造性思维技能的工具教授给学生。

一位七年级的老师制作了一张关于焦点讨论法四个步骤的简易海报[1],并将其张贴在教室里。

尽管一张简单的海报并不能完全让学生学会这个方法,但海报展示了思维过程的基本结构,而这个过程随后在一系列的课堂活动中不断得到强化。

这位老师首先要求学生使用焦点讨论法的框架写一篇读书报告,在此框架中,他为学生提供了包括许多具体问题的表格,并且针对学生小组合作学习活动做出了明确的教学要求和指导。在每节课结束时,他同样会用焦点讨论法的框架来和学生一同回顾所学的内容。

在每天放学前,班里的学生会用这个框架来记录自己当天的所学。而在学年结束时,他们也被要求用这一框架来撰写各种小论文和科学实验报告。这样的报告里包含了完整合理且富有启发性的学习结果。

---

[1]　见本书附录八"可用于教授焦点讨论法过程的海报"。

如果学生能掌握一种清晰的思维模式，他们写出的论文也会表现得更为深思熟虑。他们会思考所学的内容还有可能包含哪些更深层次的内涵，以及可以如何被应用，进而他们也就获得了在实际生活中解决问题的工具。焦点讨论法为他们清晰地思考和表达提供了有效的工具。

设计课堂讲授①的逻辑结构

一位高中老师向学生解释手工课的安全操作规程。

客观性层面：他描述了自己见过的因误操作电动工具引发的一场事故。

反应性层面：他强调了自己担心的是什么。

诠释性层面：他用几句话说明了是什么样的行为引起了那场事故。

决定性层面：他拿出事先草拟的安全操作手册，要求全班学生在进行手工活动时必须遵守。

在他这样做之后，这个班的学生就很有可能会理解在安全操作规程背后老师的想法，从而达成较为一致的理解，并能遵守规则。

并不是任何教学内容都适合用开放性问题来教给学生。有很多时候，我们需要向学生分享某些为我们所独有的信息或智慧。就像上面的例子中手工课老师做的那样，我们在讲授某个主题的教学内容时，也可以应用上述四个层面的思维逻辑结构：先摆出事实，然后分享联想和感受，接着阐述该信息的重要性或意义所在，最后是结论。这种逻辑结构为我们打开了一扇通向思维过程的大门，清晰地向学生传达了结论是怎样得出的。这也使得学生能更全面地理解老师所讲授的内容。

二、让学习变得更有意义

为包括学习应用在内的教学设计提供一种结构

一位五年级的科学课老师在课上给学生提供了一些材料，让他们组成小组做一个实验：用所提供的材料造一座桥，然后用重物来测试桥是否牢固。

---

① 这里的"课堂讲授"（presentation）与"课堂讨论"相对，指教师以口头介绍或说明的方式传授知识。作者在这里想要强调的是，即使在这种单向的课堂讲解中，也可以使用焦点讨论法来设计讲解的结构。

客观性层面：首先，学生画出设计图，用图表呈现最终效果。

反应性层面：其次，学生要反思自己做了什么、有什么效果。

诠释性层面：再次，学生将自己的设计图与真正的桥的照片或建筑图做比较，找出一些有效设计的原则。

决定性层面：最后，学生为学校操场设计并建造一个小的攀爬设施。

这四个步骤为我们在备课时提供了一种很好的结构。通过这种结构，我们所讲授的教学内容在课程结束前就可以被学生吸收和应用。而当学生基于所学来行动时，就会发现课程内容和实际生活的关联。一般来说，这也会很好地激发学生继续学习的积极性。

可用于处理遗漏的信息，增进沟通

一位化学老师用一个快速而吸引眼球的方式开始一节课：他把几种不同的化学药品混杂在一起，引起一系列反应，最后生成了一团橙色的烟雾。之后他问了下面的问题。

客观性层面："刚刚发生了什么？"有的学生注意到了一些现象，有的则注意到了另外的一些现象。通过共同的努力，他们按顺序还原了刚刚发生的事。

反应性层面："你在哪里看到过类似的现象？"一名平常上课时总是犯困的学生这次讲了一个有趣的故事：他小时候用一些化学药品引起了一场小规模爆炸，大家听了都乐不可支。另一名学生则提到了一部关于电影特效的纪录片。

诠释性层面："你觉得为什么会发生这样的现象？有什么可能的解释？你认为哪种解释是合理的？你认为其中隐含着什么样的原理？这与课本上的解释比起来怎样？"学生们尝试着探讨理论，气氛活跃起来，他们还把探讨出的原理与刚才发生的情况以及教材中的相关内容进行比较。

决定性层面："这个原理在工业上可能会有怎样的应用？"这个问题激发出了学生极具创意的思考，也为下一节课提供了很好的铺垫。

焦点讨论法作为一种讨论流程，可以增进讨论者之间的沟通。无论是与学生、家长，还是与其他老师交流、共事时，这种方法都可以帮助参与讨论者处理和理解可能遗漏的状况。简单地问一个"我们刚才都做了些什么?"的问题,就可以帮学生意识到他们忘记的信息,并且不会令他们感到尴尬。在结构化的讨论中,不同层面的问题能让学生发挥不同的长处和学习能力,这样,更多的学生都可以参与其中。可能某个学生有生动的联想力和丰富的反应性,而另一个则着迷于探讨道德层面的含义。当我们用尊重和倾听取代争论时,不那么强势的学生就会发现,公开表达自己的观点变得容易了。

三、让团体沟通更为有效

构建共同的理解和尊重

在澳大利亚的一所乡村学校中,白人老师对原住民孩子的行为存在很多不满。于是,老师和一些家长坐在一起来商讨如何解决这些问题,他们最先从各自观察到的一些现象开始了这场讨论。

客观性层面——一位老师说:"当你跟一个孩子讲话时,他(她)都不会看着你,即使你要求他(她)看着你也没有用。"

反应性层面——家长和老师分享了他们对此的反应。当孩子没有看着他们时,老师会觉得自己碰壁了,还会经常因此而生气。而家长则回应说孩子们的行为是合乎他们期望的,但同时他们也因感受到老师的怒气而备受打击。

诠释性层面——当探讨这些反应背后的模式时,老师们发现,在原住民文化中,当年长者跟年幼者讲话时,年幼者表示尊敬的做法是向下看,而直视对方的眼睛会被视为对隐私的侵犯;家长们也发现,欧洲裔的人讲话时看着对方的眼睛是为了表示关注,而如果对方目光移开则意味着不尊重。

决定性层面——下一步是尽力弥合文化差异。用一种互相尊重的方式来解决误会,这也为双方更深入的对话创造了可能。

当人们逐步构建共同理解,并在更深的层面上进行对话时,尊重和共识就会发生。利用这种方式,我们可以在更短的时间内更有效地解决问题或讨论热点议题。这样,焦点讨论法就为团体的讨论提供了结构,使他们可以更清晰地共同思考问题。

四、避免问题、解决冲突

一天，有两个女孩在操场上打架了。她们的一个同学曾接受过同伴调解培训，于是这位同学便对此事进行了干预。

客观性层面——

"玛丽，发生什么事儿了？""她打我。"

"苏珊娜，现在你来告诉我发生了什么。""我打她是因为她拉我的头发。"

反应性层面——

"当这件事发生的时候你有什么感受？""我快要被气疯了。"

"那你觉得她会有什么感受呢？""她应该像我一样崩溃吧。"

诠释性层面——

"你觉得为什么你们这次会打架呢？""因为我们都想玩秋千。"

决定性层面——

"我们怎么做才能解决这个问题？""如果她玩完后让我接着玩，我就让她先玩一会儿。"

焦点讨论法可以让人们清楚地说出自己的反应，同时也能听到他人的反应，人们可以利用这些信息来从整体上理解出现的问题。通过这种方式，对话的参与者可以自行找到解决方案并处理自己的问题。

五、评估并承担学习的责任

一位高中数学老师在学校接待日会见了一名18岁的学生和他的母亲。这名学生的学习出现了一些问题。老师问了他几个问题：

客观性层面——"汤姆，这是我给你评定的分数，包括你丢的分和总分。关于分数你有什么问题吗？"

反应性层面——"整体上，你对哪些内容的学习最满意？你或你妈妈对你哪些内容的学习还感到担心?"

诠释性层面——"你觉得什么地方有不足?背后的问题是什么?这门课对你有怎样的重要性?"

决定性层面——"你可以就这样的情况做些什么?你需要我或你的父母怎样帮助你?如果你需要,我可以在这些时间段辅导你(出示时间表),哪些时间对你来说最合适?"

通过这种方式,焦点讨论法可以使学生承担起做出决定的责任,从而协助学生、老师和家长形成一种合作伙伴关系。

本书包括哪些内容?

如果老师们想了解焦点讨论法的来源及其之所以能奏效的原因,可以在第二章和第三章中读到相关内容。这两章在学校课堂教学背景下,探讨了焦点讨论法的理论和历史发展。第四章和第五章主要介绍了如何使用和引导一次焦点讨论,以及如何设计你自己的焦点讨论。

接下来的六章,每一章包括二三十个焦点讨论示例。这些示例都来源于实践,它们让我们看到老师和学校其他相关的群体可以如何运用焦点讨论法来解决与教学相关的深层问题与困境。

此外,在这六章中,每一章也都包括了在与学生、教职工、家长、社区成员等不同群体进行讨论时可以选用的主题。希望这些示例只是一个开始,而你可以在此基础上,计划和准备属于自己的焦点讨论。第十章也给出了一些创造性的示例,展示了在一个简单的讨论之上,我们还可以如何创造性地应用四个层面的焦点讨论问题。第六章至第十一章的具体内容如下。

第六章 让学习变得更有意义

这一章的示例为我们提供了一些教会学生清晰思考、培养学生抽象思维能力和探索深层次意义技能的方法,还为我们展示了讲解教学内容的一种逻辑结构。这些示例也探讨了如何调动学生的学习积极性以及如何帮助学生应用所学内容的问题。

第七章　让团体沟通更为有效

本章提供了在教职工会议、学生的小组项目、家长会等场合中应用焦点讨论法的示例。在这些示例中，焦点讨论法促进了团体成员之间的有效沟通，令团体成员能达成互相理解与尊重，并做出明智的决定。

第八章　避免和解决矛盾问题

在这一章的示例中，我们可以看到学生、教师、学校管理者、家长等如何在一对一的或团体的情境中使用焦点讨论法来解决误会、冲突以及处理困难的问题。

第九章　增强教学评估的有效性

这一章为学生和教职工的自我评估、学业评估、成就评估等都提供了焦点讨论示例。焦点讨论法是一种既有效又公平的方法，可以促进学生和教职工等被评估者的成长。

第十章　焦点讨论法的创造性应用

这一章中有一些关于焦点讨论法四个层面步骤（过程）的创造性应用示例，一些讨论示例可以相互结合起来使用以拓展学习，还有一些示例则展示了对焦点讨论法四个层面独特的、创造性的运用。

第十一章　第二版新增的讨论示例

第二版在这一章中新收录了一些讨论示例，这些示例大都来自于使用本书第一版的教育工作者们。他们在实践中设计了属于自己的很特别的讨论，这些设计和讨论示例对其他读者可能也有一定的参考价值。为了更加清晰易读，在这些讨论示例中我们增加了"讨论的具体起点"这个部分，但目前这些讨论还没有具体分类。

本书附录中列出了焦点讨论法每个层面的示例问题，可以结合工作表来使用这些问题并设计你自己的讨论。附录中还包含了应用焦点讨论法的其他诸多细节，方便读者查阅和使用。最后，还附上了空白的工作表，读者可以用来开发属于自己的焦点讨论。

　　关于焦点讨论法在作为工作场所的学校中的其他一些应用示例，大家不妨参阅《学问 ORID：100 种提问力创造 200 倍企业力》① 一书。

---

① 原著为 *The Art of Focused Conversation：100 Ways to Access Group Wisdom in the Workplace*，R. 布莱恩・斯坦菲尔德（R. Brian Stanfield）著，钟琮贸译，电子工业出版社 2016 年出版。

第二章

焦点讨论法的结构

智识的学习（intellectual learning）当然包括信息的积累和记忆。然而，如果信息不能被理解，也只是不被消化的负担……而理解就意味着抓住了所获取信息不同部分间的关系。只有在获取知识时持续不断地进行反思，不断思考所学的意义，才能获得这样的理解。

——约翰·杜威

加工生活经验的自然方法

本章为大家分析的焦点讨论法，其实并不是什么新发明。其中的四个步骤不过是遵循了人类认知的内部过程：知觉—反应—判断—决定。

我们不妨先来想象一个刚学会走路的孩子是怎么在这个世界中学习的：她看到石头上有红色的在燃烧的东西。她碰了碰这燃烧的东西。灼烧的疼痛令她跳回来并发出尖叫。当她把手指放到嘴里吮吸时，她看着燃烧的东西，心想："这可太疼了！"于是她决定去找别的东西玩。下次当她再见到红色燃烧物的时候，她就会想起来第一次碰触的疼痛，联想到红色的燃烧物会灼痛自己的这个知识，决定不再碰它（或者可能小心翼翼地去触碰它，以检验她新学到的知识）。

接着，我们可以想象一下一个 10 岁的孩子正在用杠杆做一项科学实验的样子。她观察到，当把杠杆臂调长时，就更容易撬动物体。她想起来，当她调长另一个杠杆的力臂时发生了同样的现象。于是，她推断出较长的杠杆臂总是较易撬动物体这个规律，并在另一种情境下测试她的假设是否仍能成立。

之后，她推断这是杠杆的一个法则，并用自己的话记下了这个法则。

最后，我们再来想象一下一个高中学生在阅读《罗密欧与朱丽叶》的情形。起初，他要搞清楚词句的意思，可能需要大声朗读。这个过程也激发他联想到自己与女生交往、与父母相处的经验，也联想到曾经看过的一些类似主题的电影。他用自己的经验来诠释罗密欧和朱丽叶的行动，然后决定他是否喜欢这部剧。或者，他也可能会受剧情影响，从不同角度去看待自己的经验，然后换个方式去与自己的女朋友或是父母相处。

上面的每个学习者都：

与外部世界相遇（客观性层面）

将外部世界与自己的内部经验相联系（反应性层面）

发现其中的意义（诠释性层面）

基于以上过程，得出结论或做出决定（决定性层面）

这四个层面为我们描述了人类思考的自然过程，而通常我们并不会意识到这个过程。无论是婴儿、儿童，还是青少年、成人，其学习和信息加工大致都遵循相同的规律。当然，学习内容会发生变化，而我们在不断获取经验的同时，会获得更多内部的联想来进行进一步的建构。[1]

焦点讨论法就是基于上述四个意识层面展开的，并且它可以在活动范围上，从个人生活的反思扩大到团体内对各种深刻见解的分享。运用焦点讨论法展开的讨论或对话聚焦于某个特定的主题。通过一系列问题，我们可以获得具体的情境信息、感性的回应、对问题的诠释以及所需的行动。

焦点讨论法的依据

多年来，人类一直都在试图理解自己的思维过程。四个层面的焦点讨论

---

[1] 当代建构主义学习理论认为：世界是客观存在的，但是对世界的理解和对世界赋予的意义却是由每个人自己决定的。我们是以自己的经验为基础来建构现实，或者至少说是在解释现实，每个人的经验世界是用我们自己的头脑创造的，由于我们的经验以及对经验的信念不同，我们对外部世界的理解便也迥异。所以，学习不是由教师把知识简单地传递给学生的过程，而是由学生自己建构知识的过程。学生不是简单被动地接收信息，而是主动地建构知识的意义。学习意义的获得，是每个学习者以自己原有的知识经验为基础，对新信息重新认识和编码，建构自己的理解。

法正植根于人们加工处理想法和经验的过程。与此相关的很多理论其实是由让-保罗·萨特[1]，埃德蒙德·胡塞尔[2]和索伦·克尔凯郭尔[3]的研究发展而来的。他们认识到：当一个人在思考、反思或决策时，会涉及复杂的过程。正如埃德加·沙因[4]在《过程咨询》（*Process Consultation*）一书中指出的：我们的神经系统同时也是数据收集系统、情感加工系统、意义创造系统和决策执行系统。我们观察周遭发生的事物，在内部做出反应，用认知能力来构建意义，并找到其中的含义从而做出行动。我们在每个思维层面锻造和联结这一意识的链条，借以应对和处理自己的生活。

我们如何与生活相遇？

焦点讨论法以一系列假设为基础，这些假设关乎我们如何与生活相遇，以及我们如何加工相关信息。在许多文化中，这些假设可以通过对人们行为的观察来得以验证。

首先，这一方法假设我们是在一个可触及、可见、可感的世界中发现生活的真实情况的。我们借助实证经验发现生活中的实际情况。我们从自己所看到的、闻到的、触摸到的、品尝到的和听到的一切内容之中，开启这个发现之旅。

其次，这一方法假设真实的感受、情绪、联想是从我们的实际经验中生发而来，是从我们所面对的事件中而来。这些内部产生的信息与外部观察所得的信息同样重要，因而在解读事件的意义和做出决策时也应该被慎重考虑。要注意的是，尽管我们常常忽略这些内部信息，但与由外部知觉获得的信息相比，这些由内部经验获得的信息具备同样的实证性。丹尼尔·戈尔曼[5]在其著作《情商：为什么情商比智商更重要》中提醒我们，教育工作者需要在

---

① 让-保罗·萨特（Jean-Paul Sartre），法国哲学家，无神论存在主义的主要代表人物。

② 埃德蒙德·胡塞尔（Edmund Husserl），德国哲学家，20世纪现象学学派创始人。

③ 索伦·克尔凯郭尔（Søren Kierkegaard），丹麦宗教哲学心理学家、诗人，现代存在主义哲学的创始人。

④ 埃德加·沙因（Edgar Schein），美国麻省理工学院斯隆商学院教授，在组织文化领域建树颇多，著有《组织文化与领导力》等书。

⑤ 丹尼尔·戈尔曼（Daniel Goleman），美国哈佛大学心理学博士，美国科学促进协会研究员，其著作《情商：为什么情商比智商更重要》（*Emotional Intelligence：Why It Can Matter More Than IQ*）已于2010年由中信出版社引进出版，译者杨春晓。

更广泛的意义上重建人们的情感，并将其视作整体人性的一部分。注意并记录我们的内部经验可以让我们保持觉察意识并做好准备，在需要时检视和使用这些经验。

再次，这一方法假设，我们都会从平凡的生活事件中创造意义，这些意义与我们自身以及过往的经验不可分割。我们都需要持续加工自己所经历的真实生活，从而不断创造出新的意义。

最后，这一方法还假设，对生活的观点进行加工意味着我们在此之后需要将其投射出来。也就是说，如果我们无法确定这些观点对未来行动有何意义，我们的反思就会陷入内部回应或理论含义中无法前进，也就不能与现实世界建立联系。应用所学内容是整个加工过程的最终一步。

一个全面、系统的过程

焦点讨论法四个阶段的思考是一个完整的过程。它调动了人体所有的资源来接受客观事物和经验。这些经验包括感觉、记忆和情绪。我们在这个过程中使用了左右半脑的直觉和推理。这一过程还伴随着推动整个思维进程直至达成决定的自我意志力。在这个意义上，焦点讨论法是一个全面、系统的工具。

四个阶段的思考是怎样相互作用的

上文描述焦点讨论法中四个阶段的思考关系如下图所示。

该图基于后现代主义的观点：我们面对的世界并非一系列分离的客观事物，而是交错复杂的各种关系。图中的四条竖线代表了这些关系。这是一幅而非四幅示意图。我们可以想象这是一段从左到右播放的动态录像，每一段录像（数据、信息）都建立在前一段录像的基础上。

也许有人会好奇，为什么要用这种结构化的方式来引导我们自然的思考

过程呢？劳拉·斯宾塞（Laura Spencer）在《成于众志——用建导参与方法
迎接企业变革的挑战》[①]一书中这样论述：

> 在很多的教育和培训中，我们被教授走这个过程的捷径，直接
> 到达理解层面。我们被要求在没有收集所有能够得到的客观数据时
> 就评价、判断事物，像诗，政治体系，个人提升的潜力或问题的起
> 因。我们还被教导：情感反应是不相关的、有问题，应该避免或压
> 制。而一旦到达理解层面，我们总是停下来，从来不做出通向行动
> 的回答。

使用焦点讨论法来构建有效的讨论

到这里，我们已逐一讨论了个体思维过程的四个层面。事实上，这四个
层面的过程也可以作为构建问题的框架，促使一个团体基于这样的框架来展
开讨论。而且，当我们在团体中应用焦点讨论法令所有成员共同经历这四个
层面时，就可以用一种结构化的方式来汇集每一位成员自己的观察、经验、
洞见，从而丰富整个团体的学习。

焦点讨论法在四个层面提问：

> 客观性层面：关于事实、外部现实或印象的问题。
> 反应性层面：唤起个人对信息反应的问题。这种反应包括内部
> 回应、情绪或感受、与事实相关的隐藏意象或联想。每当我们面对
> 某一外部现实（客观性层面的信息）时都会体验到某种内部反应。
> 诠释性层面：挖掘意义、价值、重要性、含义的问题。
> 决定性层面：引发解决方案、结束讨论、促使个人或团体就未
> 来做出某一决定的问题。

---

① 本书已于 2005 年由复旦大学出版社翻译出版，是"建导管理丛书"（共四册）中的一册，丛书的另外三册分别
　为《聚焦式会话艺术：在工作中获得集体智慧的 100 种方法》《建导型方法：有所作为的领导艺术》《共识建导
　法：从个人创造力到集体行动》。

这四个层面的反思所形成的设计框架或模式可以生发出不计其数的讨论设计。如果用本章开始部分的三个学习片段与这一过程相对照，就会发现问题的前后过渡正反映了人们加工信息的方式。我称之为"当人们在清晰地思考时，他们是如何清晰地思考的"。这一方法可以用来加工任何经验，并使我们不断深化对这些经验的认识。

接下来，我们就逐一探讨这四个层面的更多细节。

1. 客观性层面

字典里对"客观性"的定义是：外在于思想的、关于外部事物的，或不带感情或观点展示事实的。客观事物包括信息、事实、外部现实，或是"可直接观察到的信息"。如果在团体中没有客观层面的讨论，就无法确定是否每个人在谈论的都是同样的对象，团体成员便会如同盲人摸象一般，失去整体画面，而这整体画面恰恰是把所有人的视角拼凑在一起才能得到的图景。

焦点讨论法的第一组问题是为了得出事实。这些问题经常是感性的：你看到了什么？听到了什么？触摸到了什么？闻到了什么？尝到了什么？主题不同，相关的感觉也不同。就某些主题而言，视觉和听觉可能更为相关。当反思某个多元文化节日时，可能会问到有关气味和味道的问题；而在讨论某尊雕塑时，肯定会涉及触觉的问题，即摸到雕塑表面时的感觉。如何提出恰当的问题取决于我们有哪些相关的信息。除了感性的问题外，我们有时也会问到有关历史事实的问题，如约翰[①]到底说了什么？

因为回答客观性问题较为容易，在引导一个急于求成的或极富经验的团体时，引导者往往会草草带过这个层面的问题，或干脆略去不提。然而，即使五个人经历了相同的事件，也会有五种不同的经验。如果一个团体要就这一相同事件来做一些共同的思考，就需要将所有这些作为基础分享给每一位成员。如果引导者面对最初的阻力能有勇气坚定地提出这些客观性问题，这本身就是在认可每一位个体成员的独特视角。团体成员由此会认识到，这些观点对于帮助他们每个人看到整体的画面是非常重要的。

① 意指《圣经》中十二使徒之一的约翰。

在学习的过程中，澄清具体的、可观察的信息可以为学习者奠定事实的基础。

在前文所举的例子里，如果没有观察就去假设杠杆的工作原理，就只是简单的猜想而非经真正的思考得出的推论。如果老师们还没有看过新的教育法规内容，就开始讨论该法规是好是坏，多半会生出各种对内容和作者的不确定假想，最后只会反复兜圈子，变成猫追尾巴的游戏。

表 2.1　客观性问题概述

问题焦点	信息、关于主题的事实、外部现实
对团体的作用	确保所有成员在处理同样的信息并认识到信息的所有方面
与问题相关的内容	感觉：看到的、听到的、触摸到的等等
关键问题	你看到什么事物？你注意到哪些词句？发生了什么？
在该层面上易犯的错误	问封闭式问题，或者问题不够具体；问题不聚焦；因其过于琐碎而忽略客观性
忽略这一层面的后果	将无法形成团体讨论所基于的共同观察；各种观点可能并不相关

2. 反应性层面

接下来是反应性层面，焦点讨论的参与者在这一层面上检视自己对主题的个人反应。该层面的问题与个人感受、情绪、记忆、联想相关。这里，联想的意思是由"这让我想起……"开始的思绪之流。积极和消极的反应都为讨论主题提供了重要的信息。这样的内部信息与客观信息同样真实和重要——如果有什么让我担心，说出这些担心就很重要。准确的诠释和恰当的决定都依赖于外部和内部两方面的信息。

这个层面的讨论承认：每个人在任何情况下都有自己的反应，这与个人的过往经验相关。很多时候，这个层面会被一带而过，人们甚至可能意识不到它的存在。如果我们能抓住并承认即时的反应，也就可以分享这些反应，为个人和团体所用。借用苏珊·朗格[1]的著作《艺术问题》（*Problems of Art*）

---

[1] 苏珊·朗格（Susanne Langer），德裔美国人，著名哲学家，符号论美学代表人物之一。其著作《艺术问题》已于 2006 年由南京出版社引进翻译出版，译者滕守尧。

中的一个概念来说，这一方法可以"主观化外在世界，同时客观化内在世界"。它将感受和意义注入外在世界，又使我们通常会忽视的情感和体察浮出内心世界的表面。

这里，参与者要回答唤起他们更多情感的问题。他们要对第一个层面得来的信息给予积极的反馈。反应性问题包括：你会由此联想到哪些过去的经验？你曾在什么时候遇见过类似的情境？什么让你感到惊讶？什么让你感到高兴？什么让你觉得沮丧？你又在何处感到纠结？反应性问题并不只是让我们陈述自己的情感，这些问题能引出触发这些反应的具体客观信息。由此，这些情感也与情感之外的某些东西取得了联结。这些问题指明了我们对哪一部分事实有所反应，并且告诉我们这些事实是让我们愤怒、兴奋、好奇、害怕，还是喜悦。这个层面的问题要求参与者清楚地描绘出由相关信息激发的画面和联想。

如果没有反应性问题，就无从分享我们各自隐藏的画面、联想、情绪，也就无法唤醒与直觉、记忆、情感、想象相关的内心世界。这些信息会遗漏在一臂之遥，而参与者则会产生困惑，不明白问题和自身如何相关。如果不处理这个层面的问题，一些参与者可能会感到自己的感受无关紧要。他们之后或许会有些反应，但如果没有结构性的方法来进一步深入，也很难有更大的效用。若是不能用这样的方法来外化主观世界，人们可能会深陷其中，反复念叨"发生了一些事"或者"我感觉很差"。构建反应性层面的理解可以让参与者跳出这个怪圈，不再停留于外部信息和内部反应的循环往复中，而能进一步去诠释情境本身的意义。在这个阶段唤起这些个人化联结会有效地帮助学习者并激发其动力。一组为小学生设计争端调解过程的教育工作者发现，即使在过程里略去反应性的问题，孩子们也会说出自己的反应和感受。在课堂上，如果故事中的人物能让学生想到自己的家庭，学生就更容易在生活中应用故事中的道理。如果鼓励学生去描述自己解剖青蛙时是如何勉为其难，同时又对一个生命之复杂是何等喟叹好奇，他们在解剖实验中的学习成果就会成百上千倍地放大。

表 2.2 反应性问题概述

问题焦点	与信息的内在联系
对团体的作用	揭示个体的即时反应，确认他们的体察
与问题相关的内容	联想、记忆、感受、情绪、情感基调
关键问题	这让你想起了什么？哪一部分让你感到惊讶？什么让你感到高兴？什么让你感到矛盾和纠结？
在该层面上易犯的错误	将讨论局限于非此即彼的对"喜欢"与"不喜欢"的调查；提那些模糊或过于宽泛、不能引发个人化联想的问题；提那些让人回答时会感到尴尬的问题
忽略这一层面的后果	将忽略直觉、记忆、情感、想象的内在世界，用以建构意义的个人经验难以被分享和阐述

3. 诠释性层面

问题的第三个层面是诠释性层面，关于主题意义的交锋正是在这里发生的。对诠释性问题的回答基于客观信息和我们反应性层面得来的联想或感受。诠释性问题突出强调了人们赋予情境和反应的多层次意义和目的。这些问题想要一个团体为某一事件创造意义和重要性。这个层面的问题有一个关键词是"为什么"。诠释性问题帮助人们就相关实践构建一个"故事"。这一层面可能也会涉及价值观和伦理方面的问题，如"这揭示了什么样的价值观？"。

由于这个层面强调有意义的联系、整合、理解、领悟，所以它对于学习至关重要。一旦我们明晰了外部信息，并意识到有哪些与之相关的过往经验，批判性思考、分析、综合等思维过程的发生就成为可能。当问及学生"这个故事说明了什么？"，或"如何将酸碱反应运用到烘焙蛋糕的过程中？"时，他们便会用令我们都倍感惊讶的方式将所学与自己的生活经验联系在一起。

在会议中，人们在这个层面能够看到关联、探讨价值观、发现隐含的意义。因为团体可以在决策前探讨与某个主题相关的各种不同侧面，也就可以避免许多冲突。

诠释性问题需要唤起更深层次的回应，因此，在这个层面可能需要花费最多的时间，设置最多的焦点问题。几个环环相扣的焦点问题可以把学习提升到一个更高的层次，如讨论电影《辛德勒的名单》（*Schindler's List*）的几个焦点问题可以是：辛德勒是一个什么样的人？他有什么成就？根据你在电影中看到的，你觉得他看重的价值是什么？在当今世界的哪些地方还存在侵犯某些少数族群或宗教团体的现象？如果站在少数族群的立场上，我们又该如何评价他？

表 2.3　诠释性问题概述

问题焦点	主题在生活中的意义
对团体的作用	为团体从信息中提取意义；让团体关注学习
与问题相关的内容	意义、目的、重要性、含义、"故事"、价值观、模式等的多重层面；考虑替代方案和可能；领悟
关键问题	这件事为什么会发生？这究竟是怎么回事？如何比较？这对于我们有何意义？这将会如何影响我们的工作？我们从中学到了什么？如何看待这件事？我们有没有一个更宏观的视角？我们有什么深入的理解？
在该层面上易犯的错误	插入预先加工过的意义，妨碍真正的学习；过于理智或过于抽象；简单地用"对"或"错"来评价回答
忽略这一层面的后果	团体无法从前两个层面中获得意义；无法经历指向决策的高阶思考过程

4. 决定性层面

焦点讨论法的第四个部分是决定性层面，讨论问题的影响、结果和新方向。在这个阶段，常会提出一些解决方案来结束讨论。这个层面的问题促使参与者使用先前讨论中获得的信息来做出选择。

有些决定性问题可以让人们重新定义自己与所处情境之间的关系。人们在定义过程中赋予事物的名称和头衔反映了他们的选择。其他一些决定性的问题也许需要短期或长期的决策。相应的回应可能要包含成文的决策或实际的行动。课堂上，布置练习或家庭作业可以在这一层面帮助学生扩展或应用所学内容。

如果不能达成决策，先前的讨论就极有可能会落为无用之功。这个层面探索的正是知识在日常世界中的应用。

表 2.4 决定性问题概述

问题焦点	解决方案、影响、结果、应用、新方向
对团体的作用	使讨论和未来产生关系
与问题相关的内容	共识、实施、行动、总结、知识的应用、未来的方向
关键问题	你会如何应用？你会怎样总结你所学的内容？需要做出什么决定？你下面的步骤是什么？
在该层面上易犯的错误	在团体尚未准备好时强推一项决策，或是不去推动团体达成决定
忽略这一层面的后果	学习无法得到巩固，之前三个层面的讨论结果不能在现实生活中得到应用和检验

在本章里，你可能开始发现，焦点讨论法是基于不计其数的教育研究而发展出来的。如果你对这些背景性的研究感兴趣，可以在第三章找到更多相应的细节。如果出于个人使用的目的，想要了解设计某一特定主题的焦点讨论的实操过程，则可以直接阅读第四章。

第三章
焦点讨论法的理论基础

记忆的艺术也是思考的艺术……当我们希望我们自己或是希望一个小学生在头脑中能记住某个新东西时，我们为了有意识地记住某些新东西所付出的努力，不应比我们将其与自身已有想法建立联结的努力更多。这种联结就是思考。如果我们清楚地达成了这种联结，那么所联结的内容就能更容易地被回忆起来。

——威廉·詹姆斯[①]

焦点讨论法的诞生

1954 年前后，文化事业学会开始在一些大学课堂和周末研讨会上使用焦点讨论法，以期帮助大学生和成人们反思某些艺术作品。主持教学和会议的教授们发现，这一方法可以帮助学生用一幅画或一段电影作为"生活的切面"，来测试和应用其在课程中的所学。焦点讨论法帮助学生发现所学内容的深层意义，并将其与他们的日常生活相连。

R. 布莱恩·斯坦菲尔德在《学问 ORID：100 种提问力创造 200 倍企业力》中讲到如下这样一个故事：

在讨论毕加索画作《格尔尼卡》（*Guernica*）时，马修教授请他的学生描述这幅画中的物件，并邀请他们观察自己内在的反应。之后他说："好，现在请大家想一想你从这幅画中听到了什么声音。

---

① 威廉·詹姆斯（William James），美国心理学之父，美国本土第一位哲学家和心理学家，也是教育学家，实用主义的倡导者。

我数到三，大家就发出你们心中听到的声音，依照你感觉到的样子来发出或大声或安静的声音。准备好了吗？一、二、三……"整个教室爆发出了痛苦与愤怒的嗥叫声。教室的门被飞快地打开，走廊里有两位学生探头进来，脸上的表情就和这幅画一样。在一片令人震惊的沉寂中，他们听到老师问："你能在你生命中的何处看到类似这幅画的情境？"

结果相当令人惊讶。学生们原先认为艺术只是"文化物品"，甚至只是"装饰性的物品"。现在他们发觉，自己的生活原来不仅与艺术息息相关，同时也反映在艺术之中。他们发觉，这些艺术作品是在挑战他们对生活习以为常的态度。

一位学生说："忽然间，我发现各种艺术作品都在向我呼唤。它们在说：'醒醒吧！活出你真实的生活。'"

马修的同事也开始运用这种体验式的教学形式，他们在各种课程中尝试不同风格的反思方法，最后形成了一种较为流畅的讨论形式，既适合各种主题，又有完整的结构可以自成体系。艺术形式讨论法就这样诞生了！

焦点讨论法，或上述教授口中的"艺术形式讨论法"，后来进一步发展为一种基本的教学工具。这一工具能够帮助学生有意识地在大脑中就学习内容构建出自己的画面。19世纪的哲学家索伦·克尔凯郭尔曾对意识进行过探索，他的探索激发了我们帮助学生利用意识的过程来学习的想法。

R. 布莱恩·斯坦菲尔德在《学问ORID：100种提问力创造200倍企业力》中说："克尔凯郭尔等现象学家把自我描述为一系列的关系或觉察——'自我'可以观察生活中发生的事件，对这些观察产生内在的反应，并基于这些观察和反应创建意义和深入理解，再由意义或理解发现内涵、做出决策。"

> 自我是一种关系（四条竖线），创建与自己的联系（第一个箭头），让自己愿意成为自己（第二个箭头），并将自己透明地植根于放在这里的力量之中（第三个箭头）。
>
> ——索伦·克尔凯郭尔《致死的疾病》（*The Sickness Unto Death*）

如果认真研究克尔凯郭尔的学说，我们就会把教育看作对每个学生意识的拓展，由此他们可以更自觉地做出选择和决策。焦点讨论法可以系统而渐进地拓展学生的意识。在客观性层面，学生关注的是存在哪些客观事实。之后在反应性层面，学生可以注意到并构建出自己的内在意象（images），并将内在意象与现实状况相联系。在诠释性层面，他们可以有意识地检视这些意象的相关性。最后在决定性层面，他们可以选择怎样让这些意象影响自己的生活和行动。

上述分析扩大了意象教育（imaginal education）理论的应用，而文化事业学会的老师们则进一步发展了这一理论。

意象教育理论

当文化事业学会搬到芝加哥西部的第五城市社区时，学会的员工创办了一所社区幼儿园。在城市贫民区创办高质量学前教育充满了挑战，但这也促进了新的研究工作的开展。教职工希望能找到有效的方法来和孩子们相处，为他们提供良好的养育环境，并建立积极的自我意象，从而在生活中做出持续的改变。1965 年起的每个夏天，来自北美各地区公立学校的教师都与来自第五城市社区的学会员工共聚一堂，就自己教学中的经验进行学习和反思。他们称自己发展出的关于知识和学习的理论为"意象教育"。

在这一新的研究工作中，研究的核心问题是："人们怎样学习，他们的

行为又怎样因学习而产生改变?" 由这些研究发展出了意象教育理论, 其中几个基本原则如下:

(1) 人们是由意象出发来思考和行动的。这就是说, 每个人都有关于自己是谁、这个世界怎样运作以及最适宜自己所处的地方在哪里之类的意象。

(2) 意象决定行为。

(3) 每个人收到的讯息 (messages) 都会影响这个人已有的意象: 要么会加强这些意象, 要么会在其中加入新的意象, 要么会与已有意象产生冲突, 要么会完全改变已有的意象。

(4) 意象可以改变。

(5) 当意象改变时, 行为也会改变。

关于教育中意象有何作用的研究建立在肯尼斯·伯尔丁[①]的工作基础上。在《意象》(*The Image*) 一书中, 他解释了意象是怎样暗藏在行为之后, 意象是怎样被创建的, 又是怎样改变或拒绝改变的。马歇尔·麦克卢汉[②]在《媒介即讯息》(*The Medium is the Message*) 中, 提出这样的观点: 对于经由不同媒介形式创建的意象, 这些媒介的形式本身和它们所携带的内容同样重要。

保罗·弗莱雷[③]的著作《被压迫者教育学》(*Pedagogy of the Oppressed*) 同样影响深远。弗莱雷阐述了扫盲培训的内容是怎样强有力地影响了学习者受迫害的内在意象, 进而引导学习者获得改变自己生存状况的崭新能力。

最近, 脑和学习的研究也支持了意象教育理论。

在《智能学校: 为了每个孩子更好地思考和学习》(*Smart Schools: Better Thinking and Learning for Every child*) 一书中, 大卫·帕金斯[④]写道:

---

① 肯尼斯·伯尔丁 (Kenneth Boulding), 英国经济学家。

② 马歇尔·麦克卢汉 (Marshall Mcluhan), 加拿大原创媒介理论家、思想家。

③ 保罗·弗莱雷 (Paulo Friere), 巴西教育家、哲学家。他直接提出 "教育即政治" 的口号, 目的是希望通过教育让人们认识自己与社会, 首先从政治上来解放自己; 他所进行的成人扫盲教育就是要 "沉默文化圈" 的 "边缘人" 勇于表达自己的心声, 从文化上来解放自己; 他提出 "解放教育" 或 "提问式教育", 目的就是要将教师和学生从 "驯化教育" 或 "银行储蓄式教育" 的教学模式中解放出来。

④ 大卫·帕金斯 (David Perkins) 教授是美国哈佛大学 "零点项目" (Project Zero) 的主要创始者和负责人之一, 曾在美国、瑞典、南非、以色列等国家研发和讲授关于思维的教育计划和方法, 所领导的认知思维技能课题组主要研究人的知觉和认知潜力。

在理解教育学和心理意象之间存在一种重要的联系……当人们在理解某些事物时，他们的头脑是如何运作的呢？

当代认知科学有一个最流行的答案：心理意象（许多心理学家称之为"心智模式"，所指相同）。如果给一个大概的定义，心理意象指的是一种完整的、高度综合的知识体。当我们就某一主题开展工作时，正是这种统一的、发挥支配作用的心理表征在发挥作用……心理意象……关注非常基本的事情，如你家中的设计布局或一个故事的结构，但同时它也关注非常抽象和精细复杂的对象。

比尔·莫耶斯①在《疗愈与心智》（*Healing and the Mind*）一书中采访了凯伦·奥尔尼斯②。后者观察到，当儿童运用想象时，会产生生理上的反应。奥尔尼斯说："我的直觉是，无论意象建构和思考过程关乎怎样的能量，这样的能量都向一系列的身体活动过程传达了某种讯息。"

最早开始运用意象教育理论的教师们后来在一个教师协会中持续共同工作。在他们早期撰写的论文中，有一章《在意象切换中成长》总结了他们的方法：

麦克卢汉和伯尔丁等学者促使我们意识到，每个人都有自己的"意象"，这些意象构成了一个人的世界，并决定他（她）如何行事。既然与正在运作的意象不一致的新信息可以挑战前者，那么显而易见，学习就是永恒不息地重画"现实"的动态过程。当弗洛伊德发现心智活动的潜意识过程时，他打破了每一个人将自己视为一个简单的理性存在意象的观念。教师知道自己的意象如何影响着自己和学生的行为。实验显示，如果教师认为一个学生很聪明，就会用对一个聪明学生的方式来对他（她），而忽视是否聪明的客观证据。更进一步，这个学生也会开始产生认为自己很聪明的意象，并

---

① 比尔·莫耶斯（Bill Moyers），美国资深新闻广播记者，前白宫新闻秘书和电视评论员。
② 凯伦·奥尔尼斯（Karen Olness），美国凯斯西储大学儿科学与家庭医学教授。

表现得很聪明。强大的意象可以释放似乎并不存在的潜力，也可以限制潜能、破坏一个人的内在驱动力。

每个意象都是由多种讯息组成的，这些讯息来自自己、家庭和朋友、当下的环境，以及广泛意义上的世界。我们可以轻松地处理大多数符合我们本来意象的讯息，但当某些讯息与我们现有的意象发生冲突，使我们要放弃旧意象来接受更好的意象（即能阐明讯息的意象）时，教育就发生了。学习就是"重画"关于自己和周围世界意象的过程。这样一种意象式的学习是（富有戏剧性的，有时也是）痛苦的过程，包含了意象的死去和重生，这些意象是珍贵的，因为它们将（我们的生活和）世界紧密结合在一起。

把讯息当作教学工具

如文化事业学会的员工在《第五城市幼儿园工作手册》（*The Fifth City Preschool Manual*）中描述的，意象教育是"一种过程，在这一过程中讯息被有意地导向一个人的意象，从而创造改变意象的机会"。

意象式的思维路径承认，我们从世界接受的讯息与我们所持的价值观会产生互动：有些讯息可以与我们的价值观结合，并影响我们和潜藏的意象；而另一些讯息与我们深层的价值观相悖，则可能对我们的意象仅有很少影响，或全无影响；也有一些讯息直接影响价值观本身。如果一位教师能意识到他（她）的行动是如何将讯息传递给学生的，就会觉察到自己对学生价值观的影响。《第五城市幼儿园工作手册》中这样描述了讯息的角色：

遵循意象教育理念的教师创建了让学生有机会去改变自己意象的讯息。然而，改变最终仍在学生的决策领域里发生。教师仅能发出讯息，而不能强迫某一意象发生改变。因为学生的意象最终会超越教师的控制，所以教师也就无须为学生构建一个只存在于自己理想中的意象模范。

我们也可以有意识地运用讯息，来积极地影响学生的意象。第五城市幼儿园的教师每天都以一条有力讯息开始，树立这些孩子对自己潜力的认可。

教师：	学生（齐声喊）：
"你是谁？"	"我是最棒的！"
"你在哪儿？"	"我在宇宙中！"
"你要去哪里？"	"我要改写历史！"

同时传递讯息的结构和内容

有关意象转变的研究让我们认识到，在儿童所接受的教育中，内容只是其中一部分。如杰罗姆·布鲁纳在《教育过程》（*The Process of Education*）中所说的："对某个学科的理解和记忆，关键在于它的结构，而非内容。"

学校是一个完整的系统，每个卷入其中的人都受到影响，这其中自然也包括学生。学校的结构传达着许多讯息。当每个人在铃响后必须列队时，传递的讯息是学生要服从外部规则，而且个人的需求要服从团体的需要。而另一方面，当允许孩子们在学校里乱跑时，传递的讯息则是个人当下的需要比团队秩序更重要。当活跃的男孩子总是因为不能端坐而受罚时，讯息在说，一个人内在的身体需要和感受无关紧要，必须为保持秩序和静默而让路。孩子们在学校学到的许多东西都是通过过程和结构而传达的讯息，这些讯息通常和学校试图教授的课程内容同等重要。嘴上说的是一回事，结构和环境可能讲的是另一回事。当公开的讯息告诉学生，教育与沟通紧密相关，同时却不允许孩子们彼此交谈时，这些讯息之间就是互相矛盾的。当讯息矛盾时，迷惑不解或含混不清的状态就会引发逆反行为。

当我们没有意识到自己的行为所传达的讯息时，就可能在无意中带来某些影响。我认识的一位老师在一天放学后，当着一个 6 岁孩子的面，对他的母亲说"他很懒"。这个讯息非常强烈，将一个不会学习的懒惰自我意象深深植入这个孩子的脑海里。此后，这个孩子在学校里的表现就一直与这个意象相符合。他很少做作业，拒绝尝试新东西，然而在家的时候他却会努力挑战新的任务。当他升入九年级后，另一位老师一直通过表扬这个男孩子的作业和努力，向他传递"你是聪明勤奋的"这个讯息，之后这个孩子在学校中的表现也产生了一百八十度的大逆转。

无论我们是否有意，我们都在向学生传递这样或那样的讯息，影响着他们的学习意象。当我们意识到我们传递的讯息会影响学生的学习意象，进而还会影响他们的行为举止时，就不可能再认为我们的工作仅仅是传播知识了。

同样的思考过程和结构适用于学校里所有的老师，有时候，这种思考过程与所谈论的内容同等重要。焦点讨论法不仅适用于课堂，也适用于教职工会议和与家长的电话沟通。学生会观察和模仿老师和家长是如何决策或共同工作的。当这样的观察与教授给他们的内容一致时，学习就得到了强化，学生的意象以及行为也会受到更多影响。

焦点讨论法为学生提供了一种持续连贯的过程，有结构地告诉学生如何围绕某一主题进行清晰的思考。焦点讨论法传达了这样的讯息：信息的加工处理是通过回顾个人经验、探索其意义，以及在此基础上的行动来进行的。这种信息处理的模式会一直伴随着学生，即使所学的具体内容可能早已被忘掉。

《第五城市幼儿园工作手册》列出了运用焦点讨论法来帮助学生建立责任感的一些方法：

> 获得关于世界更广阔的客观知识基础，了解自己的特定状况以及如何基于此做出决定。
> 看到越来越多的选择的可能性。
> 运用一定的技巧和洞察力，探讨关于自己、他人、未来的可能性。
> 在模糊不清的状况中决定哪种方法更周全，或能最好地照顾到更多人。

早期的意象教育理论是在一个嘈杂的城市贫民区——也是一个真实生活"实验室"中得到发展的。在这样的环境里，小班教学近乎奢侈，而提高师生共同学习的能力是当务之急。于是，问题就聚焦在"在人数较多的班级中如何进行有效的授课"上。美国明尼苏达大学合作学习研究中心的约翰逊兄弟（Johnson & Johnson）提出的合作学习理论[①]认为：学生通过共同学习，运用每个个体的智慧和才能，可以创造出某项学习成果并能因此而学会团队合作技能，而这个过程与意象教育的方法密切相关。共同学习的结构传达了这样的讯息：大班级里的合作学习行为既是可能的，也更受欢迎。焦点讨论法鼓励参与者倾听所有人的观点，并引导参与者深入思考、达成共识，而不是让持不同立场的人彼此辩论。这个方法在明确任务和做出团体决策时也十分有用。

伯尔丁明确地说过，对于一个人来说，真正的意象改变绝非出于强迫。我们可以传递讯息，但接受讯息的人要自行决定是否要改变意象。从这个角度来讲，教师是学习的引导者，但他（她）并不能强迫学生学习。当学生在考虑是否要接受某一讯息时，焦点讨论法可以帮助他们提高自己的觉察力。这种讨论方法也鼓励学生为自己的学习负起责任。

当教师采取这样的教育路径时，工作同时就变得更简单也更困难了。这一过程在很多方面都解放了教师：他们可以引导学生通过反思来构建自己的知识体系，而不必再扮演全知全能的角色。但同时，这也要求教师丢掉"食谱式"的教学方法，他们不能再简单地把信息从课本"下载"到自己头脑中，再传递给学生。教师要协调信息、学生、教师之间的互动关系，担任三方对话的催化师。当学生和教师能够共同反思时，每一个人都从中获得了学习。

奥利芙安·斯洛塔（OliveAnn Slotta）在《基于意象的工作指导手册》（*The Image-Based Instruction Workbook*）中写道：

> 这个……方法促使课程驱动的课堂转变为问题驱动的课堂，促

[①] 合作学习（cooperative learning）是 20 世纪 70 年代初兴起于美国，并在 70 年代中期至 80 年代中期取得实质性进展的一种富有创意和实效的教学理论与策略。合作学习是指学生为了完成共同的任务，有明确责任分工的互助性学习。合作学习鼓励学生为集体的利益和个人的利益而一起工作，在完成共同任务的过程中实现自己的理想。

使教师的角色从"专家"转变为"引导者"……我们已经注意到，当学生看到教师因不同学科之间新的联结而兴奋时，他们自己也会兴奋起来。想必我们没有人会介意说下一个教育发展的十年是让学生真正参与的十年。

互补的学习理论

在焦点讨论法和意象教育理论发展的同时，另外一些教育工作者在关注大脑如何加工信息、人们如何学习。其中就有一些研究者构建出了与焦点讨论法较为类似的过程，并将这类过程与焦点讨论法进行了对比。

焦点讨论法的每一步都呼应了大卫·库伯[①]在《学习风格类型》（*Leaning Style Inventory*）里提到的不同类型的学习风格。客观性层面应用的是"具体经验型"学习。反应性层面带出了"反思观察型"学习。在诠释性层面主要是"抽象概念化型"的学习。而在决定性层面，"主动实践型"则是最有效的学习类型。在使用焦点讨论法时，所有学生都能将自己最擅长的学习类型贡献于团体的学习，同时也延展了每个学生的能力，让他们跨出自己最习惯的学习方式，去挑战自己，尝试其他的学习风格。基于库伯的学习类型理论，伯尼斯·麦卡锡（Benrnice McCarthy）提出了4MAT体系[②]："4MAT体系在学习循环上循序渐进，应用所有四种模式进行教学，并包含了四种性格的组合。这个顺序是一个自然的学习发展过程。"

阿尔玛·弗洛尔·阿达（Alma Flor Ada）在加利福尼亚州发起了一个双语阅读项目，并应用紧密联系的四个具体步骤作为理解文本的基础，她描述道：

---

① 大卫·库伯（David Kolb），美国社会心理学家、教育家。他把体验学习阐释为一个体验循环过程：具体的体验—对体验的反思—形成抽象的概念—行动实验—具体的体验，如此循环，形成一个贯穿的学习经历，学习者自动地完成着反馈与调整，经历一个学习过程，在体验中认知。

② 4MAT学习风格，强调个体学习者的风格差异以及大脑处理信息时的偏好。麦卡锡认为，学习应遵循一种自然的过程，学习者自具体经验开始，经沉思观察和抽象概括至主动实践，最后将所学与已有知识融合，进入下一个新的学习过程。因此，4MAT模式是一个自然的施教过程，教师通过具体经验、沉思观察、抽象概括以及主动实践的循环过程进行施教，学生则通过感知与经历、观察与反思、思考与实验、评价与综合所学并将之应用于新的更复杂的类似情境中这一过程来学习。

创新教育的方法论……是将学习者视为学习过程的核心，鼓励他们发展批判性思维，并对真实生活的情况给予创造性的回应。

在每一项学习的过程中都有四个阶段——

描述性阶段：学生在这个起始阶段里获得信息，也就是了解文本的内容……在这个层面提问无疑是非常重要的，但这并不够。如果讨论停留在这一层次，就说明阅读还是被动的、接受性的，从某种角度来说，这只是在灌输。

个人解读性阶段：一旦信息得到呈现，就邀请学生联系自己的经验、感受、情感来思考。这个步骤非常重要。它将阅读带入学生可掌控范围之内，并使这个过程更具意义。而且，这还让学生明白了：只有当参照自己的经验和情感来分析接收的信息时，真正的学习才会发生。

批判性阶段：当学生将阅读的内容与自己的个人经验加以比照时，他们就可以进入批判性分析，即进入概括性反思的阶段了。这个阶段的提问可以帮助学生根据信息做出推断。

创造性阶段：当学生可以有意识地做出与自己相关的决定时，这一阶段就完成了。他们感到要做出决定来改善和丰富自己的生活。这关乎他们为自己的生活负起责任，为与他人的关系负起责任，也关乎指导自己的行动。

创建课程

螺旋式课程 （ spiral curriculum ）

意象教育的另一个维度是相关的"螺旋式课程"的概念。这个概念来自布鲁纳的理论。布鲁纳认为："任何主题都可以以某种开诚布公的形式教授给任何年龄的儿童。"在《教育过程》一书中，他阐释道：

螺旋式课程的想法是这样的：当教授一个主题时，从一个学生能理解的"直觉"解释开始，一段时间后再回过头来用更正式或更具结构化的方式来阐释，直至经过足够的反复，学生能完全理解和掌握这个主题。换句话说，准备就绪的状态不仅会自然而然地发生，更是可以从设计中产生的。这个常理背后是更为深刻的事实：在任何领域，知识都可以在不同的抽象性和复杂性层面得到构建。也就是说，知识领域是被构建出来的，而不是被发现的：它们可以被构建得或简单或复杂，或抽象或具体。

基于学生的理解扩展其思维和好奇心，这种对螺旋式课程概念的应用，使"综合性课程"（comprehensive curriculum）成为可能。这也意味着，如果我们掌握了合适的工具和恰当的课程设计，就可以把这个关于世界的重要知识教授给处于任何发展阶段的儿童。比如，我们完全可以把流体动力学的复杂概念教给4岁的孩子：让他观察当把一个玻璃杯浸入水下、再翻转拎出水面时会发生什么现象。针对这一实验的焦点讨论，就会引发学生探讨引起这一现象的可能原因，继而设计更深入的实验，来对相关现象进行更广泛的探索。再比如，就学校操场上学生打群架做一次焦点讨论，就可以将学生的思考引申到对历史上的战争原因的探讨。

在教授内容与引导学习这两种过程间总是存在着一种张力。任何人都不是白纸一张，都拥有先前的经验，这些经验是进行新的学习的基础。因此，教师并不需要教给学生他们已经知晓的内容，而是可以提供令学生能够扩展知识的途径。这样一来，教师便可从专家的重担中解脱出来，与学生共同学习。每一位学生都有自己的智慧，可以贡献给集体学习。正如大卫·帕金斯在《智能学校：为了每个孩子更好地思考和学习》中说明的，教育变得更加能够："①扩展学生清晰思考、应用学习、共同工作的能力；②扩展学生的意识，令他们能有更多体察，并做出明智的决定。"（着重号为帕金斯的原文所加）

焦点讨论法就是这样一种能够扩展学生能力和意识的有力工具。决定性层面的问题可以弥合理论和实践间的鸿沟，并通向对知识的应用。这一点在教育中却常被忽略。我们都知道，有人在数学考试中可以轻松得到高分，却不会在实际生活中运用解决问题的方法；有人取得了心理学学位，却不能把心理学知识应用在自己的日常关系里。只有当一个学生的行为发生了改变，我们才能确认他确实学有所得——也就是说，他在实际生活中能应用学到的知识。

承载讯息的工具

关于意象如何影响人类行为的研究正方兴未艾，而老师们也在学校和幼儿园里展开了基于意象教育理论的实验。老师们创设了可以建构积极意象的课程和活动，以提升学生学习、成长和承担责任的能力。由于不同的孩子对不同类型的讯息反应存在差异，多样的工具也被开发出来，以适应他们的需要和学习风格。这样的工具总计有九类，包括三种文字工具（戏剧、诗歌、散文），三种韵律工具（乐器、舞蹈、唱歌）及三种造型工具（建筑、雕塑、视觉艺术）。

霍华德·加德纳（Howard Gardner）在他的著作《智能的结构》（*Frames of Mind*）中提出了多元智能（multiple intelligences）理论，这一理论丰富了综合性学习工具的发展。加德纳认为，本质上，智能有多种形式。每个人的智能结构都不同，有的智能发展得较突出，有的较薄弱。传统上，我们只测量言语—语言智能和逻辑—数理智能。然而，至少还有六种形式的智能：视觉—空间智能、身体—运动智能、音乐—节奏智能、自知—自省智能、交往—交流智能和自然观察智能（通过自然学习）。在运用自己最具优势的智能时，我们学习得最为轻松；另一方面，我们也可以加强自己较薄弱的智能。在任何一个团体中，学生的优势智能组合都各不相同，而这些组合如同画家的调色板，可以帮助教师找到某种方式来教授课程内容，最终让所有的学生都能轻松地学习。例如，学习字母表时，可以采用逐字辨识（身体—运动智能和视觉—空间智能）、讲与字母有关的故事（言语—语言智能）、唱字母歌（音乐—节奏智能）等方式，保证班级里每个学生都能尽可能轻松地学习。

焦点讨论法可以与各种工具和智能类型结合使用。运用这个方法总结课堂上发生的事件可以令学习经验得到进一步深化。由于焦点讨论法最初就是用来帮助学生理解艺术作品的，因此这是反思视觉创作的绝佳工具。我曾见过这一方法被有效地用于六、七年级高空绳索行走的拓展训练课中，学生通过这个方法来反思如何建立信任的经验。而在本书第九章的例子中，与幼儿园孩子的评估性讨论则采取了非常不同的方式，在每个层面都包括了除言语回答外还需要动作或视觉回答的问题。大卫·拉齐尔（David Lazear）在《通过多元智能教学》（*Teaching Through Multiple Intelligences*）一文中介绍了很多例子，向我们展示了如何在课堂活动中使用焦点讨论法，以兼顾不同智能的发展。

　　焦点讨论法从学生在课堂中或其他场合中的经验出发，将这些经验拓展到更深层的解读和实际生活的应用中。1977 年，我在埃及一个名叫贝亚德（Bayad）的村子里的学前班从事教学工作。在这些孩子的概念里，他们生活的村子就是整个世界。而我对古代埃及只有些模糊的印象，这些印象与当今时代也没有什么关系。有一天，我和学前班的老师带学生去野外郊游。我们一直走到尼罗河边，然后乘一艘小帆船渡过尼罗河，河对岸是贝尼苏韦夫省的省会政府大楼。在政府大楼的大厅里有一面壁画。我们站在壁画前，用焦点讨论法来帮助学生们理解壁画中呈现了什么。我们首先注意到，在壁画的最右侧，梅德姆金字塔矗立在远方，然后我们看到金字塔左侧拿着工具和赶着水牛犁地的农民，旁边是拖拉机、工厂，最左边是城市的景观。当我们看到从右到左的景象演变并讨论其中的意义时，上千年的历史就在我们面前徐徐展开了。最后一个问题是："我们要在这里创造怎样的未来呢？"当我们踏上返回村庄的路时，我们（包括老师和学生）对于自己是谁、我们在历史中所处的位置的认识已加入了全新的维度。我们对于自己的责任有了更深刻的体会，这既是继承了历史的智慧，也是在为埃及的乡村地区创造未来。

设计课程活动

　　如果我们在备课中能考虑周详，就可以运用意象教育理论的概念和工具，来设计能调动学生积极性的课堂活动。1981 年，在意象教育课程的一次主题为"综合性设计"的讲座上，凯耶·海耶斯（Kaye Hayes）概述了如何在课程设计中使用焦点讨论法的四个层面。她提出了课程设计的四个层次：①冲击，或称初始印象（以某种戏剧化的形式）；②觉察，或称对内容的理性理解开端（如传达内容的讲座或视频）；③参与，用练习或其他方式让学生参与进来；④负责，让学生提问题或开始应用所学内容。

1986年，亚特兰大教师学会（Atlanta Teachers' Institute）的基思·帕卡德（Keith Packard）和奥利芙安·斯洛塔等人提出了"万花筒教学策略"。罗妮·西格伦（Ronnie Seagren）在《促进偏远地区发展的有效工作方法》（*Approaches that Work in Rural Development*）的第三卷中总结了这一策略的目标。

螺旋式的课程学习旅程通过以下几种方式展开：

> 拓展背景，超越基本的个人参考框架。如果学习者可以观察到与时间、空间、关系之间最广泛的联系，就可以从对未来的希望而非畏惧出发，展开学习。
>
> 激发想象力，鼓励学习者从各种视角来看待某一情况，并预见尚未发生的现实情况。
>
> 鼓励参与，创造机会，让学习者积极参与。当观点与学习者真实生活中的问题相关时，其学习的意义和动机就会被唤醒。
>
> 鼓励批判性思维。引导学习者将信息与内在的解决方案、愿望、价值观相联系。伦理推理①可以令个体能够负责、独立地行动，触及人的内心深处，构建自尊，释放潜能。

如果一堂课能做到拓展背景、激发想象力、鼓励参与和批判性思维，并构建自尊，就会培养出具备高动机的学生。教师可以通过使用焦点讨论法这一综合性工具，在课程设计中融入上述这四个元素。

例如，有一年，我在加拿大的一所小学里，为二年级的学生教授了四节课，课的内容是向学生介绍澳大利亚这个国家。有一节课的设计是让学生掌

---

① 伦理推理（Ethical Reasoning）：教学生如何对道德与政治信仰的实践做出推理，如何思考和评价有关伦理问题的主张。

握欧洲人在澳大利亚定居的知识。我让学生想象自己是在"旧时代"生活的穷人，身无分文，只能偷面包给孩子吃。他们被抓到监狱里，又被扔到一艘开往澳大利亚殖民地监狱的船上，与家人分离。然后我让学生们躺在毯子上，紧紧裹起来，想象自己在船上连续漂泊了几个月，晕船、呕吐，只有麦片充饥，身体无处可以移动。在抵达澳大利亚后，他们只能在这片未知的土地上寻找食物，用红色的泥土建造蔽身之所，吃些奇怪的灰绿色蔬菜，遇到的都是从来没见过的人种。之后，我就这些体验引导了一场焦点讨论，让学生们分享自己的感受和想象。我们也探讨了这些体验会对他们产生的影响。学生们不仅对于最初在澳大利亚定居的白人有了直接的体验，也产生了对犯罪和惩罚的有趣思考。这个过程中，班里平时上课总爱捣乱的男生们都在很专注地参与，也表现出了很强的创造力。

如果学生在结束学业时获得了观察周围事物的能力、将新信息与过往经验相联系的能力、诠释自己经验的影响和意义的能力以及根据想法行动的能力，那么我们的社会会是什么样子呢？正如心理学家琼·休斯顿（Jean Houston）1987 年在纽约的一次演讲中所说的："我们生活在自我的阁楼之上，下面的三层都没被使用，地下室也上了锁，一直这样，直到等来一次爆发。"我们有可能让更大一部分的意识有效地发挥作用，这是多么令人期待的愿景！

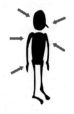

第二部分
应用

第四章
如何准备一场焦点讨论

课程必须与学生的生活相关联。如果没有这样的联系，学生就无法看到学习的价值，也不会有持续学习的动力。只有当课程与学生的生活相关联，并对他们的生活有意义，才会发生有益的学习。

——R.布鲁斯·威廉姆斯

就你个人所面对的具体情境而言，焦点讨论法是不是你真正需要的工具呢？答案并不一定总是肯定的。开放式的问题不能帮你传授所有知识，也不能用来主持所有的会议。焦点讨论法不会告诉学生他们应该知道什么，也无法说服人们同意你的观点。有一个方法可以测试你是否需要使用焦点讨论法，这就是审视你所期待的产出。如果你的目标是让团体充分深入地探讨某个主题的内涵和意义，那么焦点讨论法就是你理想的选择。

如果确实需要简单地将事实传达给学生或员工，你可以选用讲座、演示、开内部通知会等形式来实现。在第十章里有几个例子来说明怎样用四个层面的结构来讲授内容。但是要记住，讨论或对话往往能帮助人们加工所获得的信息。如果你希望听众可以更深入地思考你所展示的信息，或者得出他们自己的结论，可以在讲授部分之后引导一场焦点讨论，作为整体议程的一部分。

当你谨慎考虑过各种方法，认为在一系列工具中焦点讨论法是最合适的工具，并且决定使用这一方法时，就可以着手开始准备工作了。

准备步骤

有质量的讨论始于有质量的准备工作。磨刀不误砍柴工。预先的准备实际上可以节省时间，并带来更好的结果。本章将逐步说明如何准备一场有质量的焦点讨论。

本书后半部分列出了一些设计好的焦点讨论示例，可以供你直接使用。但是这些讨论的情境并不一定总能适用于你的情况，你可能需要根据自己班级或团体的需要来做一些改编。

改编一场讨论与设计一场新的讨论一样，需要从头到尾按照以下步骤工作。第一步是厘清你自己的关注点和目标。当你准备好要开始设计问题之前，可以就需要的问题做一个自我头脑风暴，从书上的问题开始，再加入你自己的问题。

如果书中没有符合你需要的讨论示例，你也可以依据同样的步骤，一步步准备你自己的讨论。

在附录中有几页工作表格，可以按照上面的步骤说明来准备讨论。你可以在过程中随时修正自己的想法，这时，铅笔和即时贴都是很方便的工具。

1. 聚焦主题

决定讨论主题通常看似是最简单的步骤，事实却并非如此。很多情况下，主题是设定好的，或者是要回应某一特定问题。但挑出一个目标主题并找到一个具体的讨论起点仍十分重要。当我们有一个清晰聚焦的主题时，焦点讨论法能发挥最好的效果，这就需要有某个实际对象或共同经验作为讨论的起点。厘清主题需要时间思考，有时甚至需要多次试验来确定要具体到什么程度。如果没有聚焦，讨论就会变成泛泛而谈，参与者也意识不到发生了什么。而如果从一个抽象或宽泛的问题开始，对话的意义就会模糊不清。一个聚焦的主题可以让团体更清晰地构建出客观性信息，从而在诠释性层面进行更深入的探索。

例如，在社会课上，如果要就某些政治方面的主题展开讨论，这时就可以看出"政治"这一主题过于宽泛和抽象了，可以引发很多不同的焦点讨论。那么，某个讨论焦点就可以是学生参与政治集会的经验，或最近新闻中的某个政治事件，或教科书中关于政党发展的一个章节。

又如，当一些家长开会要讨论学生的安全问题时，一个更聚焦的主题可能是"操场安全"、"校车安全",或"过马路的安全问题"、"如何应对校园欺凌事件"等。

有时可以试着先写出讨论的目标,再与主题相对照。如果有多于一个的理性目标,或理性目标过于抽象,就说明主题太宽泛了。

2. 明确讨论的目标

我们每次引导讨论时,都会从讨论的内容和过程两方面影响最终的产出。内容上的产出或目标,指的是个人和团体在讨论结束时获得的知识和理解;而过程产出则是参与者和整个团体在讨论过程中产生的内在变化。如果我们能事先建构这些目标,就可以做相应的设计来达成目标。

理性目标,指的是讨论中的实用性目标,或在讨论中发生的具体学习,属于内容产出。在课程设计中,理性目标可以是理解某种数学运算过程,发现一部莎士比亚作品中的深刻意义,或是巩固上周课程的学习。在教职工会议上,理性目标可能是就如何解决一个问题做出的决定,或是理解一项学校颁布的新政策。

体验目标,指的是讨论过程对团体内在的影响,属于过程产出。譬如,课程设计的体验目标可以是增强学生在学习一个难懂的概念时的自信,或是增强应用所学的动力,或是增强彼此间的尊重。而在教职工会议上,体验目标则可能是增强实现计划的使命感,或是增强对学校管理团队的信任。

在计划焦点讨论时,第一步就是仔细斟酌这些目标,并把它们写在工作表格里。要对自己的"正确答案"和假设保持警觉。如果你发现,在这个节点上你其实希望团体最终同意你的想法,那么就无须再继续设计焦点讨论了,可以转而采用讲授的方式。

在这个过程中,要做好心理准备,不断修改并具体化讨论目标。这是因为,设计讨论的过程本身就能帮助你反复思考自己的需求。

3. 为客观性问题设计一个具体起点

焦点讨论法由关于某个具体对象或共同经验的客观性问题开始,这样的问题包含讨论者可以观察到的信息。如果客观性问题没有这样一个具体的起点，讨论就会变得非常困难。从抽象问题开始的讨论只会带来混乱。对于大多数主题而言，我们都可以找到若干具体的起点。

我们经常在讨论开始时要大家"定义术语"。这样的讨论在开始就跳过了客观性和反应性层面，直接进入诠释性层面。如果团体能在讨论一些具体经验后，自然地到达意义层面，讨论者就能更好地定义术语。例如，如果你希望用一场焦点讨论来帮助学生理解种族主义，那么一个具体的讨论起始点，如最近的一篇新闻报道、一个小故事，或学生编演的一幕滑稽短剧，都会起到很好的效果。一位教师甚至这样做：他用一幅文艺复兴时代的绘画开始，在这幅画上，有两位身着犹太服饰的男子在画面最远端，背对着画面的主体。这些都让人们想到现实生活的经验、具体对象或艺术形式。如果开场的问题是"关于种族主义我们都知道什么？"，你可能会得到一场激烈的争论，但一定不会是聚焦的，也很难有什么产出。当讨论构建在具体的共同经验上时，即便是很困难的讨论也可以发展成开诚布公的对话，并激发讨论者深入地回应。

类似地，一次关于学校操场安全的焦点讨论可以用一些有关操场安全的统计数字、一段视频或最近的某次事故作为开始。触手可及的现实状况可以引发深入有力的诠释，因为人们会从这些信息联想到自己的现实情况。

4. 用头脑风暴列出可以实现理性目标和体验目标的各种问题

让你的思绪信马由缰、尽情驰骋，写下所有你能想到的与主题有关的问题。在这个阶段无须考虑先后顺序。只需要回顾讨论主题、理性目标和体验目标，然后开始头脑风暴就可以了。想到什么就写什么，可以写在纸上或即时贴上。让你的创造力自由涌现吧！如果你开始划去刚写下的问题，或者开始排序，就会阻断创意的流动。让问题自由浮现就可以了。本书的示例讨论和附录中的问题清单可以激发你的创造力。

根据学生的年龄、成熟度和年级来改写问题

当使用焦点讨论法的结构来提问时，孩子们的思考会达到令人惊异的深度。但也确实需要依据不同年龄段的特点来改写问题。对于年幼的孩子来说，几个具体的客观性层面问题（这个故事的主角是谁？开始发生了什么事？然后呢？再然后呢？）要比一个大的问题（故事的情节是怎样的？）更容易回答。后者更适于年长一些的孩子。大孩子经常表现得好像这些客观性问题的答案太显而易见了，所以不需要回答，但同时，如果某些孩子并不清楚这些问题的答案，他们也不会承认自己的困惑。对客观性问题的讨论，可以确保每位学生的学习都基于所有可得的信息。对于任何一个年龄段，我们都不要假设某个层面的问题可以跳过。

小一点的孩子还不具备抽象思考的能力，因此可能会在诠释性层面遇到一点困难，但是如果我们能设计出一些创造性的诠释性问题（这个故事接下来会发生什么？这个故事可以用来干什么？），就可以令他们的能力得到拓展。对于非常小的孩子，我们也可以提供给他们一些例子或者可能的答案（这件事发生是因为……还是因为……？而不是问：为什么这件事会发生？），但只有当我们提供一系列可能的选择，而不是只有"是"与"否"的答案时，他们才会说出自己真正的想法。对于更成熟的学生，我们需要多给他们一些诠释性问题来深入探讨含义。如果我们可以在一场讨论中包括所有四个层次的问题，无论学生处在哪个思维阶段，他们都有机会参与到讨论中，这样，每一名学生都能得到肯定。

5. 选择要使用的问题并排序

你并不需要使用所有你写下来的问题，这些问题的重要性也各不相同。尽力判断，选择你会使用的问题。回顾你的理性目标和体验目标，先选出那些可以达成目标的关键问题，再选出与这些关键问题相关的问题。

把你选择的问题抄写在工作表上，或者写在即时贴上并贴在工作表各栏

中。调整问题的顺序，直至你觉得每一个问题都可以自然地过渡到下一个问题的讨论。如果使用即时贴，就可以来回移动问题，最终得到最佳顺序。

每个层面需要提多少个问题？

有时人们会问："我怎么知道在每个层面要提多少个问题呢？"这要依具体情况和需求而定。不过，总体来说，在每一步都需要有机会进行充分的探索，从而产生足够的信息。具体来讲：我们至少需要四个问题，即每个层面至少一个。

在客观性层面，我们需要足够的问题来得到好的信息样本，这些信息是最终得出结论的来源。

而即便在一场非常简短的讨论中，我们通常也需要两个或以上的反应性问题，这些问题询问参与者不同的反应，好让大家有机会抒发真实的感受。当自己的感受与团体内大部分人不同时，很多人会因没有安全感而不分享自己的想法，除非被特别问到，他们才会说出来。

在诠释性层面，我们可能需要增加几个问题来得到具体的例子，或将思考推至一个更深入的层面。有时你需要对每一种可能分别从四个层面来提问，就好像在焦点讨论中又进行小的焦点讨论。当然，这需要掌握一些特别的技巧。

根据具体情况，问两三个决定性层面的问题会很有用：也许用一个问题总结讨论的内容，第二个问题讨论下一步行动，再用第三个问题决定分工——"什么事情由谁来做？"

本书中的讨论示例给出了在某些具体情况下的一些问题示范。

---

6. 在脑海中预演讨论的内容

从头至尾重温一场讨论的程序，试着自己回答每一个问题。体验一下你听到问题后会有何反应，设想你要组织讨论的团体会怎样回答这些问题。这可以帮助你从参与者的角度出发，去思考这些问题。此外，你也需要检视问题的过渡和衔接。有时你可能会发现："我想修改这个问题。这不是我真正想问的。"自行预演了讨论的内容，你就可以发现薄弱环节在哪里，并能事先做出相应的调整。有些问题可能需要更简洁的措辞，有的地方需要增加一些问题，有些问题可能听起来太过正式，一些问题的次序或许需要调换。每做一处调整，你都可以把自己当成一名参与者，想象他们会对此种新的调整有何感受。

讨论过程是自然流动的，而不仅是设定好的一系列步骤。我们需要研究怎样从一个问题自然地过渡到下一个，来帮助我们的团体体验一次无缝的讨论，这样，团体给出的回应也会像意识的流动一样自然顺畅。

7. 认真准备开场白

开场白有以下部分的或全部的作用。

邀请参与。邀请团体参与讨论："让我们来共同探讨一下，……对大家来说意味着什么。"

指明焦点。点出讨论要聚焦的主题："我们要来谈谈刚才看到的化学实验。"你可能需要与团体分享讨论的理性目标，让他们知道讨论的方向。用参与者能理解的语言来陈述理性目标，如"在讨论结束时，你将理解这个概念，并了解如何把这个概念应用到其他问题上"。开场白预告了稍后可以应用的参考提示。对主题和主要问题的陈述，也可以帮助引导者提醒整个团体始终围绕主题展开讨论。有些团体希望可以提前了解讨论进程，你可以把问题写在一张白板纸上，让所有人都能看到，并请他们在涉及某个问题时才说出相应的答案。当然，有些团体并不需要知道讨论进程会是怎样的。

交代背景。介绍一些背景，例如，介绍一下讨论本身与团体所关注的某项任务之间的关系以及向参与者说明为什么需要现在来进行这场讨论："趁着对这个问题的印象比较清晰，让我们现在就来讨论一下吧。"有时候，如果能对计划的讨论时间做一个预告，或许会帮助团体更好地做好准备，如"这个讨论将花 20 分钟，之后我们会进行下一项议程"。

先发制人。直接回应那些可能会拒绝讨论的声音。例如："现在做一个简短的讨论，会让你更容易地了解笔记中要包含实验的哪些内容。"

聚焦于具体的讨论起点。将参与者的注意力集中在你选定的讨论起点上。派发材料或让他们集中注意力来回忆有关的经验，如"让我们首先来看一看这份材料"。

设定基本规则。对规则的清楚陈述会让大家更愿意参与讨论。需要让团体安心，确信讨论的环境是安全的，每个人都可以积极参与对话。例如："在这场讨论中，我们要确保每个人的观点都被听到。所以，假如你不同意其他人的话，也同样鼓励你讲出自己的观点。这里没有错误的答案。"这一点对于学生来说尤其重要，因为他们可能曾经受过老师或其他学生的苛刻评价，从而有可能害怕参与讨论。

开场白可以同时结合以上的全部或部分功能。

有时，讨论的引导者会想要迅速切入主题，因为他们认为讨论的问题才是核心所在。但是精心设计的开场白可以帮助团体准备就绪，更愿意投入随后的讨论。

8. 认真准备结语

与准备开场白类似，你可以把结语提前写下来。这可以帮助你为结束一场讨论做好准备，而不需要狼狈地寻找下台的方法。一场讨论可能解决了一些问题，但仍有一些问题尚未解决。我们不需要对问题视而不见，可以这样说："我想我们都注意到，这次讨论并没有真正解决乔纳森和艾米提出的问题。这些也都是重要的问题，我已经记下来，我们可以在下节课上再讨论。"

不要忘记对团体的智慧加以肯定。如果合适，可以告诉大家可通过什么方式看到讨论记录，或者你期待大家可以怎样使用讨论结果。

9. 再次检视讨论本身、团体，以及你自身的状态

准备好整个讨论后，通读几次，想象实际的讨论会如何进行。确保问题前后能流畅衔接，不会跳跃太大。在此阶段，你可能会想修改、增加或减少问题。准备一个时间表，为每个层面的问题讨论分配一些时间，并预估讨论整体所需的时间。

接下来，可以花一点时间回顾团体的状况，想想他们最近有什么事情发

生。问问自己，用什么风格主持讨论可以促使团体更好地参与。评估你自己作为讨论引导者的偏好、优势和劣势。

10. 吸取经验教训

在引导完讨论后，回想讨论中发生了什么。注意你在现场做了哪些调整，因为这些可以帮助你以后更好地准备和引导讨论。

第五章
如何引导一场焦点讨论

我们有充分的机会来引导学生展开更高层次的理解，引入并练习思维的语言，滋养他们对智识的热情，寻求综合性的思维图景，让学生学会学习，教师学会传授。智能学校（smart school）可以催生出无限多这样的机会。

——大卫·帕金斯

你可能会问："为什么我们要对这样的焦点讨论进行引导？讨论不应该是自发的吗？引导讨论的企图难道不会破坏讨论的自发性，并剥夺其中的乐趣吗？"

尽管焦点讨论法的基础是思维自然遵循的模式，但我们并非总是在系统地思考。我们需要一定的训练，才能觉察自己的思维方式，而运用这样的自觉来持续进行清晰的思考则需要更多的练习。当一个引导者精心准备、用心倾听时，就可以帮助一个团体更好地做到有聚焦的思考，并迸发更多创造性的火花。而即使有了精心设计的流程，讨论也可能会摇摆不定，失去重心。有些人会滔滔不绝，主导讨论；而有些人则很难讲出自己的观点，即使讲了出来也很少被人听到。参与者经常把讨论带至意料之外的方向，或忽然扔出一句挑衅般的评论。引导者可以帮助一个团体在讨论中避免这些反复的争执和抽象空洞的长篇大论，以及一些对细枝末节的争吵。当绕开这些常见的陷阱时，讨论也就更有效了。每个人都能够更自由地参与，信息也可以不断地有序累积。讨论引导者的任务是释放团体的天分、创造力、智慧和经验，并引导团体在深思熟虑后得出结论。本章将逐项为读者罗列一场焦点讨论所需的基本准备工作。

如何引导一场焦点讨论

引导者的责任

焦点讨论的引导者有责任引导团体就一个主题展开最有效的思考，也要对讨论过程中可能影响参与者的因素负责。这意味着，引导者要精心准备讨论目标和问题，也要用心倾听团体的反应。引导者可能需要增加、跳过、修改问题，以回应团体的需求。观察参与者的身体语言、声调，可以帮助引导者发现讨论对参与者的影响，从而做出相应的调整。

无论是针对学生、学校教职工、家长还是社区成员引导焦点讨论，其引导的讨论形式都大体相同：讨论引导者使用一系列技术，帮助团体成员更自然地参与讨论，并将注意力集中在讨论主题上。

1. 适宜的场地布置

讨论空间的布置需要达到这样的效果：在讨论中，所有人彼此间都能互相看到、听到。在剧场式的传统教室里，所有人的目光都投向教室前方，这就传达了一个强有力的讯息：唯一重要的人就是教师。在焦点讨论中，教师可以坐到旁边的位子，或靠近角落的一张桌子上。如果可能，也可以移动桌椅，摆成半圆形或长方形，让大家的目光有机会彼此接触，同时也能让大家看到教室前方。要确保大家能听到彼此的发言，避免分心的状况发生。空间里的每样东西都需要传达这样的讯息："每个人都是重要的，讨论的主题是重要的。"当空间布置能让人们感到自己的想法得到尊重时，他们也会带着更多的尊重来参与讨论。

2. 邀请

邀请大家找好自己的位置坐下来。

3. 开场

用几句事先准备好的开场白迎接大家，介绍讨论的目的，讨论的主题、背景和重要性，将会怎样利用讨论结果，以及其他所需的信息。在讨论开始时就把要讨论的问题告知参与者，这通常能让他们在讨论相应的问题时提出自己的想法。例如，可以说："让我们就这个主题来进行讨论，探讨我们能得到什么结果。就这些问题表达你的想法，你的想法不会被评判对错。"设计一些基本规则通常也很有用，如"我们要倾听每个人的回应，发现其中蕴含的智慧"。

4. 首轮问题

如果参与讨论的人数不多，可以请每个人都来回答第一个问题，这能起到"破冰"的作用。可以设计一个简单的客观性问题，让每个人都能比较轻松地回答。如果第一个问题是"在读了这个故事后，你最先注意到的是哪些词句？"，那么，可以这样问："第一个问题从拉尔夫开始，然后大家按座位顺序来依次回答。拉尔夫，故事中什么样的词句让你印象深刻？"在拉尔夫回答后，引导者转而注视下一个人，等候对方的回应。如果有 15 个以上的讨论参与者，在半程后换另一个客观性问题会很有帮助。当有人想开始长篇大论时，引导者要及时制止，告诉大家后面会有更多的回应讨论时间。如果发现有人因怕说错话而不发言，你可以说"我们这次的讨论没有对或错的答案"。要确保你言行一致。可能在开始实践这样的方法时，作用并不明显，但如果能在一年中都坚持这样的方法，尊重每个人的答案，就能创建一种探索和尊重的分享氛围，从而让大多数学生都能获得参与讨论的安全感。

回答客观性问题可能是讨论中最容易也最困难的部分。有些人认为，分享显而易见的观察过于幼稚，他们会想要立刻跳过这个阶段，开始发表自己对讨论主题的意见、对下一步行动的判断，或者由该主题触发的其他想法。因此，你可能需要帮助大家来处理客观性问题。如果有人直接跳入抽象的思考，你可以重复问一次问题，或更清楚地说明你的问题，或者问类似"你读到的故事中，哪个部分让你这么想呢？"的问题。有时，你可能需要提供一个示例答案，如"我注意到故事中写到他们为那位胖女士擦鞋"。

你可能需要提醒大家发言时提高音量，让房间里所有的人都能听到，而不只是对引导者讲话。

5. 提问后续问题

向团体提出接下来的问题。提第二个问题时，你可以说"从现在开始，任何人想说就可以回答"。这表示你不会再要求所有人依次回答，任何人都可以想说就说。

6. 当讨论跑题时你怎么做

一般来说，参与者跑题并不是纪律问题。人的头脑极具联想力，很容易偏离本来的主题。不过，既然你在引导一场焦点讨论，那么最基本的一点就是要保持聚焦。当你察觉到有人开始跑题时，要先肯定他们的意见很有见解或很重要，然后简要重述到目前为止已经讨论过的要点。你可以重述一次问题，但也可能跑题本身就在提醒你，团体已经准备好进入下一个问题的讨论了。

7. 怎么对待错误的答案

有时，讨论参与者的答案可能引用了错误的客观信息。教师不能轻描淡写地放过错误，但如何回应则取决于当时的状况。在课堂上，教师可以回应："可以告诉我们课文中的哪些地方这样讲吗？"这种温和的方式既可以更正信息，也不会挫伤学生的积极性。其他有用的问题包括"为什么你这么说？"、"这跟我听到的理解并不一致，可以澄清一下吗？"，引导者也可以问问其他参与者有没有不同答案。

有时人们会做出攻击性的评论。答案可能带有种族歧视、性别歧视、各种偏见，或过于愤世嫉俗。察觉这些评论的语气很重要。有些回答是无意识的，也不是故意要造成某些影响。而另一些则是有意为之，想把讨论引上歧途。也有可能是有些人想讨论他们自己关注的问题。重要的是尊重每个人的发言，但不让这些评论喧宾夺主。如果引导者认为参与讨论的团体有能力消化这些发言，就可以不理会这一点，继续讨论的主题。但如果引导者发现团体因此非常不舒服，并希望他做些什么的时候，可以问："可否换个方式说明你刚才的观点？"这个时候可能需要暂停讨论，重申基本规则。

有时学生会故意给出怪异的或"错误的"答案来试探教师或团体的反应。多数时候，简单地接受这些答案，然后继续请下一位学生回答或继续下面的提问已经可以停止这种举动。问学生"为什么你这么说？"或"是什么让你这么想？"也很有用——创意可能藏身在怪异答案的背后。即使有学生故意要扰乱秩序，教师通过探询他行为背后的意义，促使他坦诚地思考，经由这个过程，他也在被当作一个独立的人来尊重。有时也可以要求团体在认真思考后再给出回答。迅速回顾你的体验目标会帮你维持讨论的进程。如果你希望增强参与者的自尊，就要用一种照顾所有参与者自尊发展的方法来处理这种挑战，你可以说"这个观点很有趣"或"这个想法很有创意"或"这一点也很重要"。当学生们意识到他们的答案被你接受的时候，更富创意的思考也会发生。

如果大家认为某位参与者的答案很奇怪时，可能需要对其生活经验给予更多理解。我们通过理解不同的观点而不断成长，与这一过程相伴而来的又总是我们不断放下自己对生活的执念。管中难以窥豹。每个人都有谜题答案的一角，唯有倾听和理解不同的观点才能看到完整的图景，这就好比钻石的华彩是由各个表面反射的晶光汇集而成的，焦点讨论正是为了引出智慧的各个面向。

教师面临的最大挑战之一就是在引导讨论时不带入自己的议程。当引导者失去客观性时，团体会感知到讨论被控制了，他们也就无法再开诚布公地参与，会转而迎合引导者的议程。教师要传递给学生的知识点必须跟讨论分开。前者可以在讨论之前或之后以讲授的形式进行。在讨论中，教师可以带上专家的"帽子"，但必须清楚地向参与者解释："我现在不再是讨论引导者的角色，而是提供一些重要信息，以消除你们的困惑。"

8. 当回答冗长而抽象时你怎么做

如果引导者问了一个模糊或抽象的问题，很可能得到同样模糊或抽象的答案。具体的问题更有可能得到具体并更有意义的答案。"这个故事讲了什么？"是一个很模糊的问题。要注意具体问题带来的答案有哪些不同，如"主人公对她自己的生活有什么看法？"。如果你得到的是一些抽象的答案，可以试试重新组织问题的语言。

如果有人给出一个冗长而抽象的回答，你可以邀请他给出一个具体的例子，如"本，可否用更简短的语言组织你的答案？"，或"可以给我们一个具体的例子吗？"，或"你的主要观点是什么？"。这样的问题可以帮助回答者更清晰地组织答案，并将自己的观点与事实相结合。要让回答者明白，你这么做是为了让大家可以了解他的观点。如果不能澄清那些模糊的阐述，就无法将讨论引向更深的层次。

9. 当争论发生时你怎么做

有时我们会假设，只有通过辩论优缺点的方式才能在一个班级或团体里探讨某个主题的意义。而使用焦点讨论法时，有足够的空间让参与者发表不同的意见，但重点在于澄清和解释这些不同的回答，而不是攻击或维护某个观点。这种方法可以营造深入思考的氛围，而不是要带来矛盾或争论。当人们发表强硬的观点时，可以探询其中的思考，如问："你是怎样得到这个结论的？"如果参与者因不同的观点发生了争论，要提醒大家：尊重所有的视角，每个人都有自己的智慧，每个人都有谜题答案的一角；然后再询问其他人是否有不同意见，例如可以问："有什么很不一样或是完全相反的想法吗？"

在很多团体或班级里，都会有几个人总是跟其他人唱反调。当有人打断其他人时，先请他等到别人回答完，然后再问："那么你的观点是什么呢？"如果有人怀疑别人的答案是否有道理，你可以转而问："我清楚你不同意吉姆的看法，那么你会怎么回答这个问题呢？"注意你的语气要传达的是好奇而非恼怒。引导者允许相反的观点同时呈现，对每个答案一视同仁。然后你可以请其他人回答，或提出下一个问题，以推动讨论继续进行。如果可以这样做，争议就能拓展团体的思考，而非使大家默不作声。

10. 结束讨论

用几句话总结讨论，并感谢所有人的参与，从而结束讨论。如果你在讨论中做了一些记录，要告知大家讨论之后会怎样使用这些记录。如果合适，也可以让参与者知道怎样能看到讨论记录。

引导讨论不是教授内容

你可能会问："不是应该引导学生得出教师的答案吗？教师难道不是因为自己的专业知识而获得报酬吗？"

诚然，教师的一个重要角色是将智慧、经验，以及经过检验的知识传授给学生。然而，研究显示，只有当学生能将新的信息与自己过往的知识和对世界的认识相联系时，才称得上是真正获取了新知。当我们围绕某个主题来引导焦点讨论时，正是在让学生自己进行信息加工，内化所学的知识，得到自己的结论，并在生活中加以应用。教师经常被忽视的一个角色是激发学生的思考和对知识的整合。讨论中的开放问题可以帮助学生加工信息，这个过程会改变他们思考问题的方式。

在我的教师生涯开始时，我在芝加哥贫民区的一所学校教七年级和八年级的音乐。我在大学里学习过音乐教育，有一些专业知识。第一年，我将自己定位为一名专家，要求自己知晓所有学生应掌握的知识。结果那完全是一场灾难。学生们不断扰乱课堂秩序，他们用这样的方式告诉我：我的知识与他们的生活毫无关系。最令人沮丧的是我的努力并未使他们学到任何东西。接下来的一年里，我用一次焦点讨论作为整个学年的开始，来了解我的学生需要从我的课堂上获得什么以满足其生活中的需要。根据他们的需要，我设计了黑人音乐史的课程内容，这一课程满足了教学要求，并能教授他们迫切需要的阅读技能，同时也能使他们的自尊得到增强。时机适当时，我也会分享我的专业知识，而学生们则会分享他们的经验。学生们表现出令人惊异的专注和投入。他们不仅学到了音乐相关的知识和技能，还认识到自己拥有的智慧和经验，并把这种自信带入其他科目的学习中。而我则学到了大量的音乐史知识，并且了解了学生的生活。通过这段经验，我摒弃了要掌握所有知识的念头，转而开始引导学生学习。这段岁月至今仍是我教学生涯的亮点之一。

我们要区分教师的两种角色：信息的传递者和信息加工的引导者。这是激发学生学习热情的关键所在。

保持开放的立场在引导学习的过程中非常重要。约翰·科洛普弗（John Kloepfer）在《形成性提问的艺术：促进自我袒露形成的方式》（*The Art of Formative Questioning*：*A Way to Foster Self-Disclosure*）中写道：

开放性，或苏格拉底所称的"博学的无知"（*docta ignorantia*），是引导者提问的一项基本素质。引导者是掌握熟练技能的方法论专家（即有"博学"的一面），同时也会声称自己一无所知（即有"无知"的一面）——这意味着他（她）对讨论中出现的各种观点均持完全开放的态度。而在虚假的讨论中，只是用讨论这种方式来证明早已认定的观点——这就缺少了开放性，真实观点也就无法涌现。

我们很多教师或培训师都在工作中形成了干预和打断的习惯。我们接受的培训是去更正、充实和修正发言者的观点。焦点讨论不是要教授内容，这就意味着教师在引导讨论时，需要站在"无知"的立场上，保持自己的开放性。当教师用讨论的方式来"找出"自己已知的答案时，学生就不会参与。他们只会一言不发，等着教师告诉他们答案，而不会冒犯错的风险。他们只能学会在考试中照搬教师的答案，很少能把所学与自己的生活联系起来。

我认识两位学生，他们的学习风格全然不同。其中一位学生很擅长口头表达，很自信，有决断力。另一位学生比较安静内向。他们的高中英语老师坚持自己的意见才是阐释《哈姆雷特》这部戏剧的正确方式。那位安静的学生从来不参与课堂讨论，害怕说错答案被当众批评。爱发言的这位学生能猜到老师想要的答案，总是在课堂上大声说出来，以给老师留下深刻印象，却从来不愿在真正的讨论中去探索其他可能性。两位学生都极度焦虑，把不必要的精力浪费在猜想教师想要的正确答案上，而没有人花工夫去发展自己的批判性思维能力。对他们两人来说，《哈姆雷特》这部作品与自己毫无关联。

我曾目睹，当成年人相信引导者在讨论中控制他们，以得到自己想要的答案时，他们会像孩子一样不满。有一次，我向一些教育工作者教授如何建立学校和社区之间的关系。我先发表了一通热情洋溢的演说，展示了一些参与的原则。接下来，我引导他们来就我的演说做一点讨论。所有人都认为我在操纵他们来得出我刚刚在演讲中宣扬的"正确答案"，于是感到极度气愤，最后否定了我之前提出的所有观点，而没有讨论实施这些措施的方案。

引导讨论的准备工作包括培养真正的好奇心——去了解团体想知道什么，而不是希望他们得出"正确"答案，也即引导者会同意的观点。这可能意味着，引导者在讨论前要反复对自己说："我想知道这个团体今天会得出哪些新想法!"这对儿童和成人同样适用。小孩子经常能从自己的经验里得出新鲜的观点，而这些经验又常常能激发所有人产生新的深刻见解。

如果教师要传授整块儿的知识，最好是通过讲解的方式。第一章和第十章都有相应的示例，这些示例示范了怎样通过四个层面的程序来做一次清晰的讲解。把一两场焦点讨论与讲解结合起来的方式可能会有帮助。如果教师是一个勃郎宁①诗歌方面的专家，那么他可以通过组织一场焦点讨论，来了解学生的问题和困难所在，之后再根据学生的经验来做讲解。这样就不会浪费时间来教授学生已经掌握的内容，也不会讲解超过学生水平和理解能力的知识。在讲解后，教师可以再引导一场讨论，来帮助学生消化刚刚听到的内容，并将所学应用在自己的写作中。

当教师想要结合讲授和讨论来开展教学时，至关重要的是区分讲授者和讨论引导者的角色。如果有些时候（如在课堂上）无法由不同的人来扮演不同角色，讲授者应该避免在引导团体反思时陷入"专家"的角色。在这种情况下，简单地说明更换"讲授者"和"引导者"的身份就可以极大地对讨论产生影响。有时可以把问题写在白板纸或黑板上，这样就可以把观点和发表观点的人从讨论过程里分离开。

对于教师来说，要放下所有正确答案可能会让自己陷入混乱中。我的经验是，当我能成功地做到这一点时，我可以从我的学生身上学到很多东西，而无须放弃自己作为教师的角色，同时也会获得学生的尊重。在积累很多年教学经验，并受到几部电影（如《死亡诗社》）的启发后，我得到了一个重要的发现：如果你去探询人们的智慧并认真倾听，他们也会认可你的智慧。而真正的秘密是：如果你去探询人们的智慧并认真倾听，你会变得更明智!

---

① 罗伯特·勃朗宁（Robert Browning），英国诗人，剧作家。

通过团体讨论，学生能看到大家共同积累的知识有多少，能认识到齐心协力可以解决多少问题。

以上这些指南可以帮助你引导班级或成人团体展开讨论、做出决策。

为什么我带领的讨论行不通？ 我该如何改善？

即使有实用的方法、精心的准备和投入的参与者，也不是每次讨论都能顺利进行。与其否定这样的体验，告诉自己"我不是做这件事的料儿"，不如反思整个过程和问题发生的原因。这样的反思能将困难转化为学习的经验，也会更有益。

表 5.1 是一份汇集了众多引导者的丰富经验的指南，其中介绍了在讨论时可能出现的问题及应对策略。这些内容有些适用于课堂上的讨论，有些则适用于典型的会议，如与员工或家长进行的讨论。当然，这些内容并不能涵盖所有沟通方面的问题。由于参与者不同、主题不同，每次的讨论情况也会有所不同。如果你在引导讨论时遇到了问题，先在内心里与自己进行对话，看看发生了什么，并参考这个表格考虑应该怎样应对你发现的问题。

表 5.1   开展焦点讨论时经常遇到的问题、可能的原因及解决方法

实践中经常遇到的问题	可能的原因	可能的解决办法
1. 团体不专注	场地混乱或座位安排不友善	重新安排讨论的空间，营造安静的环境，让大家可以看到彼此。
	没有真正引起团体的注意	预先留出一段时间，让大家在开始时有机会寒暄聊天，但要控制这段时间。 有礼貌地提醒大家讨论即将开始。 准时开始讨论，鼓励大家认真对待彼此。
	背景介绍不清楚	说明事情背景时，要提供足够的讯息，让团队知道会议的目的和将用什么方法讨论，从而可以自由参与讨论。
	讨论的主题与团体不相关	计划时多花些时间思考团体的需要。

续表

实践中经常 遇到的问题	可能的原因	可能的解决办法
2. 团体对于问题没有反应	团体与引导者之间关系薄弱，或是大家不信任引导者	以温暖、尊重的风格陈述开场白。 与参与者有眼神接触，并且真诚倾听。 在开场介绍背景资料时，说明你作为引导者，任务是引发团体最棒的想法，而且你没有自己预设的答案。 开始时先进行自我介绍，询问每个人的姓名以及希望在讨论中得到什么，然后请大家赋予你引导的职责。
	注意力没有集中在主题上	讲清楚讨论的具体目的，以及讨论与参与者的相关性。
	讨论起点过于抽象，如"让我们来讨论一下评估的问题吧，这意味着什么？"	为团体的分享找到一个具体的起点，如学校最近的报告或一份政策文件。 更清楚具体地提出客观性问题。
	问题顺序混乱，扰乱思考过程	检视问题的层次，跟大家说"等一下，让我先问这个问题"，然后用其他问题代替。
	问题不是开放性的；团体感到被引导到一个并非自己讨论出的结论	将问题改成开放性问题。
	问题进展过快或过慢	关注团体的状态，删减或增加问题，帮助团体得到所需信息或进展到决策的节点。
	很多人在团体中偏爱沉默不发言	提出"我们有些人有段时间没说话了"或点名"艾里，你怎么想？"。 明智审慎地改用小组讨论。
	参与者在团体里没有安全感（存在一个权威人物，如教师或校长在场，等等）	改变团体的结构：将团体分成更具同质性的小组，直至大家都能更自信地发表意见。

续表

实践中经常遇到的问题	可能的原因	可能的解决办法
2. 团体对于问题没有反应	人们害羞	让所有参与者依次回答第一个客观性问题，来让每个人都能在一个安全的主题上发表观点，从而树立自信。
	环境过于正式	试着把环境设置得更随意些，如请大家落座。
	团体对"情感化的表达"过于敏感	提问反应性问题时多加注意，让人们可以不必使用情感词汇来回答。例如，"哪个部分最让你困扰？"或"你马上能联想到什么？"。（但不要整个略去反应性问题层面）
3. 团体给出的答案不对	你作为引导者，已经有预设立场——你认为问题有一个正确的答案	提醒自己扮演的是中立的引导者角色，目的是引导出团体的智慧。或者改变角色：不再问问题，改为做报告或讲解。
	问题的顺序不对	检查问题的层次，跟大家说"等一下，让我先问这个问题"，然后用其他问题代替。
	问题不够清楚，或没有焦点	如果团体相信你是真的想知道他们的答案，此时可以先针对你所提出的问题给出答案的范例，让他们知道答案大概是什么样子的。 当引导年纪较小的学生讨论时，给出一系列可能的答案，让他们从中选择。
4. 团体给出的答案不够真实	参与者对讨论没有安全感；这个团体还没有准备好参与讨论	先试试较不严肃的话题，直到大家相信自己的意见会被认真对待，并且愿意对这次讨论负起责任。
	问题不够明确	事先测试问题，想象这个团体会如何回答，或提前让人试答问题。
	参与者心中另有想法（或参考前面第2点说明）	提更明确的问题，让隐藏在桌面下的意见有机会浮现出来。

续表

实践中经常遇到的问题	可能的原因	可能的解决办法
5. 某些参与者主导整个讨论	或许他们觉得自己的观点没有被听到（确实有可能，尽管他们的行为让团体很难相信是这个原因）	认真聆听，展示你已经"听到了他们的想法"，例如，记录、积极聆听，然后用尊重的态度打断——"我想我们知道你的重点了。一会儿休息时间我们可以再讨论。现在我们来听听其他人的想法。"
	负责这次会议的"主管"不信任团体的智慧	请"主管"到旁边，与其沟通确认他在担忧什么，让他知道自己有什么选择以及过度主导讨论会有什么后果。在之后的讨论中回应他担忧的问题。
	讨论的风格可能太开放	提问其中几个问题时，让全体都发言，并提醒每个参与者简要地回答问题。
	安静的人和喜欢表达的人数比例不平衡	分成小组讨论，将安静的人和喜欢表达的人混合在一起进行小组讨论，然后请小组分享讨论成果。
6. 团体讨论离题太远	大家想要逃离这个主题，或逃避责任	运用焦点讨论来和团体共同回看现在正在发生什么情况。
	主题没有焦点，或被认为无关紧要	以尊重而坚定的态度，将大家引回正题。重新将大家的注意引回背景和问题。（可参考第1点：团体不专注）
	引导者太容易被牵着鼻子走	提醒自己：引导的工作不是要讨人欢心，而是帮助团体处理他们所关心的问题。（可参考第1点：团体不专注）
7. 无法得到有用的成果	团体不认为主题与自己有关	可参考第1点：团体不专注。
	主题太大、太复杂，无法在一场讨论中处理	针对该问题的不同层面设计几场讨论。
	用问题无法得到有用的信息	检视所准备的问题，从最终期待的结果往回推演，以了解在每个层面需要得到哪些信息。

续表

实践中经常遇到的问题	可能的原因	可能的解决办法
8. 爆发争执	没有建立起尊重彼此意见的气氛，或者大家不清楚如何倾听彼此	在铺陈背景时强调现实有多重面向："我们每个人看到的是钻石许多侧面中的一个。" 以尊重的态度介入。先让第一位发言的人说完，之后提问："你们对这件事还有哪些看法？"然后邀请其他人回应。 询问："在这些彼此冲突的回应中，有哪些潜在的模式？"
	引导者有所偏向	检视自己是否全面接收到所有的答案并推动大家对这些答案达成共识。提醒自己："我很好奇。"
	学生想展示自己有辩论的能力，从而给教师留下深刻印象	提醒学生，他们的分数与争论无关，而是来自用心的倾听和参与。
9. 团体挑战引导者	引导者让人感觉缺乏自信	从一开始就让大家知道，你使用的方法是经过详细规划的，你不会强迫大家给出答案。
	引导者传达的讯息混淆了专家和提问者两种角色	检视自己提出的问题以确保开放性。
	团体对引导者的力量太敏感	将问题写在大家都能看到的地方，或让其他人来引导讨论，以区分专家和引导者的角色。

第三部分

焦点讨论法
应用示例

写在示例前面

> 任何需要高阶思维能力和推理能力的活动都能更多地将知识转换为学习者的长时记忆，并将新的知识以一种有意义的方式与已有的记忆结合起来。
>
> ——大卫·卡特-托德（David Carter-Todd）

接下来几章中的焦点讨论都是根据课堂和学校中的现实场景设计的。讨论的设计者来自几个国家，他们都是活跃在一线教学领域的教育工作者。每场讨论都经过细心编辑，以更好地适应相似情况的需要。希望这些示例可以方便你在自己的课堂上、学校中、家长会上使用焦点讨论法。

在第六章到第九章中，每章的示例都针对某一类普遍的主题。讨论的参与者也被细分为学生、教师和员工、家长和社区居民等类别。

第六章　让学习变得更有意义

本章的示例展示了教师可以如何教学生学会清晰思考的方式，如何引导学生培养抽象思维和探究意义的能力；同时也提供了教师讲解教学内容时可以参考的逻辑结构。这些讨论也涉及了如何激发学生学习积极性与应用所学内容的问题。

第七章　让团体沟通更为有效

本章提供了可在学生的小组项目、教职工会议、家长委员会中应用的示例，可以通过焦点讨论法，促成团体内及时有效的沟通，建立彼此间的理解和尊重，并帮助团体做出明智的决策。

第八章　避免和解决矛盾问题

在这一章的示例中，我们可以看到学生、教师、学校管理者、家长等如何在一对一或团体情境中使用焦点讨论法来解决误会、冲突，以及处理困难的问题。

第九章　增强教学评估的有效性

本章的示例为学生和教职工的自我评估、学业评估、成就评估都提供了公平有效的方法，可以帮助参与者在评估中得到成长。

第十章　焦点讨论法的创造性应用

本章举出了一些创造性运用焦点讨论法四个层面过程的具体示例，其中一些非常独特和有创意。有的焦点讨论可以结合在一起使用，以拓展学习的广度和深度。这部分也包括对这个过程更为独特和创造性的应用。

怎样找到有用的讨论示例

找到感兴趣的主题。这几章中列出的讨论主题可能会让你联想到一些有价值的应用。如果你已经想好了某个主题，可以浏览这几章或附录，找到相关的讨论设计。有时，你也能从本书中找到一个只需要略加修改就可以直接使用的讨论示例。不过大多数时候，你需要参考本书中讨论的结构来设计属于自己的讨论。

为你的参与者设计适当的讨论。有时，你需要就某个主题，参考几个针对不同群体的讨论设计，为你的参与者做相关的修改。例如，如果你要与七年级学生就某部电影开展一场讨论，那么在讨论中，既可以包括一些二年级学生讨论木偶戏的问题，也可以包括一些与教师讨论电影的问题。

找到类似的讨论起点。有时，如果为某个主题选择几个不同的讨论起点，就会设计出若干场不同的讨论。例如，如果你想在家长委员会上展开一场讨论，可能某场讨论是关注一项需要强制性执行的政策，而另外一场讨论开始时会请参与者分享自己在其他的家长团体中的经验。你可以选择与你的讨论起点相似的示例来进行尝试。

找到相似的讨论目标。有时，在这些示例中找到与你期待的相似产出比相似的主题更重要。例如，如果你想要从讨论中得到回应某项政策的建议，那么政策这个主题本身并不会太影响问题的设置。讨论的问题要能激发参与者探讨这项政策的重要性所在，并让参与讨论的团体畅所欲言，提出建议。

　　使用焦点讨论准备表。当你找到可以参考使用的某个或某些示例后，就可以翻到本书的附录，找到"焦点讨论法工作表"，参考示例中合适的部分，按照第四章的说明来设计你自己的讨论目标、开场白、结束语和问题。在这个过程中，别忘了想象你的团体会怎样回答你设计的问题，对自己的讨论设计做一些测试。你可能需要做一些修改和调整，令讨论的语言符合你的团体的语言习惯或风格。

第六章
让学习变得更有意义

本章讨论设计的目的是帮助参与讨论的学生和成人深化学习经验，并能将所学应用到实际生活中。

其中，有些讨论是为学生设计的——可以帮助他们更好地理解作业，更深入地探索某个主题的意义，更紧密地将所学与实际生活联系在一起。而还有些讨论是为教师和家长设计的——可以帮助他们对某项活动开展反思，提出自己的见解或探讨新的观点和主张。

回顾参观动物园的经历

适用对象：
小学生

情境：
一年级某班的学生刚结束动物园参观活动回到教室。他们在地毯上坐成一圈，准备做一个简短的讨论。

理性目标：
回忆在动物园看到的多种动物。

体验目标：
体验对自我和自然世界的欣赏和认同。

讨论设计

开场白：
我们来讨论一下这次动物园的参观活动吧！

客观性问题：
你都看到了哪些动物？

反应性问题：
你最喜欢的动物是什么？为什么？

诠释性问题：
小孩子和动物之间有哪些相似的地方？有哪些不同？

决定性问题：
你还想再看哪些动物？你还想了解关于哪些动物的知识？

结束语：
画一幅关于"你最喜欢的动物"的画，我们会把画挂在教室外面的墙上。

从观看木偶戏中学到了什么

适用对象：

小学生

情境：

二年级某班的学生刚在剧院里观看了木偶戏《侏儒怪》，回到教室。他们坐成一圈准备讨论这部戏。

理性目标：

让学生回忆《侏儒怪》的故事，学习诚实的品质。

体验目标：

体验用木偶戏讲故事的趣味，反思自己的生活经验。

讨论设计

开场白：

我们来想想这部木偶戏是如何结束的。

客观性问题：

有哪些角色？他们穿着什么样的服装？你记得哪些场景？你听到了什么样的台词？

反应性问题：

哪些场景让你感到激动？哪些场景让你感到高兴？你在观看到哪一部分时感到害怕？

诠释性问题：

你学到哪些跟诚实有关的东西？关于承诺了自己做不到的事这一点，你学到了什么？

决定性问题：

你可以做哪些事来提醒自己做一个诚实的人呢？

对一个关于自我形象的故事进行反思

适用对象：

小学生

情境：

三年级的学生刚在阅读课上学习了《金鹰》这个故事。教师希望学生可以理解阅读的内容，同时可以应用作品所传达的信息来改变自己的生活。

理性目标：

理解"你相信自己是什么样的人，你就会成为什么样的人"。

体验目标：

不再为旧的自我形象而困扰。

讨论设计

开场白：

让我们来大声朗读《金鹰》这个故事。

客观性问题：

你还记得哪些词语？故事里有哪些角色？当你听到这个故事时，脑海里会浮现出什么样的画面？故事中指出鸡和鹰有哪些区别？

反应性问题：

你有哪些感受，比如害怕的、快乐的、悲伤的、放心的等等？你觉得哪个角色跟你很相似？这个故事让你想起哪些你在学校或家里的经历，或是令你回想起某个（部）故事、电视剧、电影里的情节？

诠释性问题：

鹰是怎么看自己的？为什么？鸡是怎么看自己的？为什么？它们对自己的看法如何影响了它们自身？故事讲了什么道理？

决定性问题：

听过这个故事后，你想对自己的生活做怎样的改变？

结束语：

当你觉得自己陷入困难之中时，试着闭上眼睛，想象自己就是一只金鹰，看看会有什么改变。

对某个故事的另一种版本的反思

适用对象: 小学生 **情境:** 二年级某班的学生在听一个童话故事的另一种版本,老师希望他们讨论故事中的信息。 **理性目标:** 理解故事;学习故事的另一种视角。 **体验目标:** 当听到其他故事的时候,能够质疑其中的观点。 **提示:** 在这场讨论后,你可以布置一篇作文,让学生从另一个或几个角度重写一篇童话或故事。	**讨论设计** **开场白:** 同学们,我们要听一个童话故事。我们已经听过这个故事,但是今天要听的版本有些不同。让我们听一听,然后做些讨论。(朗读故事) **客观性问题:** 故事里有哪些角色?故事开始时发生了什么?中间发生了什么?结尾呢? **反应性问题:** 你最喜欢故事里的哪个角色?故事里的哪些内容让你发笑?你是否遇到过这样的情况:面对同一件事,没人愿意听你分享你所看到的情况?举一个例子说说你当时有什么感受。 **诠释性问题:** 为什么你喜欢这个角色?这个故事讲了什么?这个故事跟通常听到的版本有什么不同?你觉得作为这个故事的作者,狼为什么会写这个故事? **决定性问题:** 你从这个版本的故事里学到了什么?下次再读某个故事时,你会想到些什么? **结束语:** 有时候,一个故事可能会有两面性或者多面性。

反思一个主题为"有些事情并非像看到的那样"的故事

适用对象:

小学生

情境:

六年级某班的学生刚读完一个小故事,在故事里,雾中妖怪的声音其实是一些很普通、很熟悉的东西发出的声音。

理性目标:

让学生阅读一个小故事;让学生讨论故事中的道理。

体验目标:

体验未知的事物并非总是可怕的。

讨论设计

开场白:

我们来看看这个故事告诉了我们什么。

客观性问题:

故事是在哪儿发生的?故事里有哪些主要角色?故事开始时发生了什么?然后呢?再之后呢?

反应性问题:

在我读这个故事时,你头脑里出现了哪些画面?哪些部分让你觉得可怕?你觉得什么地方很好笑?这让你想起了谁?

诠释性问题:

你在哪里有过类似的经历?你会怎么解释一个妖怪到底是什么?你觉得作者在试图跟读者表达些什么?哪些内容传达了这些重要的信息?

决定性问题:

这个故事将会如何改变你或你的思考方式?

结束语:

你们的家庭作业是写一篇小故事,主题是:有些人或有些事并非像他们给人的第一印象那样。

回顾一部刚刚看过的戏剧

适用对象：

小学生

情境：

一群年龄差别很大的孩子刚看完《彼得·潘》的戏剧演出。有些孩子觉得这是"给小孩子看的东西"。

理性目标：

回忆事实；搜集新想法；使用高阶思维技能。

体验目标：

尊重彼此的观点。

讨论设计

开场白：

让我们来回顾一下在这部剧里看到了什么。

客观性问题：

你在这部剧里看到或听到的一件事情是什么？剧中有哪些角色？有哪些主要事件？发生了什么？他们去了哪里？做了什么？

反应性问题：

当彼得·潘飞过空中时，你有什么感受？戏剧里哪些部分让人害怕？哪些部分让你觉得好笑？

诠释性问题：

彼得·潘和温迪互相之间有什么感受？他们怎么看其他的孩子？什么样的行为让你觉得是爱的举动？什么样的行为让你觉得是恨？虎克船长为什么那样做？彼得·潘为什么那样做？如果你在这个故事里，你会是谁？为什么？

决定性问题：

这个故事讲了什么？如果让你给这个故事写一个不同的结尾，你会怎样写？你会给这个故事起一个什么样的名字？用你自己的话说一说。

结束语：

《彼得·潘》是给所有年龄的人看的。我们都能从中学到东西。

拓展数学练习

适用对象：

小学生

情境：

一位老师刚引导学生用牙签进行了如下操作：先演示 2+2 的结果，然后是计算 2 组牙签、每组 2 根牙签的结果；接下来演示 3+3 的结果；然后是 2 组牙签，每组 3 根牙签的结果。牙签演示的结果保留在学生面前的桌子上。

理性目标：

理解乘法是加法的简便运算——"乘"（times）的意思就是"组"（groups of）。

体验目标：

体会到"啊！我能做到这个！"的成就感。

讨论设计

开场白：

我们来看看能从刚才的操作中学到了什么。

客观性问题：

描述一下你桌子上有什么。

反应性问题：

有什么让你感到惊奇的吗？

诠释性问题：

你会怎么描述你看到的现象？你发现了什么？乘法和加法有什么相似的地方？有什么不同？为什么你觉得 3+3 的结果和 2 组 3 根牙签的结果相同？刚才的运算写成算式是这样的：3+3=6，或 3×2=6。

决定性问题：

你会怎样总结你在桌子上看到的现象？画下来，并在画的下方用数学语言来表达。再试一次，这次试着用牙签摆出 4+4+4，然后摆出 3 组牙签，每组 4 根。摆出来之后再画下来。用两种方式写出结果。先自己做，然后我们一起做。

结束语：

哇！你在做乘法了！每当你在做"有××组，每组有同样多的若干物品"这类的运算时，就是在做乘法了。现在发给大家一些作业题，作为这个练习的拓展。

总结一天的经历

适用对象:
小学生

情境:
在小学课堂上,一位老师引导学生在放学前总结当天发生的事情。

理性目标:
更深入地理解当天发生的事情;有意识地从经验中学习。

体验目标:
感受一天的学校生活的完整性;在当天的挑战中得到肯定。

提示:
这里给出了很多问题。通常你在每个层面只需问一两个问题,这取决于时间和当时的讨论进展。

其他应用:
可用于写给自己的日记中;一章、一个单元或一个学期的学习结束时;一个团队到其他文化之中工作或学习的每日总结。

讨论设计

开场白:
在放学之前,让我们来做一个简短的回顾,对今天做个总结。

客观性问题:
在今天的课堂或操场上,都发生了些什么?你看到了什么?你听到有人说了些什么?你还听到了什么声音?

反应性问题:
今天你有什么有趣或难过的经历吗?什么让你兴奋或沮丧?就你的观察而言,其他人今天有什么感受吗?

诠释性问题:
今天你在哪些地方感觉很顺利?有什么对你来说不太顺利?有什么很得当的行为?有什么很不得当的行为?有什么是你今天想要它发生但却没有发生的呢?你今天在哪些方面感受到自己学到了东西?在哪些方面你看到其他人的需求得到了满足?你在哪些方面有所突破?在哪些方面你克服了困难并有所进步?你在哪里发现了真正的合作?你会怎么看今天的课堂学习?

决定性问题:
如果可以重来一遍,你会对今天的生活做些什么改变?你会保留些什么?如果让你抛弃今天所经历的其他一切东西,而只留下一件事情或一段具体的经历,你会留下什么?如果你要向其他人解释今天你做了些什么,你会怎么说?你会为今天画一幅什么样的画?如果从 1 到 10 打分,你会给你今天的经历打几分?你会怎么描述这一天?(这是……的一天)你明天能做些什么改变呢?下周呢?

结束语:
感谢你们分享自己对今天的反思。在过去的这短短一段时间里发生了很多事。我从你们的分享中也学到了很多。

借用电视中的体育节目教学生学会团队合作

适用对象：
初中生

情境：
一个高年级的男生体操班正在准备即将到来的市级运动会。

理性目标：
记住团队合作的重要性。

体验目标：
体验对自我和世界的认可与欣赏。

提示：
你可以对这些问题进行调整，用以讨论任何运动、活动、比赛等。

讨论设计

开场白：
让我们讨论一下昨晚的棒球比赛。有多少人看了这场比赛？

客观性问题：
你还记得昨晚比赛中的什么场面？每名队员各得了多少分？一名主要运动员犯规后，发生了什么？

反应性问题：
你最喜欢比赛的哪一部分？你最不喜欢哪一部分？

诠释性问题：
每名运动员是如何为获胜做出贡献的？整场都是替补的队员贡献了什么？你看到怎样的团队合作？如果你能做些改变，你会做什么来让团队合作得更好？获胜需要什么？

决定性问题：
现在我们要准备市级运动会的比赛了，根据昨晚节目中的比赛，我们该做哪些准备呢？

自我对话：面对考试中的一道问答题

适用对象：

初中生

情境：

一名八年级学生在考试中遇到了一道问答题，需要在动笔前迅速地回想她头脑中有关这个题目的知识。

理性目标：

列出作答的要点。

体验目标：

获得自信，相信自己可以很好地回答完题目。

讨论设计

开场白：

好，我想我能完成这道题目！

客观性问题：

关于这个题目我还记得哪些事实？老师讲过什么？书本上有什么相关内容？

反应性问题：

这些内容里最有趣的是什么？我对哪部分最有自信？对这些内容我还有什么问题？

诠释性问题：

我觉得这道题的哪些部分最重要？为什么这些内容很重要？我认为这道题说的是什么？

决定性问题：

我应该阐述哪些关键点？先写哪部分？我要怎样组织这些观点？

结束语：

好，就这么做吧！

发现一部流行电影中蕴含的意义

适用对象：

高中生

情境：

九年级某班的学生在英语课上观看了一部流行电影，这是"媒体常识"这个单元的一部分。老师讲解了"媒体常识"这个概念，并介绍了这部电影。

理性目标：

理解一部流行电影中的深层意义。

体验目标：

体验透过电影表面发现意义那一刻时恍然大悟的感受。

讨论设计

开场白：

我们已经看过了这部电影，现在要用一场焦点讨论来探究电影表面下的意义。大概需要半个小时。

客观性问题：

你能想起来哪些角色和面孔？你记得的一个场景是什么？你能想起电影中什么样的对话或词句？你注意到了哪些声音？

反应性问题：

你看到电影中有哪些情感？在看电影时，你有什么感受？哪些地方让你惊讶或不安？哪些地方让你想起了自己的生活？电影中什么东西或者哪些人让你有认同感？为什么？

诠释性问题：

什么样的想法吸引了你的注意力？你觉得导演想说什么？根据你的经验，你觉得电影切中了什么问题？你觉得哪些内容是不相干的？电影在试图传达怎样的信息？我们可以从电影中学到什么？

决定性问题：

看过这部电影之后，你可能会有什么改变？你想让谁看这部电影？

结束语：

有人说，最好的电影为我们看到自己的生活打开了一扇窗户。我想，我们已经体会到了这一点。

探索一件艺术作品的意义

适用对象:

高中生

情境:

一位高中美术老师让学生欣赏伟大艺术家的油画作品。其中的一幅油画透露出有关特定时代的文化的某些迹象,从中能看出当时的种族主义现象。

理性目标:

理解画家的文化背景;知道这样的背景如何影响了他的作品。

体验目标:

体验艺术作品对学生自己生活的影响。

提示:

需要仔细地设计与这件艺术作品有关的问题。因为,围绕勃鲁盖尔①关于人民和运动作品的讨论与围绕汤普森②的风景画所引发的讨论会迥然不同。

讨论设计

开场白:

让我们来看看这幅油画作品。这幅画中可能隐藏着一些有趣的信息。

客观性问题:

你在这幅画里看到了哪些物品?你看到了什么样的人物?不同的人物穿着什么样的衣服?他们在做什么?他们周围有什么?你能注意到这些人物的大小有什么不同吗?他们在画中面对着什么方向?

反应性问题:

你觉得画中的哪个人物最吸引你的目光?你最喜欢哪个人物?哪些人物你不喜欢或没注意到?表现这个场景的方式能让你想到些什么?

诠释性问题:

你觉得为什么画家要用这样的方式表现人物?他在试图传达什么样的讯息?为什么这么说?如果这是一幅当代作品,它看起来怎么样?如果你在这幅画里,你会是谁?会在做什么?

决定性问题:

你会怎么总结这幅画对当今世界的意义?它对你来说有什么意义?基于今天学到的,你会做什么改变?

结束语:

艺术的意义在于欣赏者的解读。当我们认真审视一位艺术家的作品时,可以看到艺术家和我们自己的生活。

---

① 彼得·勃鲁盖尔(Pieter Bruegel),16世纪尼德兰地区最伟大的画家之一,一生以农村生活为艺术创作题材。
② 阿尔弗雷德·汤普森·布雷奇(Alfred Thompson Bricher),美国哈德逊河画派的最后一名画家,擅长风景画。

审视一部纪录片中反映的社会问题

适用对象：

高中生

情境：

在高三某堂世界问题课上，学生们观看了一部关于无家可归问题的纪录片。

理性目标：

了解与该单元学习有关的社会问题的基本知识。

体验目标：

体验因关注纪录片中的问题而渴望行动的过程。

讨论设计

开场白：

今天我们来看一部纪录片，这部片子反映了我们已经看到和听到的东西。现在我们来分享一些对这部片子的反思。

客观性问题：

什么样的画面让你印象深刻？什么样的词句、颜色或声音引起了你的注意？你能回想起来哪些人物？现在让我们重新回顾一下纪录片中的主要故事内容。一开始发生了什么？然后呢？

反应性问题：

什么地方让你着迷？什么地方让你感到迷惑或神奇？什么地方让你感到气愤？你还有其他哪些感受？你想到了哪些相关的事物、事件或经历？这触发了你怎样的回忆？

诠释性问题：

这部纪录片的重点是什么？片中刻画了哪些根本性的问题？哪些是你最关心的问题？

决定性问题：

你能采取哪些行动来回应这个问题？作为一个集体，我们能采取哪些行动？我们下面几周能做什么来开始这些行动？在这些行动中，你自己会有怎样的投入？

结束语：

我们先告一段落。这个讨论可以持续很长时间。很好，我们已经开始认真地在个人层面思考这个严肃的问题了。

理解电影《辛德勒的名单》

适用对象：
高中生

情境：
来自一所市公立高中的约100名高二和高三学生观看了由史蒂文·斯皮尔伯格导演的电影《辛德勒的名单》。这些学生种族背景不同。这不是某一堂具体科目的课（比如说，不是历史课）。这些学生对焦点讨论法已经很熟悉了。

理性目标：
让学生沉浸在"二战"历史及当时面临的挑战之中；用希特勒和辛德勒的例子，说明一个人的生命可以造成多大的影响；让学生明白不能再让这样的事件重演；让学生理解：一个人的工作意象很重要，个人可能产生不受约束和控制的仇恨，集体无意识可能产生悲剧性的后果。

体验目标：
让学生体验大屠杀的恐怖，战争时的心理状态，以及在错误之间选择的挣扎；欣赏辛德勒帮助集中营囚犯的策略。

提示：
这个焦点讨论用时1小时左右，其中客观性和诠释性问题各需15~20分钟，反应性和决定性问题各需10分钟。在客观性层面，要推动学生在每一个问题上都给出一定数量的答案。在反应性和诠释性层面，鼓励学生给出多种不同的答案。

讨论设计

开场白：
我们来用焦点讨论法做一场总结讨论。请大家简要地回答每一个问题，只回答我问到的问题即可，请勿长篇大论。因为每个人都想参与到讨论中，所以我们要注意倾听他人的回答。

客观性问题：
让我们先来重新建构基本的事实。时间是1939年，故事是在哪个国家发生的？还提到了什么历史事件？人物都叫什么名字？有没有我们没提到的？你能回想起什么场景？你能回想起什么对话？你听到了什么声音？你看到了什么物品？有什么统计数字？

反应性问题：
整个电影有让你发笑的地方吗？什么时候？什么时候让你想哭？什么时候你感到害怕和恐惧？什么时候你感到如释重负？什么时候你想要跳起来帮助电影中的人？如果你能删除一幕，你想删除哪一幕？你想加入什么内容？什么时候你开始意识到情况不受控制了？什么时候犹太人开始意识到这一点？（什么时候他们意识到这不只是给他们找麻烦，而是已经有种族灭绝的企图了？）

诠释性问题：
让我们来讨论一下主人公辛德勒。我们都知道关于他的什么信息？辛德勒是个什么样的人？他有着怎样的价值观？选一两个电影中的其他人物，他们的价值观如何？辛德勒的价值观有什么独特的地方？他跟谁站在一边？你喜欢他吗？为什么？什么时候你注意到他态度上的变化？有什么具体的场景或台词来表现这一点？他最后放弃了什么？他得到了什么？他最后取得了什么成就？纳粹为什么没有抓到他？在现在的世界上，哪里还存在对某个种族或宗教群体的侵犯？为什么这些例子需要我们和社会的重视？

决定性问题：
你从这部电影中学到了什么？你觉得辛德勒会告诉自己的子孙后代永远不要忘记什么？你觉得那些在"辛德勒的名单"上的人会告诉自己的子孙后代永远不要忘记什么？我们怎样才能避免重复历史的阴暗面？看过《辛德勒的名单》后，你会做一个怎样不同的人？

结束语：
正如大家看到的，历史是我们共享的经验，我们在前进中不断学习。感谢你们贡献的智慧和观点。我们的作业是写一篇300字的短文，主题是讨论一种能帮助我们克服种族仇恨的方式。

理解高中数学的一个概念

适用对象： 高中生 **情境：** 数学老师刚在黑板上演示了一个复杂公式的推导过程，学生显得很茫然。 **理性目标：** 理解这个复杂的数学概念和解题步骤。 **体验目标：** 让学生体会到参与感，并尊重课堂参与；为自己的学习负起更多的责任。 **提示：** 在教学讨论中，教师会很难克制给出所有答案的冲动。要提醒自己：如果允许学生自己发现，他们的学习会比简单听课所学更深入。教师只需要在没人能回答问题或者预见自己可以帮学生梳理清楚思路时再帮助他们回答。	**讨论设计** **开场白：** 让我们来讨论一下这个推导过程，确保大家都能理解它了。 **客观性问题：** 首先，让我们来回顾一下推导的步骤。我们都做了什么？你们说，我来写下来。有什么已知条件？我都用了哪些步骤？首先做了什么？然后呢？再之后呢？ **反应性问题：** 哪个部分最让你困惑？哪一步最简单？哪一步理解起来最难？ **诠释性问题：** 这与我们上节课学的公式有什么相似之处？有什么不同之处？这个公式可以用在何时何地——家里？做木工时？从事商业活动时？工程中？ **决定性问题：** 你需要做些什么才能掌握这个推导过程？ **结束语：** 你们的作业是……（基于学生对决定性问题的回答情况）

反思团队进行体验式学习的经验

适用对象：

高中生

情境：

一个高中班级在准备合作学习的作业。学生被分成四到六人的小组来完成一个体验式学习的活动。每组要在五分钟内合作用报纸撕出一只动物。每组要围成一圈，轮流传报纸，每人每次只能撕一次。传报纸的前两轮组员可以发出动物的声音或做相应的表情，但之后就要保持安静，不允许说话。

理性目标：

学习怎样通过团队合作达成理想的结果。

体验目标：

体会到团队合作是充满变化的，需要能量、决心、沟通来达成理想的结果。

提示：

这个讨论很容易改编成为其他团队合作活动而设计的讨论。

讨论设计

开场白：

你们刚做了一个团队合作的活动。我们来花几分钟时间讨论一下都发生了什么。

客观性问题：

你制作出了什么动物？你听到了哪些声音？你还记得活动中的哪些场景？你听到别人说了哪些词句？你观察到团队中有什么样的情绪？

反应性问题：

你在活动的什么时候感到兴奋？什么时候让你觉得沮丧？这个活动让你想到什么场景或事件？

诠释性问题：

你的团队做了哪些事情对达成结果有帮助？你认为在这个团队过程里缺少了什么？你可以如何改善团队的合作？你从这个活动中学到了什么？

决定性问题：

我们在小组作业里可以怎样实践这些想法？在这个活动后，你在自己的学习或生活中会有什么样的新尝试或改变？

结束语：

每次做这样的活动，都会因为加入了新鲜的视角与团队合作而显得不同，这很有趣。谢谢大家的参与和发言。

评估一段反映社会生活中使用暴力的视频

<table>
<tr><td>

适用对象：

高中生

情境：

一位高中老师想征求学生们的意见，请他们帮忙判断一段反映社会中使用暴力的视频是否可以用在高中低年级的课堂教学上。

理性目标：

得到学生对这段反映使用暴力的视频的反馈。

体验目标：

体验所有的想法都被听到和被尊重。

</td><td>

讨论设计

开场白：

校长要我评估一下这段视频是否适合高一学生使用。

客观性问题：

你能回想起视频中的哪些词句？演讲者的主要观点有哪些？

反应性问题：

你对这段视频的第一印象是什么？你觉得什么地方有趣？有什么地方让你觉得沮丧？

诠释性问题：

这里面有哪些根本性的问题？高一的学生会对这些问题有怎样的体验？哪些问题与我们高中有关？这段视频会对高一的学生产生什么影响？

决定性问题：

你们对这段视频有什么建议？我们可以怎样使用它？我们应该使用它吗？

结束语：

我听到你们提出了这些建议：……感谢你们的贡献！我会把你们的意见和我的想法一起转达给校长。

</td></tr>
</table>

反思团队的经验

适用对象：

高中生

情境：

一群学生参加了一次特别的培训活动——"和平之舞"。其中，很多人因为这次活动深受触动，而另外一些人在参与过程中则比较被动，情绪不高。午饭后，培训师引导团队小结。

理性目标：

梳理我们做过什么；发现具有普遍意义的主题；辨识舞蹈形式中的文化起源。

体验目标：

体验每种文化的奇妙之处；感受舞蹈中的喜悦。

其他应用：

可以用类似的问题做任何体验型学习活动的小结，如跳绳课等。

讨论设计

开场白：

请大家回想一下我们早晨跳过的舞。

客观性问题：

你还记得什么动作？那个动作是什么样子的？我们跳了什么舞？你还记得什么声音？用到了什么乐器？

反应性问题：

你在跳舞时有什么感受？什么时候你感到不确定、困惑或尴尬？什么时候你感到兴奋、深受感动或平静？什么时候你真的投入其中？你在哪里见过或体验过类似的东西？这让你想起了什么？

诠释性问题：

在这支舞蹈中发生了什么？你觉得舞蹈创作者为什么要创作这支舞蹈？他们在试着交流什么样的信息？他们想要试着给人们提供什么样的练习？我们可以从这些舞蹈中学到什么？你体验后有什么变化？

决定性问题：

你想教谁跳这支舞蹈？你想看到它们在哪里得到应用？你还希望今天上午谁能在这里？

结束语：

开始时，我觉得自己主持这样的反思有点儿傻，可到结束的时候，我却感觉这次讨论太棒了！

理解一项作业

适用对象：

高中生

情境：

老师向高中木工班的学生口头布置了一项作业，这项作业允许学生对自己的作品进行创造性的改动。每名学生需要选择一个自己打算完成的项目。当这些学生思考要做什么时，就可以在各自头脑中进行如下这样的"讨论"。

理性目标：

明确作业的内容并做出计划。

体验目标：

激发完成作业的积极性。

其他应用：

教师可以把这些问题写在黑板或白板纸上来帮助学生思考。

讨论设计

开场白：

看起来，究竟选择哪个项目来完成这项作业完全取决于我自己。

客观性问题：

老师刚刚说了什么？根据他的要求，哪些是我们能做的？哪些是我们不能做的？

反应性问题：

我对这项作业的哪些方面很喜欢？对哪些方面不太喜欢？这项作业让我想起自己对什么感兴趣？

诠释性问题：

对这项作业，我有哪些选择？这项作业的目的是什么？如果我想做一份美观的或是实用的作业，我应该做些什么？我可以在完成作业的过程中学到些什么？

决定性问题：

对于这项作业，我应该做些什么？我将做些什么来完成这项作业？

结束语：

我会告诉老师我将要计划做什么了。

练习用英语讨论自己看电视的习惯

适用对象：

成人学习者

情境：

一个成人英语学习班正在学习与电视有关的一些词语。老师致开场白后，学生分组讨论。老师将印有问题的单页分发给每组学生，供讨论时使用。

理性目标：

通过讨论看电视的习惯来练习英语。

体验目标：

通过讨论学生感兴趣的话题，减少练习英语的压力，体会其中的乐趣。

提示：

仔细选择问题，让学生在回答时可以练习所学的语法和新词语。

讨论设计

开场白：

又到了我们每周的对话主题练习时间了！让我们来复习一下新学的与电视有关的单词和短语。之后我们分小组用英语来讨论自己看电视的情况，在讨论中练习使用这些词语。这张纸上是供你们讨论时使用的问题。

客观性问题：

你每周通常会花多长时间看电视？你都看什么样的电视节目？（如体育、新闻、音乐等）你每次看电视的时间有多长？

反应性问题：

哪些电视节目令你感到兴奋？哪些电视节目让你觉得无聊？你想成为电视节目中的哪个角色？

诠释性问题：

看电视如何帮助你学习英语？你能从电视节目中学到其他什么东西？看完电视后，你有什么变化？看电视如何能够帮助你？

决定性问题：

你可以怎样做来从电视中学到更多的东西？

结束语：

谢谢！现在我们来进行下一项练习。

一个成人英语学习班的对话练习

适用对象：

成人学习者

情境：

老师向一个成人英语班的学生分发印有姓名和资料（包括年龄、性别、工作和兴趣）的卡片来进行角色扮演。学生拿到如何向他人进行自我介绍的书面说明。开始时，老师演示了如何进行自我介绍。之后，整个班的学生被重新分组，两人一组轮流进行自我介绍。

理性目标：

练习用英语问好并介绍自己。

体验目标：

体会练习英语的乐趣，将压力最小化。

其他应用：

尽管练习是关键的教学工具，但之后的反思能让学生有意识地综合运用所学。问题要易于理解和回答。

讨论设计

开场白：

让我们一起来聊聊在这个练习中学到了些什么。

客观性问题：

在这个练习中你向多少人介绍了自己？

反应性问题：

练习的哪些部分最困难？哪些部分最容易？

诠释性问题：

你有哪些成功的做法？你在哪里出现了问题？为什么？你从自我介绍中学到了什么？有什么关于使用英语的学习收获？

决定性问题：

你现在会怎样用英语介绍自己？谁想向全班做自我介绍？还有谁？

结束语：

很高兴现在大家都知道怎么让别人认识自己了！

练习用英语讨论一篇报纸上的报道

适用对象：

成人学习者

情境：

一个成人英语班正在运用焦点讨论法练习关于交通的新词语，如停止标志、车道、十字路口等。他们在讨论近期报纸上一篇有关交通事故的报道。

理性目标：

练习英语中关于交通的新词语。

体验目标：

建立说英语的自信。

提示：

设计简单直接的问题，提前从头到尾考虑学生可能给出的答案。改编问题，为学生提供可以衍生出更多词汇练习的单词。把问题写在黑板上，这样学生可以同时看到和听到句子中的单词。提问时指向相应的问题。在读出黑板上的反应性问题时，可以试着模仿问题中的情绪，如愤怒（晃晃拳头）、恐惧（以手遮面）来提示学生。

讨论设计

开场白：

我们先来阅读这篇关于交通事故的报道，然后来就这个事故做一些讨论。

客观性问题：

事故涉及了什么样的车辆？事故涉及了哪些人？司机？行人？其他人？事故中发生了什么？

反应性问题：

设想事故中某个人的感受，模仿一下这个人相应的面部表情。

诠释性问题：

事故是由什么原因引起的？为什么会发生这个事故？你看到过什么样的交通事故？在事故中发生了什么？发生这些事情背后的原因是什么？

决定性问题：

我们可以做什么来保障交通安全？

结束语：

大家做得真棒！

反思"学习实验室"里一天的活动

适用对象：

教职工

情境：

一组教师参加为期十天的"学习实验室"活动，现在是第三天的活动结束环节。他们这一天大部分时间在积极地制作墙报和用于教学的图画，想把培训教室变成一个充满生气的学习环境。

理性目标：

总结一天的学习。

体验目标：

为已产生的活动经验感到兴奋愉快，期待新一天的学习。

提示：

设计的问题要紧扣当时的具体情境，让反思得以聚焦。根据你所面临的情况来改编问题。

其他应用：

你可以在工作表（见"附录九"）上使用类似的问题来巩固参与者从当天学习中获得的经验。

讨论设计

开场白：

为期十天的"学习实验室"活动已经持续了三天。通过今天的活动，我们创造了一个令人赞叹的学习环境。

客观性问题：

这个房间里什么引起了你的注意？你还记得什么活动？什么颜色？哪些曾经说过的话？

反应性问题：

今天有什么让你感到困惑或压力过大？又有什么让你感到兴奋？

诠释性问题：

什么样的想法或概念在你头脑里变得清晰了？对你来说，今天的关键信息是什么？

决定性问题：

你决定使用工作坊中的什么内容？你会怎样在对学生的教学工作中应用你学到的东西？

总结：团队的一天

适用对象：
教职工

情境：
一组教师作为一个团队参加一次"学习实验室"活动。在周五这天，他们一起给学生上了一堂课，课后，他们在反思当天的学习，并为下周制订计划。

理性目标：
重温一天中的重要时刻并为下周做计划；促进分享式的学习并就实践展开反思。

体验目标：
激发团队协同工作和改善教学实践的热情。

提示：
可改编诠释性问题，以适应实际发生的情况。

其他应用：
团队周会上也可应用类似的讨论。

讨论设计

开场白：
请想象你在看一段拍摄今天活动的视频，让今天发生的场景在眼前浮现：从校车把学生送到学校一直到最后一名学生离开。

客观性问题：
在我们回顾这一天时，哪一项活动让你印象最深？我们每人各做了一件什么事？哪些昨天没有参与活动的学生参与了今天的活动？什么时候我们中间有人有效地支持了其他人的工作？

反应性问题：
今天有什么让你感到惊讶的吗？学生在什么时间或在哪里似乎遇到了困难？哪些活动能让学生高度参与和互动？在什么时候我们所有人都感到完全投入地参与了？在什么时候你对自己的贡献感觉最好？

诠释性问题：
当学生遇到困难的时候，我们可以做哪些灵活的改变？我们今天在实践哪些学习原则上做得最好？关于我们最需要提高学生学习的哪方面这一点，大家有了什么样的理解？昨天的团队计划会对我们今天的工作有何影响？对于我们如何在课堂上更好地协同工作，你有什么看法？

决定性问题：
我们想要做出何种贡献？我们从同伴处学到了什么？基于目前的观察，我们可以为下周制订什么样的学习目标？谁愿意来做下周一的工作？我们需要做哪些工作来准备下一周的教学？

结束语：
"学习团队"的含义中，有这样一层意思，就是协同工作，共同反思我们的经验并为未来的工作制订计划。

从艰难的一年中总结所学

适用对象：

教职工

情境：

一所农村高中刚刚度过艰难的一年，这一年里，教职员工之间的关系很紧张。一位外部引导者带领员工进行反思，以总结这一年的工作并制订未来的计划。引导者在黑板上画了一条在水平方向上延伸的长长的时间线，并在线上标记出月份，参与者可以把相应时间发生的事件写在卡片上，贴在时间线的上方或下方。

理性目标：

制作一条时间线，其中要包括团队在这个旅程中经历的故事；理解有哪些事件或因素把团队一步步地带到当下这种状况。

体验目标：

全面接纳过去的经历，无论状态是好是差，是成功还是失败。

提示：

你可以在时间线下增加几条支线，如全球重要事件和教育领域内的重要事件。将最主要的空间用来记录在本地区发生的重要事件。接下来可以就对未来的展望这一话题组织另外一场焦点讨论。

讨论设计

开场白：

我们来看看刚刚过去的这一年。在这个过程里，要记得每个人对这一年的看法都会有不同。我们不需要同意每一种观点，汲取他人话语中的智慧就好了。每个问题都可以有几个不同的答案。

客观性问题：

这个学年里发生了什么重大事件、成就或挫折？请把这些事件用记号笔写在卡片或大张即时贴上，再贴在时间线下相应的时间点处。

反应性问题：

你在哪些事件中状态最好？（用一个勾或星号标记该事件）你在哪些事件中状态最差？（用与之前不同的记号标记）这一年中有什么事让你对他人心存感激？

诠释性问题：

当看着这幅由时间线形成的画面渐渐成型时，你会觉得哪些地方是转折点？（用竖线在时间线上方标记，将时间线分成若干部分）你会怎样描述这些转折点——从什么转变成了什么？（在竖线两边写下相应的描述词语）

决定性问题：

你会怎么命名这幅画面中的每一个部分？你会怎样命名这一整年的经历？比如，这是……的一年？

结束语：

今天的讨论是一次鼓舞人心、令人振奋的旅程。你们在一年中达成了如此之多的成就！其实，我们往往对自己所做的事情并没有足够的认可。

学习：从学校的历史中回顾

适用对象：

教职工

情境：

一所社区学校刚获得中学教育的资质。很多老师在这个社区居住，但其中只有很少的一部分人拥有过在中学授课的经验。很多老师甚至相互之间也并不认识。一位引导者刚刚协助这些老师们完成了"学校历史回顾"的活动。墙上贴着时间线和记录着本地区教育、学校所在的社区、学校自身以及教师个人生活中重要的事件。

理性目标：

通过学校以及所涉及关系的图示来理解其对未来的意义。

体验目标：

互相尊重，全心投入学校和社区未来的工作中。

讨论设计

开场白：

现在，我们已经把所有信息都放在这面墙上了，大家都可以看到。让我们来想想可以从中学到什么。

客观性问题：

在墙上的这些信息中，有什么词语或事件引起了你的注意？在这些信息呈现出的视觉形式中，哪些引起了你的注意？

反应性问题：

墙上的这些信息让你想到了什么？

诠释性问题：

根据在墙上看到的信息，你会讲述一个什么故事？我们的新学校应该在这幅画面中的什么位置？什么样的因素和原则指导我们管理这所学校？社区和学校现在的关系是怎样的？你觉得未来学校会发生什么？整体来说，你觉得在今后五年中教育领域会有什么事件发生？

决定性问题：

你个人最愿意对上述未来的哪一部分贡献自己的力量？

结束语：

谢谢大家！跟你们一同工作很愉快。我看得出来，为了把我们的学校改造成一个能够帮助社区内的学生更加富有成效地学习的地方，我们大家都做出了大量的承诺。

辅导一名新教师

适用对象：

教职工

情境：

一位经验丰富的老师在辅导一位新教师，帮助她提高教学技能。新教师刚上完一堂科学课。现在两位老师坐在一起反思之前的经验。

理性目标：

帮助新教师确定授课中什么地方是成功的，而什么地方可以在下次课上有所改善。

体验目标：

让新教师感到自己教授科学课的努力得到了认可。

讨论设计

开场白：

我想帮助你反思一下今天的科学课，从中找到一些你在下节课可以使用的教学策略。

客观性问题：

你还记得课堂上发生了什么事情？你做了什么？从头至尾回顾你上课的步骤，你和学生都说了什么？学生做了些什么？学生有什么成果？

反应性问题：

什么地方让你感觉状态最好？什么地方让你感到有些兴奋？什么地方你觉得进展顺利？什么地方让你感到受挫？你会继续使用哪些策略？你会做些什么改变？

诠释性问题：

今后执教时，你会继续应用这节课教学上的哪些内容？你会继续应用这节课中使用过的哪些教学策略？你有什么重要的观点想表达？如果可以重上一次这节课，你会做哪些改变？

决定性问题：

你今后会尝试哪些新的策略？你会在今后重点使用哪些教学技巧和策略？

结束语：

我听到了你对这些问题的反馈。做得很好！跟你一起工作很愉快。

介绍一项需要练习的技能

适用对象：

教职工

情境：

一群老师开始学习一种共同工作的新方式——导师制。有的老师很兴奋，有的老师则有些抵触情绪。每个人都对改变原有的工作方式有不同程度的担心。这一开创性的讨论还会引入其他一些活动。

理性目标：

将导师制所需的技能与教师以往的职业经验相联系。

体验目标：

使团队可以积极地看待学习新技能内在的挑战，以成为好的导师或接受导师指导。

讨论设计

开场白：

今天我们要启动一个用时相对较长的项目，其中包括我们已经都有所体验的一系列技能。不过，我们的经验并不尽相同。让我们先来做一些讨论。

客观性问题：

当想到"导师制"时，你头脑中会浮现什么样的画面？在阅读和电影中，你在什么地方看到过有关导师制的内容？你有过什么样的导师或接受导师指导的经验？对于导师制你知道些什么？

反应性问题：

导师制会让你有什么感受？你期待能享受导师制的什么方面？你觉得自己不喜欢导师制的哪些方面？

诠释性问题：

为什么导师制是重要的？导师制会怎样影响你？它会怎样影响你的工作？用什么方式来实施导师制可以让这种制度对我们大家都最有效和最有帮助呢？

决定性问题：

在今天以及今后的几个月中，我们可以如何互相帮助来实践导师制呢？

结束语：

我们已经倾听了彼此的观点，这就迈出了更好地理解导师制的第一步。

探讨一篇论文的主题

适用对象：
教职工

情境：
在一次在职培训中，一所新成立中学的20名教职员工在探讨"复原"的技术。这是一种基于现实的心理治疗技术，可以帮助人们发展自我指导、自我约束、自我疗愈的能力。参与者已经读完了一篇相关的论文，准备讨论其中的含义。这次讨论的目的更多在于建立团队内部的信任，而非实施这些理念。

理性目标：
理解"复原"的概念及其对学校工作的意义。

体验目标：
倾听并尊重彼此的观点，形成团队意识。

提示：
这个例子中的第一个决定性问题意在总结问题，因为这个讨论的目的在于理解而非行动。如果要将讨论引导到行动层面，可以代之以一个像"在学校中实践这一理念的下一步是什么？"这样的问题。

其他应用：
该讨论设计可用于对任何论文或文件的讨论。

讨论设计

开场白：
让我们一起来对这篇关于复原技术的论文做一些讨论，来听听大家对这个主题的看法。我们还没有到采取具体行动的阶段，但需要在共同理解的基础上来决定我们接下来要做什么。

客观性问题：
这篇论文涵盖了关于复原技术的什么主题？是否有其他主题？我们有没有遗漏？

反应性问题：
论文的哪些部分让你感到困惑？哪些内容让你感到兴奋？

诠释性问题：
你还需要知道哪些更多的信息？复原概念的优点是什么？有什么弱点？应用这一技术可以让我们的学校获得怎样的回报？哪些部分可能不会奏效？

决定性问题：
你会如何总结到现在为止的讨论？如果要将这些理念在我们的学校里加以应用，我们可以做什么样的尝试？

结束语：
很高兴有机会听到我们每个人的不同观点。让我们就实践这一技术的可能性做一些尝试，然后互相沟通效果如何。

学习：电影《为人师表》①

适用对象：
教职工

情境：
一群高中老师在参加关于"基于意象②的教学方法"的在职培训。他们刚观看了《为人师表》这部电影。

理性目标：
关注学生的需要和教学过程中的激励方法；开启关于不同教学风格的讨论。

体验目标：
体验一名好老师的风采和影响；相信当老师真正用心时，就有可能创造奇迹；激发参与者在自己的课堂上创造奇迹。

提示：
讨论需 20~30 分钟。在客观层面的讨论中，留出足够时间，让参与者可以回忆起尽可能多的电影场景。这可以让团队基于整部电影来逐步深入地展开讨论。

讨论设计

开场白：
这是一部非常令人震撼的电影。让我们花几分钟来探讨一下我们从中学到了什么。

客观性问题：
说出电影中的角色。故事是在什么地方发生的？你记得哪些场景？学校的名字是什么？你还记得哪些台词？你注意到了电影中的哪些物品？

反应性问题：
你在什么地方笑了？你在什么地方感觉到了人们的畏惧？什么时候你感到害怕？你在什么时候感到很沮丧、很受挫？你什么时候看到了希望？你能在故事的什么地方看到自己？你最先认同哪个角色？你在哪里看到电影中的象征物？它们可能指向了什么？

诠释性问题：
学生反对什么？教师反对什么？你在哪里看到学生的动力发生了转变？从什么转变成了什么？教师传达了什么样的信号来完成这样的转变？信号传达得怎样？现在我们来讨论一下教学风格。你会怎样描述这位教师的风格？他在鼓励学生学习方面做的最令人惊异的事情是什么？什么最有效？你知道有哪些同事或其他教师有鲜明的教学风格？你会怎么描述这些风格？不同的教学风格如何影响学生的学习？不同的教学风格对于学校转变或改革有何意义？

决定性问题：
《为人师表》这部电影讲的是什么？你自己会给这部电影起个什么名字？谁应该也来看看这部电影？

结束语：
谢谢大家！我从这次讨论中收获巨大。希望你们也如此。

---

① 《为人师表》，原名 Stand and Deliver，是一部根据美国著名教师杰米·埃斯卡兰特（Jaime Escalante）的生平事迹改编而成的校园电影。

② 详见本书第三章中"意象教育理论"部分的阐述。

反思与整理提供了新信息的报告

适用对象：

教职工

情境：

一位老师在参加一次培训工作坊后用报告的形式与同事分享了她对于一种新的沟通工具的学习。现在，她准备引导一场讨论，帮助参与者对这次报告进行整理与反思。

理性目标：

理解这一新工具。

体验目标：

对这一新的沟通工具所带来的可能性产生好奇心。

提示：

要引导一场有关你刚做完报告的主题的讨论是很困难的。参与者倾向于认为你仍在试图传达自己的观点，而非询问他们真实的回应。对此，你可以考虑把问题写在黑板或白板纸上，或在提问时站在房间的另一端，这样你身份的转变也能同时被大家看到。

讨论设计

开场白：

让我们来就这个报告做一点整理和反思，想想我们从这个报告中学到了什么，以及这些所学可能的应用。

客观性问题：

报告中哪些信息令你印象深刻？这个工具的关键特征是什么？

反应性问题：

在什么地方你有积极的个人反应？什么部分特别吸引你？什么部分不能够吸引你？什么地方让你产生怀疑？

诠释性问题：

这个工具可能对我们的学生有什么影响？这个工具可能会如何支持你在学校以外的工作和生活？应用这个工具对你来说最大的困难是什么？

决定性问题：

你会在什么时间使用这一工具？你会做何准备？

总结关于"有用的方法"的报告

适用对象：

教职工

情境：

来自不同城市的教师团队正在参加一次教育会议。每个团队都就自己使用过的创新性教学方法准备了报告并面向其他参会者进行了介绍。在每个报告后，每个团队都针对该报告进行反思。每个团队选择一名成员来引导下面的讨论，一名成员记录问题和反思，一名成员控制时间。

理性目标：

分享创新的项目和方法并研究其可能的含义。

体验目标：

欣赏彼此的创造性；获得灵感，在自己的学校里创建有创造性的团队。

提示：

在每个团队报告后重复使用五个问题。每个讨论用时 10 分钟应该足够了。记录员可以在即时贴上写下大家的反馈，贴在大白纸上，这样可以在讨论中随时调整或增加。可以考虑轮换讨论引导者、记录员、时间控制员的角色。

讨论设计

开场白：

让我们来谈谈刚听到的这次报告。

客观性问题：

当你听到所发生的情况时，什么让你印象深刻？

反应性问题：

你对他们所做的哪些事情感到兴奋？听到哪些内容让你感到不确定或不安？

诠释性问题：

联系到你的学校的需要和目标，他们做的哪些事情看起来正切中要害？这会如何影响我们？

决定性问题：

我们应该为自己的学校考虑哪些事情呢？还有哪些是你能想到的需要我们考虑的其他事情？

结束语：

全体反思一天的经验。

探讨一次关于团队教学的角色扮演

适用对象：

教职工

情境：

在一所非传统学校①里，老师们刚刚进行了半天的在职培训，主题是团队教学。大家想确定团队教学这一方法在自己的学校是否有用。培训以两个教学团队的角色扮演开始，一个团队的成员有共同的目标；另一个团队则由多元的成员组成，目标和方法各异。

理性目标：

理解拥有相同和多元化目标的团队分别能怎样有效地共同工作。

体验目标：

体验团队合作的挑战。

提示：

提前写出角色扮演的说明，给出充分的引导，使得活动可以顺利进行。

讨论设计

开场白：

从刚才这两组角色扮演中，我们或许有所学习，下面，让我们就此来做一些探讨。

客观性问题：

在每组的角色扮演中，你听到老师们互相之间说了些什么？老师们是如何看待彼此的？你注意到每组老师们的哪些肢体语言？

反应性问题：

角色扮演的什么部分让你感到最不舒服？什么地方看起来最有趣？团队教学让你有什么感受？如果你扮演这些角色会是什么样子？你在真实生活中的什么地方看到过类似的情况？

诠释性问题：

拥有相同目标的团队有什么优势和弱点？目标非常多元化的团队又有什么优势和弱点？学生可以从团队教学中如何获益？你认为有效的团队教学包括哪些要素？团队教学的哪些收益使得所付出的努力是值得的？有什么关于团队教学的争议吗？今天的活动可以怎样回应这些争议？

决定性问题：

你学到了哪些关于团队教学的东西？我们如何在自己的学校里使用团队教学？

结束语：

我们从这场讨论中获得的学习和建议，将会帮助我们决定怎样在自己的学校里使用团队教学。

---

① 非传统学校（alternative school），有时也译作"选择学校"，指在课程设置、教学方法等方面区别于传统学校的一类教育机构。

理解青少年眼中的社会

适用对象：

教职工

情境：

在学年开始的一次高中教职工会议上，校长在努力为教师、管理者、学生构建一个相互尊重合作的环境。

理性目标：

学习从青少年的角度看待社会。

体验目标：

认可青少年的生活经验；避免教师的职业倦怠。

提示：

在进行这场讨论时，很容易脱离所想象的角色，特别是在诠释性层面更是如此。引导者应该温和地把参与者带回青少年的视角。你也可以让每个人试着从至少两位青少年的视角看问题，这可以带来更丰富的体验。

讨论设计

开场白：

回想一位你认识或最近遇到的少年学生或青年学生。想象你自己就是他。花一点儿时间从他的视角出发来看看周围的世界。

客观性问题：

在你走路、骑车或者看电视时，你对社会会有什么观察？你看到、听到、闻到、尝到或感觉到什么？

反应性问题：

你在观察时有什么感受？谁看起来喜欢你？谁不喜欢你？他们对你说了什么？

诠释性问题：

作为青少年，你觉得自己在我们这个社会中投射出的形象是什么样的？从你的观察和思考中得出了什么价值观？你会对那些你喜欢的人说什么？对那些你不喜欢的人呢？社会中你遇到的哪些元素应该被保留？哪些应该被改变？

决定性问题：

你希望在社会中扮演什么角色？作为青少年，你相信自己可以发挥什么样的作用来改善社会？当你对你扮演的青少年学生说"再见"、变回你自己的时候，你会把什么带到今后的工作和生活中？

理解学习风格

适用对象：
家长和社区居民

情境：
一个多元文化社区中的家长和教师正在一同探讨学习风格的话题，旨在保证学校能为不同文化背景的学生公平地提供有效的学习机会。

理性目标：
深化对自己和他人学习风格的理解。

体验目标：
获得对自己和自身学习风格优势的自信，同时也懂得欣赏他人的学习风格，并从他人身上学习。

提示：
作为引导者，查看每个小组的进展是适当的，但除非必需，不要打断或干预组内的讨论。小组可能需要比预计更长的时间来分享经验。在小组讨论后，你可能会想在大组中引导一场类似下一页（"将各小组的工作整合为一份报告"）中的讨论。

其他应用：
任何一个参与者已有相关个人经验的主题，如团队合作，都可以用这一方法讨论。

讨论设计

开场白：
首先，让我们依次向大家介绍一下自己。学习并不只是在学校里以传统的方式发生。我记得当我是个小女孩时，曾经跟我的祖母学习怎么做饼干。她没有告诉我任何事，只是做饼干，我在旁边帮忙。当我们把面团团卷起来准备切时，她把手放在我的手上来教我怎么做。我到现在还很享受做饼干。下面我们要分成小组，讨论我们用什么方法可以学习得更好。这些是我想要你们依次回答的问题（派发问题纸）。在这场讨论里，没有错误的答案。每个人都手握完整答案的一角，它们各不相同。如果我们能倾听彼此，就都能在结束时变得更有智慧。

客观性问题：
（组内依次回答）什么时候你真的学到了一些东西，或者你看到真正的学习发生了，不管是在学校里还是学校之外？什么时候你学到了一项传统技能？你在那种情境中都学到了些什么？那种情境中，如果有老师的话，老师是谁？

反应性问题：
这些经验的哪些部分听起来最有趣？哪些部分听起来比较难理解或是觉得痛苦、无聊？

诠释性问题：
你在这个情境里是如何学习的？哪些因素确实帮到了你的学习？在我们的故事里，成功的学习经验有哪些普遍的因素？如，环境是安静的还是嘈杂的？你是在移动中还是静止的？你是自己一个人还是和他人一起？有视觉画面吗？说了些什么？又听到了什么？其他因素呢？有什么独特的因素？这些思考可以告诉我们有哪些因素可以促使我们的学习产生最好的效果呢？

决定性问题：
作为一个团队，我们可以对与成功学习相关的因素做出哪些总结？

结束语：
接下来，我们要在大组中如何报告我们找到的这些与成功学习相关的共同因素呢？

将各小组的工作整合为一份报告

适用对象：

家长和社区居民

情境：

家长和老师们已经就小组学习的成功经验进行了讨论，目前打算将这些经验加以总结并向全体汇报。在所有组汇报完经验之后，团体进行了如下的讨论。

理性目标：

就列出的一系列学习模式取得一致意见。

体验目标：

体验到："啊！我们发现了值得学校尊重的、有效的学习方式！"

提示：

在这场讨论中，团队在反思和讨论之前，要让每一组先汇报完各组的发现，这样，全体参与者可以先看到整体画面。有时，引导者可以先在每组汇报完之后询问其一些需要澄清的问题，而在最后再进行其他部分的讨论，这可能也会很有帮助。

其他应用：

可以用于任何小组向全体成员汇报的会议环节。

讨论设计

开场白：

让我们在大组里一起分享我们的学习收获吧！

客观性问题：

当你听到这些报告时，哪些词句吸引了你的注意力？

反应性问题：

有什么让你感到有些惊奇或在你意料之外？什么让你发笑？你在什么时候觉得"哦，没错！我明白了!"？你脑海中浮现了什么样的形象和画面？

诠释性问题：

你在听这些报告的时候发现了什么线索？哪些观点被提及的最多？我们来把这些汇总在一起——什么样的元素组合在一起可以促成成功的学习？

决定性问题：

所有这些对在我们的学校里为学生培育适宜的学习文化有什么意义？我们要如何应用我们今天学到的东西？

展望：教育的未来

适用对象：

家长和社区居民

情境：

家长、老师、员工和学生一起为下一年做计划。为此，他们首先进行了一场讨论，以便为自己将来的持续行动设定最大可能的背景。

理性目标：

想象教育在 21 世纪的角色。

体验目标：

体验教育在未来的可能性。

提示：

客观性和反应性层面的问题是由想象而来的，这与本书中其他讨论非常不同。在讨论开始前花足够的时间坚定地站在 2020 年的背景下思考问题是很重要的。如果事先没有经过一些练习，我们很难让自己置身于不同的时间点，而如果不能想象自己身处另一个时空，就会发现你在把自己当前背景下的信念插入有关未来的讨论之中。

讨论设计

开场白：

用几分钟闭上眼睛，想象你进入一部时光机器。机器开启，再停下时你在 2020 年的同一个地方。看看 2020 年在你四周发生的事。

客观性问题：

身处 2020 年，请思考，这一年中会有什么关键的商业和工业事件发生？发生了哪些政府事件、社会团体和社区事件或教育事件？你所在地区会发生哪些事件？

反应性问题：

假设教育已经对社会做出了可观的贡献，在 2020 年，接受教育意味着什么？2020 年教育是如何组织的？责任如何分配？请指出从 2010 年到 2020 年这十年间你所经历过的一项深刻的学习。从 2010 年到 2020 年，教育的哪些方面得到了广泛研究？

诠释性问题：

现在请回到这个时间和空间，为了有效地生活在 21 世纪，你需要知道些什么？

决定性问题：

为了实现 21 世纪的上述蓝图，我们今天需要做什么？你愿意为什么而投入？

第七章
让团体沟通更为有效

本章的焦点讨论示例关注的问题是：如何引导团体内的成员进行清晰的沟通。设计这些讨论的目的是在团体中构建共同的理解和彼此之间的尊重，并帮助团体达成更明智的决策。

对于学生来说，这些讨论提供了共同学习的工具。

对于校长和教职工来说，这些工具可以帮助他们在时间有限的员工会议和备课讨论中展开更为深思熟虑的对话。

对于家长和社区居民来说，这些工具可以帮助讨论者从各自不同视角出发，就相关主题进行有效且彼此尊重的讨论。

介绍一项合作学习作业

适用对象：

学生

情境：

一个六年级班级的学生正在学习世界地理。学生分成四组，完成小组作业。每个小组都有一张作业纸，纸上写明了老师预期的作业成果和达成成果的过程要求。一名学生在小组里引导这场讨论，帮助其他组员理解这项作业。

理性目标：

让学生找到作业要聚焦的一个主题并做出完成作业的计划。

体验目标：

培养学生对作业的兴趣和投入感。

提示：

用学生使用的语言重写这个讨论设计。把问题发给所有学生。

其他应用：

这个讨论可以用于所有小组作业，来教会学生如何分析一个团队面临的问题。学生也可以自己用这个结构来准备某个学习项目或作业。

讨论设计

开场白：

好，这是老师给我们的作业要求。

客观性问题：

作业要求里说我们必须要做什么？要求我们最终产出的结果应该是什么样的？对于这个作业要求，哪部分你还不理解？有人可以解释吗？或者我们需要问问老师吗？

反应性问题：

你觉得这项作业的哪些部分最有趣？哪些部分看起来比较无聊？你擅长哪些部分？哪一部分对你来说是有趣的挑战？哪些部分比较难，或是虽然要花费不少精力，但看起来很有趣？

诠释性问题：

当我们完成上述这一切之后会是什么样子的？（头脑风暴）让我们画一幅画或一张图表，来说明我们希望达到的最终结果（我们可以随时调整）。

决定性问题：

我们要做哪些工作来完成这项作业？让我们把这些工作写在即时贴上。谁应该做这些工作？让我们把名字写在相应的工作任务旁。我们应该什么时候完成每项工作？我们把这些任务贴在日历上吧！我们第一步应该做什么？谁来完成？我们要在什么时候检查进度？

结束语：

让我们开始做这项作业吧！

在小组项目进展中期召开评估和计划会议

适用对象:
学生

情境:
一组初中学生正在合作完成一个持续一个月的社会科学项目。老师与每组学生用 15 分钟开会,以确保他们在正确的方向上前进。

理性目标:
为已开始工作的小组设定一个一周的行动计划。

体验目标:
增强团队成员的信心以及团队与教师之间的信任。

提示:
即使有教师的保证,学生通常也会害怕在老师面前承认自己遇到了困难。如果你感到学生面临的困难比他们承认的更多,你可能需要让他们在你离开后重新做一次内部讨论。如果有这样的情况,需要为学生打印出问题来——用一张他们可以填写的表格也可以。

其他应用:
这一讨论可以用于任何小组作业或项目学习,包括教职员工的项目工作。

讨论设计

开场白:
我想跟你们聊几分钟,确保你们目前的小组项目进展顺利。我不会对你们的答案进行评分,所以请尽量说出真实的情况。如果你们有困难,一定要说出来,因为我们还有足够的时间来解决。这取决于我们能否先把问题提出来并且着手去解决。

客观性问题:
你们上周做了哪些工作?让我看看你们的计划、活动、行动……结果怎样?请简要地展示一下。

反应性问题:
你为自己做的哪些工作由衷地感到高兴?什么时候你觉得有些受挫?团队状态最好的时候发生了什么?最差的时候呢?

诠释性问题:
关于这个主题你学到了什么?关于在这个主题上的团队合作你学到了什么?

决定性问题:
你们需要做什么调整?你们需要在继续项目学习的同时采取什么行动?谁来做这些工作?你们什么时候要完成这些工作?我们需要做什么样的安排来获得成功?

结束语:
做得很好!下周我们会再见面看看进展如何。

围绕领导力进行思考

适用对象:

学生

情境:

一所中学在课程设计中加入了个人成长的内容,学生每天都有一定时间在自己班里讨论相应的主题。今天的主题是领导力。

理性目标:

学生从自己的经验中发现自身领导力的潜质。

体验目标:

选择发展自己的领导力。

提示:

这个讨论是为学生设计的。但如果教师能提前自己就这个讨论做一次练习,对教师反思自身领导力也会很有帮助。

讨论设计

开场白:

请在座各位都发表自己的意见——在历史上或文学作品(或电影)中,无论是在艺术、政治、商业,还是在社区事务、各类组织、教育、科学及社会公平领域,你认为哪些可以称得上是领袖?你觉得有哪些你认识的人可以称得上是领袖?

客观性问题:

在这些我们刚提名的人身上,你能观察到什么特点?这些领袖承担着什么责任?

反应性问题:

做一名领袖有什么是让人兴奋的?有什么是让人畏惧的?

诠释性问题:

在我们提名的这些人中,有哪些共同的领导力特质?这些领袖之中,有些很特别,他们的独特之处又是什么?你觉得这些特点里哪些是领导力特质?如果一个人想成为领袖,他需要发展什么样的特质?对你来说,哪些特质最重要?

决定性问题:

你可以做些什么来在自己身上培育这些特质呢?在他人身上呢?

结束语:

如果我们愿意,这个教室里的每个人都有在某方面成为领袖的可能。

解决团队科技项目中的一个问题

适用对象：

学生

情境：

高二和高三的科技课上，学生正在
为参加国家竞赛制造一个机器人。
竞赛开始前两周，他们对机器人进
行测试，但每次机器人上坡时都会
翻倒。学生们必须尽快自己解决这
个问题。

理性目标：

找出解决问题的方法，并做出行动
计划。

体验目标：

形成解决问题的团队使命感。

提示：

教会学生解决问题的这种一般性框
架，可以让他们逐渐形成终身受用
的解决问题的能力。

讨论设计

开场白：

好吧，现在我们要汇集所有人的智慧，一起来解决
这个问题。

客观性问题：

问题开始出现时你注意到了什么？机器人往哪个方
向倒了？你还注意到其他什么东西——听到的或看
到的？我们到现在为止已经尝试过用哪些方法解决
这个问题？结果怎样？

反应性问题：

你见到过什么类似的情况？我们对这个类型的问题
还知道些什么？

诠释性问题：

发生这种情况有什么可能的原因？请解释一下你的
想法。潜在的原因可能是什么？我们可以做什么来
解决问题？

决定性问题：

我们应该先做什么？谁来做？

结束语：

我们试试看吧！

制定一项反种族主义的学校政策

适用对象：

学生

情境：

上周在一所高中发生了一起种族主义事件。事件本身已经解决了，但学生们想制定一项学校政策来防止类似事件重演。一组不同文化背景的学生在放学后开会对此进行讨论。

理性目标：

研讨和制定出一项反种族主义政策的要素。

体验目标

树立学生的自信，让他们相信自己能解决未来可能发生的类似问题。

讨论设计

开场白：

我们不希望再发生任何像上周那样的事件。我们要制定一项政策，来防止在我们学校再次发生种族主义的行为，这场讨论就是要看看这样一项政策需要包括哪些要素。我们先来回顾一下上周发生了什么。

客观性问题：

在上周的事件中，你自己目睹或亲耳听到了哪些事实？让我们来拼出一幅多维度的画面。

反应性问题：

什么让你最愤怒？什么让你最害怕？你觉得什么是荒谬的或不合适的？

诠释性问题：

事件发生的原因是什么？原因背后是什么？学校的什么政策或结构可能会允许或导致这类事件的发生？什么样的改变可以防止这里再发生种族主义行为？

决定性问题：

我们应该建议政策包括哪些要素？哪些要素应该被写入草案里？我们接下来要做什么？谁来做？

结束语：

草案写好后，我们再碰头来审核。

通过讨论对一项政策草案进行回应

适用对象:

教职工

情境:

一位教师工会的代表从学校董事会收到了一份关于休假时间政策的草案。她想从工会成员中收集一些意见,来准备一份给董事会的反馈。她请一些老师在放学后开会讨论这项政策。

理性目标:

获得对该政策深思熟虑后的意见,把这些意见吸收到将要呈交给董事会的报告中。

体验目标:

作为政策的联合起草者,了解一线员工的直接感受。

提示:

可以在讨论前把材料发给参与者。即使参与者已经提前读过相关内容,会议中有一些安静的阅读时间总是好的。可以考虑让大家轮流朗读文件。

讨论设计

开场白:

我要交给学校董事会一份关于休假时间政策草案的反馈。我想了解你们的意见,这样可以准备出一份经过充分考虑的反馈意见。大家可以给我一些帮助吗?请花几分钟读读这份草案。

客观性问题:

你注意到这份政策草案中的哪些词句?要点有哪些?这份草案所阐述的理由是什么?

反应性问题:

你估计这份草案可能会对你有怎样的影响?这一政策可能会在什么方面对你有帮助?在哪些方面对你会没有什么帮助?

诠释性问题:

这份政策草案中做出了哪些改变?这跟过去的政策有何不同?草案和集体共识的相容度如何?有什么相似或不同?草案会对员工有什么影响?这些建议有什么替代性的做法?如果我们要提出建议做一些改变,对于如何改变这一点大家有什么建议?

决定性问题:

我们拒绝草案的哪些部分?我们同意草案的哪些部分?我们支持哪些条款?我们应该如何组织我们的回应?我们应该把反馈提交给谁?

结束语:

谢谢你们!我会把我们的观点组织成一份回复,在提交前再请你们审阅一次。

对实施旨在变革的新法规的讨论

适用对象：
教职工

情境：
一所学校很关注一项新法规，这项新法规要求教师接受有特殊需要的学生进入常规课堂。

理性目标：
理解新法规建议，制订初步应对计划。

体验目标：
确保让教师感到自己的疑虑得到了倾听。让他们产生能够继续解决这些问题的希望。

提示：
这一讨论设计所基于的假设是新法规建议必须被执行。如果要改编这个讨论来探索一些新政策的意义，可以增加诠释性层面的问题。如果要制订一个更详细的行动计划，可以增加决定性层面的问题。你可能需要在开场时把这些问题都写在白板纸上，请参与者在讨论相应的问题时再贡献答案。对新政策有强烈疑虑的人常常不习惯结构化的讨论，他们总想一上来就讨论反应性层面的问题，发泄自己的郁闷情绪。而列出议程可以帮助人们整理自己的思路，拓宽自己的视野。结束时，可采用简短的焦点讨论对会议进行回顾总结。

讨论设计

开场白：
我们来快速回顾一下这份有关新法规的报告，看看其中的一些客观数据。我们需要先理解新法规，然后才能决定要怎么做。

客观性问题：
这份报告中具体提出了哪些新法规建议？实施这些建议需要哪些特定的人和资源？你需要大家帮你澄清哪些内容？

反应性问题：
你的第一反应是什么？这些建议让你想到什么样的画面？

诠释性问题：
如果这些建议付诸实施，会引起什么不同？有什么优点？有什么缺点？哪条建议会造成最大的影响？哪条建议只会带来最小的影响？我们需要做出哪些改变？

决定性问题：
我们需要做些什么来应对这些建议？我们第一步要做什么？谁来做？

结束语：
这次讨论确实让我们达到了新的高度。今天讨论过程中的亮点和低潮时刻各发生在什么时候？你学到了什么？你会怎样描述今天的经历？

评估员工调查结果和建议

适用对象：

教职工

情境：

学校成长小组围绕一次初中学生的
课程活动对所有教职员工进行了一
项调查。成长小组已经对调查结果
做了总结，并列出了建议。

理性目标：

讨论来自员工的建议，找出其中对
于开展未来课程活动最有益的建议。

体验目标：

投入精力，推动必需的改变。

提示：

这一讨论可以用于反思任何调查的
结果。

讨论设计

开场白：

学校成长小组需要对这次关于 12 月初中学生课程活
动的员工调查结果做些回顾。让我们请几位老师依
次大声读出这些调查结果。

客观性问题：

哪些词句引起了你的注意？请列出调查中提到的
建议。

反应性问题：

你读到这些词句时有何反应？对这些建议有何反应？
什么让你感到惊讶？

诠释性问题：

哪些建议对你来说最重要？为什么？哪些需要优先
处理？为什么？

决定性问题：

要实施这些建议，我们需要做什么？我们下一步要
做什么？谁来做？

结束语：

这些都是很重要的决议，会帮助我们很好地改善未
来的课程活动。

从小组座谈会中收集关于建设一个新网站的想法

适用对象：

教职工

情境：

一个由教师组成的小组正在开会收集意见，以确定建设一个网站的必要条件。

理性目标：

为旨在收集来自教职工与学校管理者的意见，进而为地区教师建设一个新网站的工作坊创设相应的背景。

体验目标：

让大家对使用新网站产生期待。

提示：

对那些和即将要做出具体决策相关的、相对更大的主题进行个人反思，常常会激发人们富有创意且切合实际的思考。在这个示例中，理解参与者在搜索有用信息这方面的体验有助于提高网络内容和设计的实用性。可以很容易地在这个讨论之后再接着做一个有关实施的工作坊。决定性层面的问题可以作为这一工作坊要聚焦讨论的问题。

讨论设计

开场白：

今天的讨论主题是为我们要建的新网站征求意见，我们一起来讨论一下，什么是建设一个新网站的必要条件。这个网站会为我们地区乃至更大范围内的教师提供信息资源。让我们先请在场的参与者依次做一下自我介绍，请介绍你的名字、来自哪个学校，并谈谈你享受做老师的哪一点。因为这个网站会成为一个信息资源平台，我想大家可以先站在搜索信息的大背景下思考，然后再聚焦到这个网站上。

客观性问题：

回想你的生活，分享一段你搜索信息的经历。作为教师，你都会搜索什么信息？在搜索信息帮助你进行教学时，你曾怎样运用过网络？

反应性问题：

打一个比方，来描述这些搜索像什么。比如，有一天我在网络上搜索某个主题，感觉就像在一个有一百个房间的大屋子里，每个房间又有五扇门。太多选项要我选择了。描述一次成功的经历（收集几个回答即可）。描述一次不太成功的经历（收集几个回答即可）。当你找到需要的信息时，有什么感受？当你碰壁或走到死胡同时，又是什么感受？

诠释性问题：

找到所需信息的关键是什么？还有什么帮到了你？你期待一个网站可以怎样服务教师？创立一个本地区教师的网站有什么重要性？这会给你个人和你的工作带来什么影响？

决定性问题：

你想在网站上看到哪些给教师的特定信息？这个网站会是什么样子的？你想要这个网站设计哪些内容？你会在首页上放些什么？

结束语：

有了今天的讨论，我们将来建设的本地教师网站会更实用。

改善备课会议的结构

适用对象：

教职工

情境：

过去几年里，一所学校的小学和初中部的老师会定期见面开备课会。由于教学压力越来越大，有些老师产生了焦虑情绪，觉得应该提高这些备课会的效率。教学主管人员决定与大家一起就会议结构做一些反思。

理性目标：

为优化未来会议的结构提供方向。

体验目标：

令员工感到他们自己才是会议的主体，增强他们的主动性。

提示：

由于决定性层面的问题是这场焦点讨论的核心，可以把讨论者对这个层面问题的回应依次写在白板或白板纸上，这样可以获得更清晰的共识。可以把负责某一项行动的人名写在相应的行动后。应记录整个讨论结果。

讨论设计

开场白：

我们来回顾一下在过去几年里，这些备课会议的结构是怎样的。

客观性问题：

在过去几年里，我们在会议中都做了什么样的事情？我们是如何组织这些会议的？注意，我们不是在问"我们以前组织得有多好"，而是想问我们之前是如何安排会议结构的。我们在会议中提出过哪些主题和令我们关注的问题？

反应性问题：

哪些做法看起来效果不错？哪些部分让你觉得沮丧或受挫？

诠释性问题：

现在我们对会议有了哪些新的需求？这些会议对你的课堂教学有什么影响？对学校呢？你是否方便将这些会议排在自己的工作日程中？这些会议中最重要的事项是什么？我们的讨论到现在为止出现了什么样的倾向？

决定性问题：

你建议我们接下来该做什么？你建议我们应该不再做什么？需要做哪些改变？我们来总结一下刚才的讨论——大家都提到了哪些我们在今后会议中需要做出的改变？谁负责哪项行动？

结束语：

这次讨论一定会令我们的备课会议发生很大改变。我们的下一次开会一定会效率更高。我们在年末可以再开一次这样的回顾会，看看我们进展如何。谢谢大家！

探讨某一使命陈述的意义

适用对象：

教职工

情境：

一个新组建的学校董事会编写了新的使命陈述。董事会已经请每一名学校员工阅读了这一使命陈述，并要他们在学校中践行这一使命。

理性目标：

理解使命陈述中隐含的意义。

体验目标：

让员工感受到自己才是践行使命陈述的主体，并建立相应的团队意识。

提示：

讨论中，如果不能很快地进行完诠释性问题，这一环节可能会变得令人感到乏味。实际上这是在用多种方式问同一个问题。可以这样处理这个部分：只问一个主要问题，只在需要时用其他问题来跟进提问。

其他应用：

该讨论也可以用来讨论价值观、原则、愿景等方面的问题。

讨论设计

开场白：

把使命陈述展示出来，让所有人都能看到，可以写在白板或白板纸上，也可以用投影仪演示。我们来讨论这一使命陈述，看看可以得出什么意义。

客观性问题：

有谁愿意朗读一下这一使命陈述？每人可以读一个部分。哪些词语吸引了你的注意？

反应性问题：

当你看到或听到这个使命陈述时，头脑里出现了什么画面？哪些部分让你觉得兴奋或是吓人？哪些部分又让你感到说得有些苛刻或是感觉表述得切中目标？还有哪些地方让你感到困惑？你觉得哪些词语最有力？

诠释性问题：

如果我们在实际生活和日常学校管理中运用和实践了这一使命，其表现会是怎样？这些使命会怎样影响我们的工作？我们在日常活动中要如何实践这一使命？你在什么时候能看到这一使命的实现，什么时候不能？关于我们是一个什么样的组织、怎样的教育工作者、怎样的团队，这一使命陈述可以传达哪些信息？

决定性问题：

这对我们将来的行动有什么意义？你个人更认同这一使命陈述的哪个部分或哪些部分？

结束语：

对我来说，这一使命陈述好像让我们的组织焕然一新，希望对于你们也是如此。

有关课程计划的讨论

适用对象：

教职工

情境：

社会学科刚刚出了新的课程纲要，其中描述了纲要制定者期待的课程目标，给出了一些课程设计的建议，但没有包括如何设计课程的细节。学校所有相关老师要开会讨论如何执行这一新的课程纲要。他们要做一个普遍适用的课程计划，来保证学校所有学生享有相同的相应学习机会，而老师之间也可以共享其中的资源。

理性目标：

做出可供日常备课参考的整体课程计划。

体验目标：

体验团队合作的力量。

提示：

在客观性问题的层面，把课程各部分和核心概念放在一张图表或贴在一面墙上会很有帮助，这可以方便参与者的讨论。可以准备一些卡片，每张上写一个要点，这样就可以来回移动，调整主题和次序。

讨论设计

开场白：

我们有两个小时可以讨论社会课的课程纲要，并看看这对我们的课程计划会有哪些具体影响。让我们先来确保每个人都理解了要讨论的问题。

客观性问题：

在翻阅课程纲要时，你看到这一纲要可分为哪些部分？在依次阅读课程纲要时，你发现每部分各有哪些关键概念？

反应性问题：

在阅读时，你头脑中浮现出了什么样的画面？教授哪些内容会很有趣？教授什么内容会让你感到不舒服？

诠释性问题：

我们希望学生通过这门课程获得哪些持续的理解？我们可以用什么方法来组织这些概念，从而使教学更有效？我们应该怎样分组和排列这些主题？我们在什么时间段内要达成这些目标？我们需要什么样的材料？我们可以使用什么材料？

决定性问题：

谁来做具体每个时间段的课程计划？我们的下一步是什么？

结束语：

谢谢大家的观点和讨论。很高兴能看到大家拥有这么多不同方面的才能和视角。学生们一定会从这门课程中获益。

改善对家长会的组织

适用对象：

教职工

情境：

在一所大城市的某高中学校里，老师们表达了对家长会的担心。校长在一次教职工会议上听取老师们的想法，并引导大家讨论如何解决问题。

理性目标：

理解与家长会有关的问题；计划今年要举办的家长会。

体验目标：

努力平衡所有相关方的利益；让大家感到自己是这一改善计划的主体。

讨论设计

开场白：

这次讨论会将帮助我们改进家长会的形式。最近我们组织了两次家长会。请先回忆一下这两次会议。

客观性问题：

你想到什么样的词语来描述你在上次家长会上的所见所闻？什么吸引了你的注意？什么样的家长出席了会议？

反应性问题：

你对这样的家长会的第一反应是什么？什么让你兴奋？什么让你感到沮丧？

诠释性问题：

你对这些家长会有什么担心？在担心背后有什么根本性的问题？这些问题对我们的学校意味着什么？哪些是最重要的？为什么？我们应该先处理哪些问题？为什么？

决定性问题：

我们可以采取什么样的行动或方法，让这些家长会更有帮助、更有效？我们需要做哪些改变？我们可以做些什么来解决问题？

结束语：

让我来试着总结：我们同意……（重新陈述做出的决定）。

为集体做出一项计划而明确一些重要的相关问题

适用对象：

教职工

情境：

某商会和某教育基金会共同召开了一次圆桌讨论，想找到办法帮助一些新的特许学校开展有效的商业实践，实现财务独立。圆桌讨论参与者计划与每所特许学校领导层进行会谈。会谈结果将用于准备一次联合会议，就改善学校管理做出计划。

理性目标：

识别与学校财务和管理相关的隐含问题；为联合会议提出建议。

体验目标：

体验将自己的智慧和想法贡献于所需要的事务；体验来自外部顾问的支持和团队凝聚力的形成。

提示：

将客观性问题的答案写在黑板或白板纸上可以提供很清晰和直接的参考。在诠释性层面可使用参与式共识工作坊方法（本书附录部分有对这一方法的具体描述和说明）来识别潜在问题。

讨论设计

开场白：

这次讨论的目的是找到一些可以用来帮助你改善学校管理的想法。

我们先来做一下自我介绍：你的姓名、职位、你欣赏这所学校的什么地方，可以先分享一点你的担心。

客观性问题：

你会花时间做哪些具体的财务和管理工作？

反应性问题：

哪些工作会花费你最多的时间？哪些工作最复杂？哪些工作之间联系密切？哪些工作进展顺利？哪些工作给你带来困难？

诠释性问题：

考虑所有不同的工作内容，你会对这些问题给出什么具体答案——我们需要解决什么财务或管理问题才能繁荣发展？其中哪些指向了隐含的相似问题？你会怎样概括这些隐含的问题？其中哪些问题如果得到解决，会极大地改变现状？

决定性问题：

这些讨论的内容隐含着怎样的意义？在什么地方开展与企业或其他特许学校的合作会有帮助？你个人可以解决什么问题？

结束语：

一旦我们的团队和所有学校会谈后，我们会召集大家开一次管理会议。你更倾向于哪种选择：用一天时间讨论清楚一个问题，还是用两天时间制订一个完善的计划来回应所有这些问题？

理解一项政策及相应的《资源指南》

适用对象：

教职工

情境：

一位专家刚刚受邀向 30 位学校领导层人员分享了关于"基于学校的决策"这项政策的信息和指南。

理性目标：

了解在本地区实施这项政策的要素以及该政策与相应文件《资源指南》的关系。

体验目标：

体验到这项政策在每种教育工作情境下的重要性。

提示：

这是一场简短的讨论，用来帮助整个团体对某些材料快速得到整体印象。这一简单的概括性讨论后可以继续进行更深入的讨论。这种讨论可以用来代替或者支持一场演示报告。在人数较多的团体中，可分成小组讨论诠释性层面的问题，再向全体参与者分享讨论结果。如果要采用这一流程，则需要对时间进行细致规划，既能保证小组内部充分的讨论，还可以有时间允许他们在整个团体中分享观点、互相启发。

其他应用：

可改编该讨论，用于讨论其他学校层面需要执行的新政策或讨论以书面形式阐述的某些创新措施。

讨论设计

开场白：

欢迎大家。我们先来轮流做自我介绍，内容包括你的姓名和对新政策提出的一个问题。这里有一些资源。文件袋里的材料包括政策文本内容和相应的《资源指南》文件的关键部分：目录和问答部分。

客观性问题：

政策文件规定了哪些主要的实施要求？浏览《资源指南》的目录，哪些主题吸引了你？在浏览问答部分时，哪些内容吸引了你？

反应性问题：

你发现哪些内容最有趣？哪些内容吸引了你？

诠释性问题：

你觉得了解这其中的哪些信息很有帮助？在政策要素和《资源指南》之间你能发现什么联系？你在工作中会怎样运用这些信息？看过这些材料后，你有什么新想法？这与你在学校、在管辖范围内或在学校委员中的角色有何关系？

决定性问题：

你可以在自己的职责中怎样使用《资源指南》？如果你有两分钟来向没有参加这次讨论的人解释这项政策，你会说些什么？

结束语：

你还需要知道有关这项政策的哪些信息？

分享团队季度进展报告

适用对象：

教职工

情境：

一个分散工作的地区特殊项目团队召开了季度工作进展报告会议。

理性目标：

明晰自上次会议以来的进展；为未来行动做出合适的计划。

体验目标：

缓解团队成员的焦虑，建立团队信心。

提示：

你可以根据讨论法设计好报告表，提前打印出来用于讨论，以催化参与者的反思。在会议前，每名参与者填写一份"简明团队报告表"，并在开会时带来这份表（参见第十章的报告表）。从参与者的回应中收集简明扼要的答案。快速进行讨论。确保每个人都参与其中。指定一名报告人。

讨论设计

开场白：

我们在会议开始的部分先来分享这个季度发生了什么。首先我们每个人都来依次给出一个答案，之后是自由发言评论。

客观性问题：

自上次会议以来都发生了什么？想想有什么与我们任务相关的成就、事件、活动等。

反应性问题：

你的工作中哪些部分进展顺利？你遇到了什么困难？

诠释性问题：

展望未来，我们的工作会遇到哪一两项主要挑战？

决定性问题：

你建议采取什么样的行动来应对我们的挑战？我们想要采取哪些具体的关键行动？谁来负责每项具体行动？

结束语：

我想我们应该做些什么来庆祝我们目前的进展和前景。我们去大吃一顿，为未来干杯吧！

反思写作小组的工作

适用对象：

教职工

情境：

一个团队一直在努力工作，修改一份教师评估指南。完成后他们共同反思团队的工作和修改后的指南，以决定如何更好地使用这一指南。

理性目标：

找到介绍和实施修订版教师评估指南的方法。

体验目标：

体验到自己的工作成果得到了肯定。

讨论设计

开场白：

让我们来对完成的工作进行回顾，看看下一步工作的方向是什么。

客观性问题：

如果你是一名新闻记者，你会怎样描述我们这些天的修改——第一步是什么？第二步是什么？等等。

反应性问题：

你对我们工作中的哪些部分感觉最好？哪些地方让你觉得最纠结？

诠释性问题：

我们修订后的指南与之前的版本相比有何不同？有什么优点？还存在哪些不足？我们应当怎样使用新的指南？它会带来怎样的改变？

决定性问题：

要做什么来保证修订版教师评估指南能被有效地使用？接下来我们要做些什么？

结束语：

感谢大家的努力！

讨论团队项目工作中的各种角色和职责

适用对象：

教职工

情境：

来自一个学区的有经验的老师和新教师刚进行了一天的在职培训，一同完成了对导师制的项目计划。该项目的负责人在一天结束的时候带领整个团体做这样一个讨论。

理性目标：

获得对有关导师和学员需完成的任务和职责的新的理解和认识。

体验目标：

激发导师和学员为重要而富有挑战性的工作努力向前。

讨论设计

开场白：

现在你们已经计划好了下一步的项目工作，让我们来做一点讨论，看看每个小团队内部的想法有什么不同。

客观性问题：

你今天做了哪些计划？什么样的场景、话语、事件对你来说特别重要？根据你今天的工作，在你的项目里，导师有哪些主要任务？学员呢？

反应性问题：

你为哪些项目工作感到兴奋？哪些项目工作看起来是有些沉重的负担？

诠释性问题：

你会怎样用一句话描述你的项目中导师的工作职责？学员的呢？如果我要问你，在你的项目里，作为一个导师，其工作的重要性是什么，作为一个学员，其工作的重要性是什么，你会怎么回答？你从这种工作方式中学到了什么？

决定性问题：

你计划在项目里采取的第一个行动是什么？你们第一次会谈将会是哪一天？获得哪些其他的支持可以帮助你成功完成这一项目？

结束语：

你们共同的工作会极大地促进学生们的学习。感谢大家！

确定教职工的发展需要

适用对象：

教职工

情境：

一位校长需要与教职工一同确定他们的在职培训需求。

理性目标：

收集教职工对在职培训的建议。

体验目标：

帮助教职工设立对在职培训的预期，增强他们参加培训的动力。

讨论设计

开场白：

我这周的一项工作是要安排我们的在职培训日程，这次讨论是为了确保我自己理解了大家的需求。

客观性问题：

你们对培训项目的问题或对项目调整有哪些疑虑或担心？我会把这些写在黑板上。你注意到在培训项目中有什么其他需求？对培训课程的需求呢？我也把这些写在黑板上。对这些问题你需要做哪些澄清？

反应性问题：

哪些问题看起来比较容易解决？哪些问题看起来是很大的挑战？有哪些已有的条件可以帮助你处理这些问题？

诠释性问题：

哪些问题之间存在相似性或有关联？有什么可能的教学策略可以用来解决这些问题？学校员工在解决这些问题上有什么经验？你觉得会有什么比较好的方法，来应对这些疑虑？哪些问题在培训中得到了最好的回应？

决定性问题：

哪种教学策略是亟须使用的？在培训中可以怎样就这一教学策略做出回应？谁需要参与？可以从什么地方开始？你还需要什么其他的帮助？我们还能做些什么来帮助你？

结束语：

这不仅能帮助我们设计一个在职培训项目，也让我们找到一些其他的方法来回应大家的发展需求。很高兴能跟大家一同工作！我完成日程安排后会发给你们。

在走访中评估教职工的发展需要

适用对象:

教职工

情境:

一位来自学校董事会办公室的项目支持管理者在拜访各学校的校长,以确定教职工发展的需求。她使用这场焦点讨论,与每位校长进行半小时的会谈,并在谈话过程中做笔记。

理性目标:

收集关系教职工发展最重要的需求;了解学校董事会可以提供哪些支持。

体验目标:

让校长感到自己获得了支持,自己的想法被倾听;承担起回应需求的责任。

提示:

在一对一的谈话中,这些问题可能需要用更为非正式的方式来询问。在谈话的每个层面要选择合适的问题。

讨论设计

开场白:

我想跟你花几分钟时间聊聊今年你所负责学校的教职工发展需求,这样我们可以做些计划来支持你的工作。

客观性问题:

你的员工对我们所开展的教职工发展项目表示出过哪些担心?你还注意到有哪些其他的需求?

反应性问题:

你觉得什么问题最容易处理?什么问题是最大的挑战?有什么已有的条件可以帮助你应对这些问题?你对这些问题还有什么想问的?

诠释性问题:

这些问题从某种角度看存在相关性吗?有哪些可能的策略可以解决这些问题?有哪些员工有处理这些问题的经验?你觉得回应这些担心的最好方法是什么?你需要什么资源来帮助你处理这些问题?

决定性问题:

什么是亟须满足的需求?需要谁的参与?你会怎么开始?我可以怎样帮助你满足学校对员工发展的需求?

结束语:

感谢你的时间!我们会根据你和其他校长的反馈,来让我们的教职工发展项目更有重点。

讨论决定为一个语言项目购买何种课程资料

适用对象：

教职工

情境：

一所小学把识字教育列为未来几年的优先关注内容。尽管资源很有限，他们仍决定在更新阅读和语言学习材料上投入部分资金。在一次员工会议上，负责教学资源的教师带领教职工讨论要购买什么课程资料。

理性目标：

为购买资料设立标准；确定接下来的步骤。

体验目标：

体验团队共同做出一个有难度的决定所带来的责任感。

其他应用：

你不仅可以运用这场讨论决定其他课程资料的选择，也可以做一些改编，用于讨论如何做一些比较棘手的财务决定。

讨论设计

开场白：

大家都知道，我们今年的优先目标之一是发展学生的阅读能力。我们此次讨论只是在学校里提高阅读资源质量的开始。

客观性问题：

你现在在课堂上使用什么课程资料？学校里还有其他什么可用的资源？你知道哪些是目前我们没有的资源？

反应性问题：

你喜欢现有资源的哪些方面？你不喜欢现有资源的哪些方面？还有哪些其他资料会有帮助？

诠释性问题：

我们现有的资料在哪些方面有效？在哪些方面对我们有帮助？对于你喜欢的资料，什么让你印象深刻？在这个领域，学生有什么需要没有得到满足？这告诉我们有哪些遗漏的方面？我们需要什么？如果我们只有有限的资金，你会优先花费在什么资料上？

决定性问题：

上述讨论指向了哪些具体的资料吗？考虑到我们的预算有限，我们要推荐哪些具体资料？我们下一步要做什么？

结束语：

我想我们讨论出了很好的方向，可以有效地改善我们的阅读资源。感谢大家为这次讨论付出了宝贵的时间！

明确未来教育的趋势

适用对象：

教职工

情境：

在一次大型教育会议上，教职工们分成小组来讨论未来教育趋势这一主题。每组有 8~10 名成员，围坐在圆桌边讨论。

理性目标：

明确未来教育的趋势；达成为未来教育而奋斗的共识。

体验目标：

感受到自己对未来教育所肩负的责任。

讨论设计

开场白：

我们先花一点时间分成小组来讨论未来教育的趋势。每张桌上都有一张写有问题的纸。请选出一位引导者，按顺序讨论这些问题，形成我们的整体经验。最后，我们会邀请每个组分享几点你们的智慧，所以讨论过程中可能也需要有人记录。

客观性问题：

让我们来依次做一下自我介绍：请说出你的姓名，以及过去五年中你在教育工作中的具体角色，并分享你最近看到或体验到教育发展中的哪些趋势、创新或新的方向。

反应性问题：

教育中的哪些趋势令你感到振奋？哪些趋势让你有些担心？

诠释性问题：

过去十年中，你对教育的整体认识发生了怎样的变化？你对 21 世纪教育的发展有什么展望？你希望看到未来教育有怎样的发展？当你思考教育时，主要担心什么问题？

决定性问题：

我们可以做些什么来促进积极的趋势、阻止消极的趋势？教育的未来依赖于什么？

结束语：

请每个小组向全体分享一两条你们的宝贵想法。

激发有效的教学

适用对象：

教职工

情境：

在这个学年开始前，一所小学的校长给他的所有教职员工开了一次会，希望老师们能够用一种更为全面的方式教导学生。

理性目标：

了解在当今社会上，一个高效的人应该具备什么素质。

体验目标：

激发老师们对有效教学的理解。

提示：

花一些时间去反思那些容易激发我们思考的问题，可以为我们再次注入活力，从而更有效地开展工作。

讨论设计

开场白：

不管我们是否认同，在为人师的时候，我们就是学生们的榜样。首先，让我们想想我们眼中的榜样是怎样的。

客观性问题：

让我们依次各说一个让你印象最深的老师的名字，你从这位老师身上学到了什么？你是怎样学到的？

反应性问题：

现在，除了一般意义上的老师，当你需要帮助的时候，你会想到谁（或者想要向谁求助）？你从这些人身上学到了什么？或者，你是否模仿过他们的某些方面？

诠释性问题：

你认为是什么因素让他们成功的？这些因素能够让人们的日常工作变得有效率吗？他们是怎样去培养自己的这些优点的？

决定性问题：

我们能够做些什么来提高我们自己的工作效率？我们能够做些什么来提高学生的学习效率？

结束语：

为了让我们的学生成为有效率的人，请记住我们的这些结论吧！

为与家长咨询委员会更好地合作而规划教职员工发展

适用对象：

教职工

情境：

老师们收到了一份关于组建家长咨询委员会的文件。随着家长们更积极地参与到学校管理之中，老师们很关心他们需要做出哪些调整。校长决定开展一场讨论，主题是怎样的职业发展可以让这方面的工作实施起来更轻松。

理性目标：

形成关于家长咨询委员会的相关文件；向实施团队提供一些关于职业发展的意见。

体验目标：

体验互相信赖的感觉；感受到自我价值。

讨论设计

开场白：

这次讨论的目的是给学校董事会提供一些与家长咨询委员会共同工作所涉及的教师职业发展的意见。让我们先花几分钟阅读这份文件，确保我们完全理解了文件内容。

客观性问题：

这份文件每部分的核心内容各是什么？关于家长咨询委员会的任期，文件是怎样阐述的？关于委员会成员，文件是怎样阐述的？关于团队启动和办公时间，文件是怎样阐述的？关于其他由家长们组织形成的团体，文件是怎样阐述的？

反应性问题：

当你获得参与其中的机会时，什么最让你感到兴奋？你最害怕什么？你现在的哪些长处可以帮助你更好地参与其中？在过去和家长团体的沟通中你有什么经验？

诠释性问题：

文件中的哪些部分还需要被更清楚地阐释？在这种合作中，哪些部分会出现对教职工职业发展的新需求？你需要培养什么技能？这些技能怎样才能够得到最好的发展？培养和发展这些技能需要谁的帮助？

决定性问题：

关于教职工专业发展的学习主题，你有什么建议？从长远来看，我们需要什么样的培训？什么时间点最适合培训？谁能够帮助你将建议付诸实施？

结束语：

我们将确保实施团队认真考虑这次讨论的成果，谢谢！

在校长会议上反思高效学习

适用对象：
校长

情境：
一位新的学区学校负责人召集学区内的所有校长开会。对这些校长来说，这次会议意味着议程和开会方式的显著改变。他们过去习惯于只听负责人说，很少提问，几乎没有时间讨论和对话。对很多校长，这是他们第一次有机会彼此了解、交流。在讨论前，校长们参加了一个"破冰"活动，为讨论确定了基调。

理性目标：
让校长们在更正式的场合中互相了解，参与到关于"学习"的讨论中，进而确定在未来讨论中自己真正感兴趣的领域。

体验目标：
体验对话产生的价值，产生新的联结，开始信任新的学区负责人。

提示：
对于一个超过 20 人的团队，前三个层面的讨论应尽量分成小组进行，然后与其他小组分享讨论结果，之后再开始探讨决定性层面的问题。

其他应用：
这种讨论能够让小组持续地推进成员的目标，也适用于任何需要形成小组完成集体目标的讨论。

讨论设计

开场白：
让我们先想想什么因素有利于高效学习，我们带着各自的智慧来讨论，必将碰撞出新的火花。

客观性问题：
在你的学校里，影响学习的因素有哪些？在你们之前的经历中，是否有一些典型案例可以分享？是否还有你注意到的、但大家还没有提到的影响因素？

反应性问题：
对于学习，你最有热情的部分是什么？关于学习，什么地方最吸引你？在你的经验中，你认为关于学习最大的挑战是什么？

诠释性问题：
学习活动中哪些要素最重要？对于你学校中的学生，哪些要素产生的影响最显著？作为校长，你做了什么来帮助学生更好地学习？

决定性问题：
你最关注的是关于学习的什么主题？你更想持续探讨关于学习的哪个具体领域？（请将答案写在白板纸上）你愿意承担哪个领域的讨论，并做更多的工作？如果对同一领域感兴趣的校长们能够形成新的小组，就可以继续小组讨论。谁可以来帮助召集在各个领域感兴趣的人呢？

结束语：
在接下来的一年中，我们会用相似的方式持续展开对话讨论。

理解区域教育联盟及其价值

适用对象：

教职工

情境：

为了促进教师专业发展，已有六个地区建立了区域教育联盟。这个项目的负责人需要对教育部门的管理层有深入了解，本次会议共有 40 人参加。

理性目标：

深入了解为促进教师专业发展而建立的区域教育联盟的目的。了解这一联盟在教师日常课程教学、学生评估、各部门核心目标和价值实现过程中的作用。

体验目标：

欣赏区域教育联盟的实际价值。

提示：

在小组讨论的过程中一定要尽量保证各小组所遵循的流程是一致的。所有的问题都会写在白板纸上，或打印出来放在每张桌子上。在小组讨论结束之后，所有人都回到大组中，进行最终的团队学习和共识创建。

讨论设计

开场白：

本次会议的目的是让在座的各位了解区域教育联盟成立的目的，看到它们将怎样帮助我们的工作。首先让我们分成五个小组，这样所有人都有机会发言。我们先和大家分享一份阐释这个项目的文件。每个小组将要回答一样的问题，所以，你们所讨论的主题应该也是相似的。下面发给大家关于这个项目的文件和问题纸，请大家先用几分钟读一下。

客观性问题：

每个区域教育联盟由哪些人构成？他们的立场是什么？联盟的组织结构是怎样的？

反应性问题：

在开始阶段，你觉得区域教育联盟会遇到什么样的问题或者挑战？你能看到联盟发展的哪些潜在动力？

诠释性问题：

区域教育联盟将怎样作用于教师专业发展？这一联盟将怎样影响家长咨询委员会？这一联盟在日常教学中会起到怎样的作用？这一联盟会怎样影响你的个人工作？

决定性问题：

我们能为这一联盟做些什么？

结束语：

请每个小组都来跟大家分享你们的智慧吧！

为规划目标设定情境

适用对象：
学校董事会成员

情境：
学校董事会将要花一整天的时间来为学区内的学校接下来三年的发展做规划，董事会和学校管理层正在讨论，准备做一个设定目标的练习。

理性目标：
关注影响学区的关键事件和发展趋势；思考这一天对学区未来规划的影响。

体验目标：
令大家对学区的发展史感到惊叹；唤醒参与者基于历史成就感的乐观精神。

提示：
如果时间允许，可以在讨论第一个问题时邀请参与者讲述一个他的故事，可以是他的相关亲身经历，也可以是所了解的相关知识或事件。如果某个学校想进行自己学校的目标规划，也可以采用同样的方式。

讨论设计

开场白：
今天是进行我们学区目标规划的第一天。当我们规划目标的时候，也意味着我们在预测组织未来的发展。对于一个组织来说，管理层有责任做出目标规划。对于一个学区来说，这项责任将落到学校董事会和高层领导人员身上。在开始这个进程之前，让我们先回顾一下我们学校的发展史。如果时间允许，我将在墙上用重要的事件串成一个时间轴，以反映让我们成功走到今天的因素。今天的时间有限，我们将在讨论中了解历史，探讨其对未来的意义。

客观性问题：
学区是什么时候成立的？在我们学区的发展进程中，你记得哪些关键事件？我们的入学注册手续发生了什么改变？我们的项目和设备在什么方面有过大的改变？人事变化在什么时候影响了我们？你是什么时候开始参与学区工作的？

反应性问题：
你记得在哪些时刻我们取得了巨大的进步？在哪些地方我们有过纠结？

诠释性问题：
如果要整理我们学区的历史，你会怎样划分"章节"？你会给每个"章节"取什么样的名字？这次讨论将给我们的学校发展带来什么样的好处呢？

决定性问题：
这一次围绕自我认知和未来发展的讨论告诉了我们什么呢？
这次讨论如何帮助我们进行学区的未来规划呢？

结束语：
感谢大家的回忆、智慧、观点。我为成为这个学区的一员而充满自豪感，也对未来充满了希望！

对一次高强度的头脑风暴讨论进行总结

适用对象： 家长和教职工 **情境：** 75 位学校规划委员会的家长和老师参加了一次全省范围内的教育会议。他们刚刚结束 3 小时紧张的讨论，在自由组合的小组中讨论自己可以如何帮助学校规划委员会。最终他们需要做一场焦点讨论，汇集他们所有的体验。 **提示：** 这类讨论可以用于其他任何过程艰苦的会议的成果汇报环节。	**讨论设计** **开场白：** 让我们先快速地回顾一下今天的经历。 **客观性问题：** 我们今天早上各自听见了什么，看见了什么，做了什么？（用 2~5 个词来描述） **反应性问题：** 你在什么时候开心地笑过？你在什么时候感到充满了希望？哪个环节让你感到担心？ **诠释性问题：** 如果你自己来设计这次会议，你会加入什么元素？你会把什么元素从议程中剔除掉？你认为，这次会议对你而言，最重要的价值是什么？ **决定性问题：** 你想回到学校后继续跟进这次会议中提到的哪项工作？ **结束语：** 感谢你们的智慧和投入！

行动计划的中期修订

适用对象：
教职工和家长

情境：
在学年开始时，一组家长和老师制订了一个雄心勃勃的计划，要重新组织学校里的班级编制。现在是1月了，政府公布了要求学校优先发展的新方向，这需要相关人员把重点转移到另一个领域。大家开始质疑为什么还应该继续之前重新组织班级编制的工作。

理性目标：
修订一个符合现实的行动计划，来应对当前情况的变化；为完成修订后的行动计划，明确接下来要采取的步骤。

体验目标：
疏解团体成员的负疚感和压力；重新体验对一个更合适的行动计划的投入感。

讨论设计

开场白：
我们想了解一下现在我们处于执行计划的哪个阶段。

客观性问题：
看看我们最初的行动计划。我们已经完成的情况怎样？自我们开始推行这个行动计划后，都发生过什么——有什么重要事件、行动、成就、胜利？根据我们已有的计划，接下来我们要做什么？行动计划中的哪些部分还没有完成？关于这个行动计划，我们有哪些新信息？有什么样的事件或情形变化影响了我们的执行？

反应性问题：
你对计划有什么担心？你感到哪些东西仍然是重要的？

诠释性问题：
这个行动计划的哪些部分或元素需要按照我们原来设计的方式来完成？譬如，哪些仍然在正常运行，或是我们感到非常重要、不容放弃的活动？需要重新考虑计划的哪些部分？完成这个计划会对政府要求的新的优先工作有什么影响？需要完成的至关重要的工作是什么？由于我们受到时间和资源上的限制，又有了额外的需要优先完成的工作，现实地看，我们能完成哪些部分？我们需要在计划中加入哪些新元素？

决定性问题：
我们在修订的计划中需要包括哪些内容？我们需要采取哪些步骤，来保证我们达成目标？设定一个相关内容的概要。我们需要在什么时间再做一次中期回顾？

结束语：
太好了！让我们继续行动吧！

与教师讨论：新的学业标准意味着什么

适用对象：
教职工

情境：
学校的教职员工准备召开一次会议，讨论如何在学校实施政府出台的新的学业标准和基准考试。这次改革存在一些争议，但已经到了箭在弦上的时刻。

理性目标：
全面客观地考虑新的学业标准和基准考试会带来什么影响。

体验目标：
令参与者可以投入到新标准的讨论中，回应大家的顾虑，推进新的改变。

提示：
注意客观性问题层面本身就存在由客观性、反应性、诠释性问题组成的子结构。第一个问题是客观性的，第二个、第三个和第四个是反应性的，后面几个是诠释性的。这些问题保证团队在继续讨论之前能够充分吸收所需的信息。在这一讨论之后，可借鉴下一页的讨论示例与家长群体展开探讨。

讨论设计

开场白：
明年，我们将要围绕新的学业标准和基准考试展开教学。让我们提前想想，家长和老师会有哪些担心、疑惑、抗拒、批评，然后，我们可以试着自己先回答这些问题。在这之后，我们就可以与老师和家长来一同讨论，从而令新标准可以最大限度地照顾学生们的利益。让我们先来看看这页纸上对新标准会带来哪些变化的描述，借此来回顾新的学业标准和基准考试所带来的新特点。

客观性问题：
哪些语句吸引了你的注意？哪些部分在你看来需要阐释得更清楚？你最担心的部分是什么？最让你高兴的部分是什么？这一新的学业标准和基准考试有哪些要点？用这样的方式教学，可以产生怎样的创新成果和新想法？这和之前的学业标准和基准考试有什么不同？这样的学业标准和基准考试不会考查什么？

反应性问题：
想象一下我们现在已经开始落实这些标准和制度了，有什么让你感到很恐慌的吗？你看到什么潜在的不稳定因素？你看到什么潜在的益处？

诠释性问题：
你觉得为什么教育部门和立法机关会重新制定新的学业标准和基准考试？你认为家长和老师们会对这些改变有什么想法吗？他们会想要问什么具体的问题？你能想到会有什么让他们特别抗拒的事情吗？我们怎样才能去回应这些担心，让这些工作真正有益于学生呢？

决定性问题：
对于我们将要做的事情，你有什么建议吗？我们下一步要做什么？

结束语：
希望这次讨论能够帮助我们和我们的学区更好地应对家长和老师可能提出的关于学业标准和基准考试的担心和疑虑。

与家长探讨：新的学业标准意味着什么

适用对象：

家长和社区居民

情境：

这次会议的主要目的是说服家长及周围社区居民，允许学校教育工作者对他们的家庭——拜访，并和社区中的家庭进行关于教育部门新规定的学业标准的讨论。每一名老师需要访问一个或多个家庭，这就有可能需要为此设专门的联系人，让其协调老师的拜访沟通工作。

理性目标：

确保所有家长能够理解新制定的学业标准和相关基准考试将对孩子带来的影响；收集关于如何帮助学生的想法和建议。

体验目标：

建立学校和家长之间的互信；缓解家长对学业标准的紧张情绪。

提示：

这两次讨论后可以继续与相关人员讨论，以便明确出更为具体的问题。

讨论设计

开场白：

这就是新的学业标准将要做出的调整。（分发相关文件）大家先看看，然后我们就具体问题具体沟通。

客观性问题：

关于要求学校设置高中结业考试和基准考试，文件中有哪些重要的事实？

反应性问题：

对于这一新的做法，你或你的家庭有什么担心？你们是否喜欢这样的做法？

诠释性问题：

你觉得为什么教育部门和学校都认为设置这样的考试十分有必要？这些新的考试将会怎样影响你的家庭？

决定性问题：

作为社区和学校，在帮助孩子备考的过程中能做些什么？

结束语：

这次讨论可以帮助我们大家更好地应对关于学业标准和基准考试的担心、抗拒和障碍。

对持续了一年的学习小组活动进行反思

适用对象：

家长和老师

情境：

有一个由家长和老师组成的学习小组在过去一个学年中保持定期会面，但随着春季学期的到来，会议的出席率开始下降。小组决定开一次会反思当初小组成立的原因和意义。

理性目标：

回顾小组的目标和想法。

体验目标：

确定并记录共同目标和发展方向。

讨论设计

开场白：

为了明确发展方向，先让我们回顾一下成立这个小组的原因吧！

客观性问题：

你为什么要加入这个小组？你加入的时候是带着什么样的目标来的？

反应性问题：

你觉得我们这个小组现在的情况怎么样？你觉得自己有怎样的成长？这个小组是怎样帮助你的？你在这个小组里获得了哪些机会？你享受其中的什么经历？

诠释性问题：

在这个小组里，你觉得最有价值的方面是什么？在什么方面是不太有帮助的？小组共同达成了什么目标？在未来，你希望小组还能够做些什么？你觉得小组在向什么方向发展？

决定性问题：

在接下来的几个月，我们需要做些什么？谁将来负责这些任务？

结束语：

谁愿意为我们下次会议记录今天讨论的发现呢？

将项目分配给引导者

适用对象：

家长和社区居民

情境：

一个致力于促进社区参与学校管理的学校董事会组建了一个特别引导者小组（由家长和社区居民组成），并确定了一系列需要引导者帮助引导的项目。现在需要开会分配这些项目以启动工作。

理性目标：

让引导者能够明确他们的优势和兴趣，并据此选择项目。

体验目标：

让引导者感到自己有能力启动项目。

讨论设计

开场白：

让我们每个人依次做一下自我介绍，介绍内容请包括你的姓名、专长、优势和自己的兴趣所在。

客观性问题：

看一看这些需要引导者组织引导的项目，哪些项目吸引了你？

反应性问题：

当你看到这个清单时，哪些项目令你感到兴奋？哪些项目令你感到畏惧？哪些项目需要更多关注？

诠释性问题：

这些项目中的哪些部分令你感到担忧？哪些项目让你感到放松？你需要知道关于哪些项目的额外信息？要缓解你对这些项目的畏惧感，你有哪些建议？

决定性问题：

我们应该用什么方法来选择项目？使用这种方法，谁应该具体做哪一个项目？我们应该如何互相支持来保证完成这些项目的过程既是令人愉快的，又是成果丰硕的？

结束语：

我们会保证把大家的这些任务形成书面文字，然后定下来我们这个组下次见面的时间，届时我们将检查大家的进展如何。

收集对性教育课程草案的反馈

适用对象：
家长和社区居民

情境：
在一座大城市中，某所学校的董事会创建了一个为七到九年级学生设计的性教育课程草案。他们已经同众多来自不同领域的、对此感兴趣的人士进行过磋商，但是在最终草案出台之前仍需要从不同利益相关者代表那里收集具体反馈。大约五十人参加了这次晚间会议。在对整个会议议程进行介绍之后，与会者分成了若干小组，每一组有其特定主题或子话题。引导者负责引导每个小组的讨论。专门的记录小组将会记下会议中提到的所有建议并将其加入新的草案中。每个小组引导者通过右侧的"讨论设计"来引导所在小组的讨论。

理性目标：
为制定性教育课程的最终方案收集建议。

体验目标：
让参与者感受到自己被倾听。

提示：
针对一个如此热门的话题，引导者必须做好充分准备：既要对各种不同的反馈持开放态度，也要坚定地推进讨论进程。在讨论一开始就为参与者介绍讨论的各个步骤可以给小组参与提供框架（例如，客观性：数据，对文件本身取得一种清晰的认识；反应性：最初的反应；诠释性：找到潜在和暗含的意义；决定性：做出推荐和建议）。设定好参与规则可以帮助引导者有效地保证人们按既定轨道行事。你可以重申参与原则并澄清引导者的角色（例如，在进行引导时，引导者不应持有自身观点，而是通过某种过程来确保整个团队达到既定目标，等等）。引导者可能同时需要重申小组团队要合作讨论的主题和成果（理性目标）。参与者常常可能想要彼此反驳。引导者需要收集所有的观点，同时避免争辩的发生。这一讨论并未预期就最终意见达成共识，而只是为了进行全盘讨论和呈现观点。在这一案例中，讨论出的建议可能包括多种看法或观点。如果整个团队对把意见汇总在同一个观点陈述中有困难，那么就跳过这一步，选取几条不同的建议，然后继续剩余的讨论。

讨论设计

开场白：
我想首先给出接下来讨论流程的框架。让我们轮流进行简短的自我介绍——请说出你的名字以及来到这里的原因。这几页文件是课程草案中需要我们这个小组讨论的部分。请用几分钟浏览。我们要确保在对课程给出回应意见前，都已经了解了课程的内容。

客观性问题：
哪些词句吸引了你的注意？这门课程每一部分的关键点是什么？我们将逐一讨论。关于这些文件的含义你有什么疑问？

反应性问题：
这些文件里的哪些部分触发了你的过往经历？你最欣赏这门课程里的哪些部分？哪些部分让你感到担忧？

诠释性问题：
为什么你对这些部分感到担忧？这门课程对学生们的成长和发展会有哪些影响？这个文件里体现了哪些价值观和原则？请给出文件中的一个具体例子。

决定性问题：
我们想让记录小组记下什么建议？你想在课程中融入哪些价值观和原则？你想在课程中加入哪些信息？你建议做出哪些调整？你想在参考资料中加入哪些资源？我们遗漏了什么？我们将把这一整个清单都交给记录小组。如果我们可以迅速地完成这一任务，将会有助于他们优先选择我们的看法。从我们所列出的建议清单中，哪一点是我们认为最重要的？根据刚才的讨论，你认为我们这一组最重视和强调的是什么内容？

结束语：
记录小组将记录下我们和其他小组的所有建议，并根据这些建议来修改课程。现在让我们回到整个大组中。

成立一个家长咨询委员会

适用对象:

家长和社区居民

情境:

教育部门要求所有学校组建家长或社区咨询委员会。校长邀请了一些积极主动的家长来商议如何组建一个成功的家长咨询委员会。

理性目标:

建立一个可以提供强大支持的家长咨询委员会,每月至少有 20 名成员出席例会。

体验目标:

增强参与者和志愿者为学校生活和活动提供帮助的意愿,提升其相应的投入度。

讨论设计

开场白:

让我们来读一下这篇题为"如何建立一个成功的家长咨询委员会"的文章。先花一点儿时间来通读一遍这篇文章。

客观性问题:

在这篇文章中,什么吸引了你的注意力?你注意到了哪些关键词语和短语?这篇文章是如何描述家长参与家长咨询委员会的原因的?这篇文章是如何描述家长不愿意参加的原因的?

反应性问题:

关于这样的咨询委员会,你有哪些过往的回忆、经历或感受想要分享吗?你有过哪些积极经历?有过哪些消极经历?在家长与学校合作过程中,什么事情会容易激怒家长,或让他们兴奋?家长们担忧什么?家长们看到了什么机会?

诠释性问题:

一个强有力的家长咨询委员会应该做些什么?我们希望通过它得到什么结果?我们如何增强家长和社区的意愿?一个强有力的家长咨询委员会对家长来说有何益处?对学生来说呢?对学校呢?对社区呢?为什么发展出一个强有力的家长咨询委员会有重要的意义?我们如何增强家长咨询委员会中家长和社团的意愿?我们如何让家长们产生获得家长咨询委员会成员资格的意愿?

决定性问题:

为了组建一个家长咨询委员会,我们应该先做什么?谁来具体做什么相应的工作?

结束语:

我们一周后来互相核对,看看进展如何。

建立一个社区咨询委员会

适用对象：

家长和社区居民

情境：

一所学校决定组建一个社区咨询委员会。由家长和学校员工组成的一个小组正在探索如何开始这项工作。

理性目标：

发现组建一个社区咨询委员会的积极意义；制订出建立这一委员会的行动计划。

体验目标：

产生投身这项工作的激情和对彼此的信任感。

提示：

虽然这个讨论与上一个建立家长咨询委员会的讨论主题类似，但是它开始于一个不同的讨论起点。比较两组讨论，你会发现不同的讨论起点是如何影响讨论的。

讨论设计

客观性问题：

你会如何描述我们学校的特点？它有什么独特性？它有哪些天然的优势？社区成员是如何参与我们学校的工作的？

反应性问题：

参与学校工作有哪些会让人觉得很受鼓舞的地方？需要意识到有哪些地方会让人感到受挫？在现在的社区参与中哪些地方让我们觉得做得还不错？

诠释性问题：

人们为什么会选择参与我们的学校工作？社区咨询委员会怎样配合了学校教育系统的工作？它应该如何做？它可以对哪些问题有所帮助？你是如何看待社区咨询委员会在一个社区中的角色的？在学校中呢？我们的学校会因此而发生怎样的改变？应当如何组织社区咨询委员会？

决定性问题：

我们应当做哪些启动工作？谁来做这些事？

结束语：

很高兴我们最终走上了圆满完成任务的道路。谢谢大家！感谢每一位参与者为今天的讨论所付出的时间和创造力。

修改学校的宣传简介

适用对象：

家长和社区居民

情境：

学校的社区咨询委员会需要修改每年发放给学生的学校宣传简介。

理性目标：

确认需要更新的关键内容；决定应该修改哪些部分。

体验目标：

为能够修改学校宣传简介的内容并贡献自己的意见而感到兴奋。

讨论设计

开场白：

正如大家所知，我们学校社区咨询委员会的任务之一就是制作一份学校宣传简介，即一份介绍我们学校的小册子。这是我们去年的介绍。（分发小册子）

客观性问题：

你注意到这份小册子中有哪些主要部分？你会如何描述这份小册子的外观设计？当你通读这份小册子时，哪些词句吸引了你的注意力？

反应性问题：

小册子的设计给你怎样的印象？哪些部分吸引了你？哪些部分被你忽略了？

诠释性问题：

谁是我们真正想传播的受众？受众将会如何使用这份小册子？这份简介现在是如何向你传达信息的？还有哪些信息需要传达？学校近况中，有哪些变化需要交代？我们需要传达哪些新信息？对这份小册子，做出哪些改变可以达到这样的目的？哪些改变是最为重要的？为什么？

决定性问题：

你刚刚听到大家是如何描述最先应该处理的关键领域的？要做出这些改变，我们下一步应该怎么做？

结束语：

今天的讨论是很重要的一项工作。感谢大家的帮助！

提高学校社区委员会中的商业参与

适用对象：

家长和社区居民

情境：

很多家长和社会团体加入了学校社区委员会，但却很少有本地商业界人士参加。委员会因此很忧虑，故在接下来的会议议程中安排了一场讨论。

理性目标：

就如何能最好地促进学校社区委员会的商业参与提出建议并做出决定。

体验目标：

为今后委员会会议制定最终吸引商业界人士加入学校社区委员会的相关建议和决定付出努力。

讨论设计

开场白：

在我们上次的会议中，大家纷纷提出了一些关于我们学校社区委员会缺乏商业介入的担心和忧虑。

客观性问题：

在我们社区中有多少商业机构？我们有哪些其他种类的商业？

反应性问题：

对于这些可能实现的商业参与，哪些方面引起了你的兴趣？哪些方面让你觉得有点儿害怕？

诠释性问题：

他们的介入对我们来说有哪些好处？对他们呢？有哪些危险？还有哪些关于商业参与的重要性？为什么我们会认为现阶段商业界人士没有介入学校社区委员会？

决定性问题：

我们需要做什么来促进商业参与？我们第一步要做什么？

结束语：

这些都是重要的决定，并将对我们未来的学校社区委员会产生影响。

解决家长参与度低的问题

适用对象：

家长和社区居民

情境：

家长咨询委员会因每次参与例会的家长越来越少而陷入绝望。一小部分家长发挥的作用越来越重要，委员会整体却正在走向衰弱。

理性目标：

为提高家长的参与度创造机会。

体验目标：

鼓励家长保持参与。

提示：

在这里很难得到客观性信息，因为没有出席会议的家长可能没有跟任何人聊过自己的想法。因此，确保找到他们并询问他们的意见是很重要的，否则你只能基于其他人的解释来做出决定。为了实现突破，你需要客观信息来解决真正存在的问题。在这场讨论之前，你可能需要有人给那些曾经参与过但是最近不再参与的家长打电话来询问缘由，然后把这些信息加入参会团体的答案中。

讨论设计

开场白：

我们希望可以聚焦于如何使得家长们对学校家长咨询委员会感兴趣的办法。让我们先回顾一下为什么要讨论这个问题。

客观性问题：

我们有哪些背景资料？家长咨询委员会到目前为止运转了多长时间？我们有多少成员？有多少潜在会员？在出席人员最多的会议上有多少家长出席？最少的呢？在这些会议上讨论的主题是什么？我们如何邀请家长们参与会议？家长们如何看待这些会议？你听说了家长们关于这些会议的哪些评论？

反应性问题：

是什么吸引着家长们参与会议？哪些活动获得了家长们最广泛的参与？哪些邀请策略获得了最好的效果？家长咨询委员会的哪些工作让参与者充满活力？对你来说，参与咨询委员会最令人沮丧的部分是什么？对其他家长呢？

诠释性问题：

在家长参与这一议题方面我们寻求的目标是什么？哪些部分影响了我们所追求的家长参与度？我们应该做些什么来吸引更多家长？

决定性问题：

我们首先应该做出什么改变？谁来做？

结束语：

我们将尽快开始这些行动。

反思一份调查的结果

适用对象：

家长和社区居民

情境：

一个家长委员会就校园安全问题进行了一次调查。调查结果已经汇总，于是，他们在一次家长委员会会议上开始讨论相关结果。

理性目标：

根据调查结果，就最迫切的需要做出决策；寻求可以满足迫切需要的行动方案。

体验目标：

培养彼此之间的信赖，以及基于共同关心的问题来合作进而做出改变的责任感。

讨论设计

开场白：

这是实际的调查结果。请大家花一点时间浏览（分发调查结果）。

客观性问题：

其中哪些结果吸引了你的注意？你还需要关于这份报告要点中的哪些其他信息？

反应性问题：

当听到结果时，你想到了什么经历？调查中的哪些评论在你听来最熟悉？哪些部分让你感到意想不到或吃惊？

诠释性问题：

这份调查结果为我们提出了哪些大家主要关心的问题？这些项目中的哪一条是最重要的？为什么？

决定性问题：

我们可以做些什么来应对这些问题？这些行动中哪些是最重要的？我们下一步应该做些什么？谁来做？

结束语：

谢谢，让我们开始讨论下一个议程。

聚焦家长教育工作坊的目的

适用对象：

家长和社区居民

情境：

一些家长加入了关于正面家庭教育（positive parenting）的工作坊，引导者希望可以用参与式的方法来确定工作坊的目的及议程。

理性目标：

聚焦讨论小组的预期。

体验目标：

使小组成员感受到自身的创造力和智慧。

讨论设计

客观性问题：

请所有在场的人轮流介绍你的姓名，以及你想从此次有关正面家庭教育的工作坊中得到的一个收获。（介绍略）还有什么其他事情是你想在工作坊中讨论的？

反应性问题：

关于正面家庭教育的观点，哪些让你感到振奋？关于这个主题让你感到担心的是什么？

诠释性问题：

对于参加此次工作坊的共同目标，你从大家的发言中听到了什么？你认为这些共同目标中哪个更为重要？

决定性问题：

这些目标中哪个是你个人更愿意投入的？我们接下来要做什么？

结束语：

你们的想法提示了我在这门课程里要重点关注哪些元素。接下来，让我们进入工作坊的第一项具体练习。

第八章
避免和解决矛盾问题

本章的焦点讨论主要是为了解决学生之间、教师和家长之间、教师之间的矛盾冲突而设计。这些讨论（谈话、对话）可以帮助我们消除误解，避免冲突的发生，甚至可以帮助我们解决令人头疼的问题。

所有这些讨论都承认参与者会持有强烈的情绪，引导者需要做的，是努力帮助参与者从这些情绪中走出来，进而探讨解决方案。

与行为不当的学前班学生谈话

适用对象：
学生

情境：
一天早上，在上学的路上，一位母亲和她的几个还在上学前班的孩子吵了起来。大家情绪都很差，不想这样的事情再发生，因此母亲想和孩子们谈谈这个问题。

理性目标：
在沟通的过程中，确定要处理的问题所在；思考如何去解决这些问题。

体验目标：
有决心去改变孩子们的不当行为。

讨论设计

开场白：
我们需要聊聊今天早上发生了什么。

客观性问题：
今天早上，在我们去学校之前，都发生了什么？

反应性问题：
妈妈今天早上的表情是什么样的？你模仿一下？你当时的表情是什么样的？做给我看看？

诠释性问题：
妈妈为什么生气？你为什么不高兴？你认为为什么会发生这样的事？

决定性问题：
明天我们应该怎么改变呢？

结束语：
太好了，我们解决了这个问题，希望以后不要再发生这样的事了！（拥抱）

操场打架事件发生之后的谈话

适用对象：

学生

情境：

有一些学生之前接受了如何干预操场冲突事件的培训。刚刚在操场上发生了一起冲突事件，有一名高年级的学生正在学着处理状况。

理性目标：

了解冲突发生的原因，并为解决后续问题制订一个计划。

体验目标：

体验这个问题是如何被解决的；有自信此后能处理类似的问题。

提示：

当然，学生在回答客观性问题时，会向你反映其各自真实的行为，你得根据这些反馈来替换、修改最终实际的反应性问题。

讨论设计

开场白：

让我们来看看能不能一起解决这个冲突吧！

客观性问题：

史黛丝，和我说说，刚才发生了什么？布兰达，你也和我说说，刚才发生了什么？

反应性问题：

当她骂你的时候，你有什么感觉？当你打她的时候，你觉得她会怎么想？

诠释性问题：

你觉得这个冲突为什么会发生？你俩这些行为背后的原因是什么？

决定性问题：

如果这件事情再发生一次，你还会这么做吗？我们要怎么做才能和好如初？

结束语：

好了，让我们出去玩一会儿吧！

理解性骚扰的问题

适用对象：

学生

情境：

一位高中的学校心理督导师与一组学生会谈，讨论他们在社交中遇到的问题，以及要如何应对这些问题。

理性目标：

让每位参与的学生能够充分理解性骚扰问题。

体验目标：

能够识别和处理生活中遇到的性骚扰问题。

提示：

当整个讨论较长时，结束语部分的问题能够帮助参与者消化讨论中的信息。如果主要的讨论比较简短，可以不使用结束语中的问题。

讨论设计

开场白：

首先，让我为大家朗读一下性骚扰的定义。

客观性问题：

用你自己的话说说什么是性骚扰。如果有性骚扰的情况出现，会具体发生什么事情？在生活中或者电视上，你看到过哪些有关性骚扰的例子？

反应性问题：

现在让我们设身处地地思考一下，对于性骚扰，你最担心的是什么？一提到性骚扰，你会联想到什么画面？

诠释性问题：

性骚扰会造成什么影响？在我们社会中，有什么因素使得性骚扰事件频发？

决定性问题：

当看到性骚扰发生的时候我们应该怎么做？我们可以做什么来避免性骚扰的发生？

结束语：

让我们来回顾一下这个讨论，你都听到了什么？哪些部分你很感兴趣？哪些部分让你觉得很沮丧？作为一个团体，我们在讨论这个问题前后是否变得有所不同？我们学到了什么？如果以后面对性骚扰问题，你的行为会有什么改变？

改善校车上的行为

适用对象：

学生

情境：

一位校车司机冲进校长的办公室，抱怨学生们在校车上十分吵闹，不利于行车安全。校长将当时在车上的学生都召集了过来，开了一个会。

理性目标：

让学生们认识到自己行为后果的严重性。

体验目标：

让学生们学会三思而后行；让学生们因能负责任地约束自己的行为而感受到被人鼓励与肯定。

讨论设计

开场白：

我们来谈谈大家在校车上的表现吧。

客观性问题：

当你在校车上的时候，你看到同学们做了些什么？校车司机让你们不要做什么？你们又做了什么？

反应性问题：

在校车上，其他同学是否做了什么让你感到不愉快的事情？你是否做了什么事情让其他同学感到不愉快？你们做了什么事情让司机感到不愉快？

诠释性问题：

在校车上的行为会怎样影响其他同学？这样的行为对司机驾驶会有怎样的影响？为什么大家在校车上的表现成了一个问题？

决定性问题：

在校车上，你应该怎么做？你能做出什么改变呢？你会做出怎样的选择进行改变？

结束语：

我们下周会再开一次会，看看到那时情况如何。我很期待到时候能看到你们的明显改变。

理解校园欺凌行为问题

适用对象：

学生

情境：

一所小学的学生、学校老师和学生家长在讨论校园欺凌行为。

理性目标：

认识校园欺凌行为及其影响；开始考虑应该怎样处理校园欺凌行为。

体验目标：

让学生分享他们对于校园欺凌行为的看法；承诺一起努力建设一个可以彼此信任的安全校园环境。

提示：

在讨论时要十分谨慎，关注行为本身，而不要给任何人或者任何群体贴标签。学生本身可能并没有大问题，但如果给他们贴上"小霸王"或"受害者"的标签却可能会激化问题，而不是解决问题。在既有成人又有学生参加的讨论中，要准备好用多种方式来提问，以使每个人都能理解并参与到讨论中来。

讨论设计

开场白：

今天我们将讨论有关校园欺凌行为的问题。让我们先设定一个前提：每个人都可以自由发言，所有的发言都没有对错之分，大家互相分享自己的观点。让我们先看看字典里是怎么定义"欺凌"这个词的。

客观性问题：

当你看到字典里对于"欺凌"这个词的定义时，哪些关键字最先吸引了你的注意力？想想你曾经看到过的欺凌事件：不仅仅包括故意的、直接的欺凌行为，也包括相对隐蔽的欺凌行为。你看到了什么？实际发生了什么？你听到了些什么？你有哪些身体感觉？描述与这个事件相关的人。什么时候、在哪里发生了这件事情？

反应性问题：

你还在其他什么地方或其他什么时候见到过类似的事情呢？你的感觉是怎么样的？你觉得最沮丧的是什么？周围的人有什么反应？

诠释性问题：

在这类事件中，通常都会有什么样的共同线索？欺负同学的人一般都有什么性格特点？被欺负的同学一般都有什么性格特点？你从我们的讨论中学到了什么？为什么人们会这样做？有什么不同的方式可以应对这样的行为呢？

决定性问题：

我们需要做出什么改变？在学校中我们应该怎样处理校园欺凌行为？你们应该怎么做？

结束语：

我们将与其他家长和老师分享我们的讨论结果，你们努力投入，想要做出一些改变，这对于学校有很重要的价值。谢谢你们的参与，也感谢大家贡献的想法！

解决学生之间的冲突

适用对象：

学生

情境：

老师刚刚在课堂上终止了一个不断升温的争论。她希望不仅解决眼前的争论，也能预防今后这类模式的冲突。

理性目标：

解决两个学生之间的冲突。

体验目标：

提高通过沟通来解决问题的能力。

提示：

在诠释性问题的这个层面上，学生的回应可能会引向一些你事先未预期的问题。可以在讨论中进行更深入的探讨，然后再进入决定性层面。在阐释问题的时候语言要尽量清晰，让各个年龄阶段的人都能理解。

讨论设计

开场白：

我们要一起来解决这个问题，让大家都能觉得舒服一点儿。如果我们做不到这一点，最后我会根据你们各自的行为表现来决定解决方式。

客观性问题（双方分别回答，每次问一个人）：

告诉我，你做了什么？你说了什么？只说"我"怎样了。

反应性问题（双方分别回答）：

这件事发生时你有什么感受？你是否有其他反应？

诠释性问题：

让我们来看看根本问题之所在。（双方分别回答）你觉得她那样做意味着什么？你为什么这么想？对于这件事情发生的原因你有什么看法？

决定性问题：

你们各自应该怎么做才能解决这个问题？我们怎样确保这类事情不会再次发生？

结束语：

让我们继续学习吧。

理解粗鲁行为和欺凌行为

适用对象：

学生

情境：

四到六年级学生的家长和老师都十分担心校园的欺凌事件和不礼貌行为。有一位家长主动发起了这次讨论。

理性目标：

理解这些行为会出现的原因；收集每个人对解决问题的建议。

体验目标：

让家长和学生充分了解彼此的看法。

提示：

假如在一场讨论中，参与讨论的人已经呈现了不同派别，那么如果由来自其中任何一派的家长来引导讨论都会很困难。最好能解释清楚为什么你要这么做（在会议开始之前或者进程中）。预先设定一些规则会较有帮助，因为当很多家长都出席时，气氛会相对紧张。如果自信心强一些的孩子能在父母支持下大声发言则是再好不过的了！

讨论设计

开场白：

让我们先随便聊聊，梳理下最近几周发生的一些事情。我将按照我们之前协商好的议程来问大家一些问题。有两条大家都要遵循的规则：第一，每个人的想法都不可或缺；第二，我们不要去评判任何人的任何想法。好了，让我们开始吧！

客观性问题：

最近在学校发生了一些什么事情（好的坏的都行）？让我们每个人都说说。

反应性问题：

你对正在发生的哪些事情最满意？你最不满意哪些事情？哪些事情让你最担心？

诠释性问题：

你为什么担心？在你看来，哪些原因使得事情发展得越来越糟？

决定性问题：

针对这些问题我们能做些什么？

结束语：

请在离开前谢谢坐在你身边的人吧，感谢大家的参与！

讨论同辈压力的问题

适用对象：
学生

情境：
一所初中的七年级老师想在各自的班上开班会讨论学生的一些社交问题。第一个讨论的主题是同辈压力。

理性目标：
认识到同辈压力会对个人产生巨大的影响。

体验目标：
承认学生自身存在应对同辈压力的内在力量；理解学生对其他人产生同辈压力的努力。

提示：
你可以一次性给出所有主要的客观性问题，做出示范并让每个小组自行讨论各自的相关故事。他们可以全部回答，也可以只回答其中几个。在阐释问题的时候务必尽量详细，特别是当问题涉及友情的时候，因为对于七年级学生而言，他们可能会需要具体的细节。也许做完整个流程的讨论会需要很长时间，但是这是值得的。

讨论设计

开场白：
让我们来说说，朋友和其他同学是怎样影响我们做决定或者行动的。回想你和朋友们在一起做某次决定的经历。

客观性问题：
当时的情况是怎样的？当时有哪些选择？这件事情是什么时候、在哪里发生的？有哪些人参与了这件事情（不需要说具体姓名）？说了些什么？当时发生了什么？最后的决定是怎样的？其他人跟你分享过哪些类似的经历（不需要说具体姓名）？你是否给朋友施加过一些压力要求其不做某些事情？你是否也曾对朋友施加过压力要求其做某件事？具体情况是怎样的？

反应性问题：
当某些人或者某个团队给你压力，要你做些事情的时候，你有什么感受？当你感到压力的时候，你会有什么反应？你认为你的压力会让其他人有什么感受和反应？你认为在处理同辈压力的时候，最难的部分是什么？最简单的部分是什么？

诠释性问题：
你认为同辈压力为什么会存在？从这些压力中，是否也会得到一些益处？不好的方面又是什么？你怎么处理来自你朋友或者其他人的压力？要想做出负责任的或是你自己的决定，需要花费怎样的代价？为了做好决定，你需要什么帮助？年轻人怎样才能一起做出有益的决定？如果有必要的话，怎样拒绝同辈的压力？

决定性问题：
你能怎样学习去识别同辈压力？个人能怎样消除同辈压力的消极影响？你今后想针对同辈压力采取什么行动？

就冲突后的纪律问题进行谈话

适用对象：

学生

情境：

一名七年级的学生在锁柜旁边动手打了同学，楼层主管将他带到了办公室，然后与这名学生谈话。

理性目标：

帮助这名学生更理智地处理问题。

体验目标：

让这位学生能够为自己的行为负责。

讨论设计

开场白：

好了，让我们说说刚刚发生了什么吧！

客观性问题：

刚刚发生了什么？你做了什么？另外那位同学做了什么？还涉及其他什么人吗？是否有其他人看见了？

反应性问题：

这样做之后，你有什么感受？如果有人这样对你的话，你会有什么感受？你是否在之前有看到过类似的行为？

诠释性问题：

你认为是什么造成了这种不良行为的发生？当你这样做的时候，你给人传递了怎样的讯息？当你这样做的时候，你希望传递怎样的讯息？你会用什么方式来应对呢？你还跟其他什么人讨论过这个问题吗？

决定性问题：

当这类事情再次发生的时候，你会有何改变？如果你再次重复这个错误的话，你会付出什么样的代价？

结束语：

你是一个很有能力的学生，期待看到你有积极的改变。

和学生或教职员工共同总结一起重大校园安全事故

适用对象：

学生或教职员工

情境：

一所高中刚刚发生了一起校园安全事故。事故已经过去一段时间了，但是学生和教职员工还在震惊的情绪中，需要坐下来谈谈发生了什么。班主任组织学生在自己班里进行这场讨论。

理性目标：

谈论自己在这起安全事故中的经历；直面现实，开始以积极的方法处理这一事故造成的影响。

体验目标：

从惊吓中恢复，继续向前迈进。

提示：

这些问题中有些很难回答，所以如果参与者的回答很少也没有关系。提出这些问题本身并按此流程继续讨论就可以促成之后的反思发生。可以把问题打印出来，供学生自己思考，或与小组及家人交流。

讨论设计

开场白：

我们都被这起事故吓倒了。我们先花一点时间来想想事故是怎么发生的，来帮助我们应对这件事情的影响。我会问你们一些问题，这样能让我们更好地了解这起事故是怎么发生的。希望大家都能够畅所欲言——我们也不要去打断或评价其他人的发言。

客观性问题：

想象你是一架记录下你所目睹事件的摄像机。你会拍摄怎样的对象、动作、话语、场景等？尽量说得详细点，让我们都能全面了解这起事故。

反应性问题：

在事故中，哪些地方让你受惊了？最可怕的是什么？什么时候你有想要逃走的感觉？你还发现了自己的什么反应？你想去什么地方放松一下吗？

诠释性问题：

你认为这起事故为什么会发生？是否还可能有其他因素导致了事故的发生呢？这起事故对你有什么影响？你觉得现在的自己和之前有什么不同吗？从现在起，一年后，我们会有什么不同吗？我们从这起事故中能够学到什么？

决定性问题：

我们怎样做才能阻止这类事故再次发生？还有什么人是你想见见或者跟他（她）聊聊这起事故的呢？我们现在可以怎样互相帮助？我们可以做什么来表明我们的变化或学习呢？

结束语：

我们一定会继续思考这件事。如果你需要任何帮助，请一定来找我。

总结课堂上的冲突

适用对象：

学生

情境：

某一天快放学的时候，老师决定和大家一起讨论之前在班上发生的一起冲突，希望学生能够从中有所学习。

理性目标：

让学生能够看到事件的意义所在：发生了什么，以及如何在冲突之后彼此能好好相处。

体验目标：

让学生尊重彼此的观点。

讨论设计

开场白：

大家还记得今天詹和迈克打架的事吗？

客观性问题：

你听到了些什么话语？你看到了些什么？

反应性问题：

这件事情中哪些部分让你感到激动、气愤、害怕或者担心？这件事让你想到了什么？

诠释性问题：

我们班上现在和之前比有些什么不同吗？关于这件事，你有什么想说的吗？

决定性问题：

我们需要做出什么改变？我们怎样让我们的班级恢复到以前的氛围？为此，我们首先要做些什么？

结束语：

如果我们深入思考，就可以从发生的事件中学到很多，即使事件本身并不令人愉快。

检视少数民族学生学业成就低的问题

适用对象：

学校理事会的理事

情境：

报纸报道了一项研究，主题是附近的一所市区学校里少数民族学生学业成就低的情况。一位种族关系咨询顾问决定与学校理事会的理事们一同讨论这篇文章，以敦促学校理事会采取相关行动。

理性目标：

了解不同种族学生的学习情况，并找到解决相关问题的办法。

体验目标：

增进信任、理解和产生同理心。

提示：

传阅要讨论的报纸或文章，给大家几分钟时间来阅读，并请大家注意文章的重点。这可能是一个比较敏感的话题，讨论中要注意语言的使用。迅速营造一个互相尊重的氛围是至关重要的。确保所有受到影响的群体都能出席参与讨论。

其他应用：

本讨论设计可用于讨论其他任何文章的含义。

讨论设计

开场白：

周六的报纸上刊登了一篇关于附近一所学校的研究报告《美国的教育体系正在让非裔和葡萄牙裔学生失败》，也许在我们身边也有类似的现象。我们应该怎样回应这样的问题？我们先花一点儿时间来阅读这份研究报告。

客观性问题：

在文章中有哪些关于非裔和葡萄牙裔学生在校表现的数据？我们知道哪些跟自己学区相关的数据吗？

反应性问题：

当你看到这篇文章后，你的第一反应是什么？请把自己放在非裔或者葡萄牙裔人的角度上思考：你对这些研究成果有什么感受？这会让你想到我们学校系统中有什么类似的事情吗？

诠释性问题：

从长期来看，不同种族的教育不公平会产生什么影响？我们从这个研究报告中能够学到什么？就我们学校而言，有哪些相关的关键性问题？在其他地方有什么成功的经验？对这个问题可以有什么样的解决方案呢？

决定性问题：

从学校教育系统角度讲，你认为我们能做什么来解决这一问题？我们能为少数族裔的学生做哪些不同的事情？我们能成功开展哪些行动？我们应该优先采纳哪些建议？我们下一步应该做什么？

结束语：

谢谢大家！我希望这场讨论能够激发我们为所有的学生都能达到自己的最高水平而努力！

对免除考试的申请做出决定

适用对象：
某教育部门员工

情境：
某教育部门规定获得高中文凭必须通过英文考试。最近，该部门收到了一所学校的校长和保健医生写来的信件：因为个别学生有自杀倾向，学校就为其免除了考试。该部门对这位学生的近况及是否因此而开设先例感到焦虑。

理性目标：
做出在道德层面上适宜的决定。

体验目标：
对做出的决策感到舒服；感到自己有能力在未来处理类似的问题。

提示：
如果不违反保密原则，每名参与者都应该事先了解信件的内容，从而在客观层面上加强认识。要确保在会议开始前我们对在客观层面上所讨论的问题已经有切实的答案。在最终决定之前，将可能的决策方案先写在大白纸上或黑板上会很有帮助。

讨论设计

开场白：
首先，请允许我读一下这封申请信。

客观性问题：
准确地说，信中具体提到了哪些问题？我们对这位学生有什么了解——记录、成绩、在学校的表现？有什么政策与此次事件相关？这样的情况在过去发生过吗？以前是怎么处理的？

反应性问题：
对于需要做的事，你的第一反应是什么？在做决定的过程中，最困难的是什么？

诠释性问题：
有什么隐含的问题需要我们关注？如果这位学生是我们自己的孩子，我们会如何考虑？如果我们的孩子正在了解这件事情并受到影响，我们应该考虑哪些问题？是否有其他需要考虑的价值观、规则、政策？让我们把所有可能的决策方案列成一个清单吧。下面，我们来考虑一些问题，评估每一项可能的决策方案：每个方案会带来什么积极和消极影响？每个方案会带来什么长期收益？短期收益呢？每个方案与我们之前提到的价值观、原则和政策是否相符？每个方案带来的收益与潜在危害如何相互平衡？每个方案如何反映我们的教育愿景？在其他类似情况下，可以怎样运用每个方案呢？每个方案是如何考虑包括申请免除考试的学生和其他所有学生的利益的？每个方案背后的社会伦理道德因素是怎样的？

决定性问题：
在听到所有这些关于价值观的观点后，你能听到自己内心做出了怎样的决定吗？你想为我们的最终决定补充些什么吗？我们需要如何和其他人沟通这个决定？下次我们需要做何调整？

结束语：
我知道做出这样的决定是很困难的，但我很感谢大家在讨论过程中能够深入地思考。我相信其他人会理解这种困境以及我们的处理方式的。

重新考虑取消班级出游的请求

适用对象：

教师、学生和家长

情境：

学校正在计划一次例行的但却花费不菲的集体出游。有一部分家长希望能够调整这次出游计划，因为过于昂贵的费用让很多家庭望而却步。学校委员会也建议取消旅行。但老师和学生们都很不情愿，因为这是他们每年最期待的事。在与学生、老师和家长讨论之后，校长、副校长和其他学校管理人员将做出最终决定。

理性目标：

做出最终决定。

体验目标：

体会到学校管理者在乎每个人的感受。

讨论设计

开场白：

我们需要做出关于这次学校出游的最终决定，并希望这个决定能让所有人都接受。

客观性问题：

相信大家对现在的情况已经有一个初步的了解。你有什么问题需要澄清吗？对现在的情况你是否还有其他信息提供？

反应性问题：

对于这次学校的出游安排，你一开始有什么反应？对于这些安排你有什么感受？

诠释性问题：

在这次出游活动中，你想达成什么目标？如果我们取消这次出游，会带来什么影响？如果不取消又会带来什么影响？我们怎么做才能在扩大积极作用的同时尽量减小消极影响？

决定性问题：

通过分享我们的感受和信息，下面我们应该怎么做呢？我们应该怎样与其他的家长、教职员工和学生们沟通最终决定？

结束语：

相信我们最后做出了让每个人都接受的决定。

对调整学校时间安排的建议

适用对象：
教职工

情境：
由于课程改变和预算削减，学校需要减少每天的课程数量，缩短每天的课程时长。老师、学生和家长对这种改变很担心。校长召开了一个会议，来讨论可能的改变方式。

理性目标：
制订学校课程数量和课程时长的最终调整方案。

体验目标：
让参与者可以承担起解决所提出问题的责任。

提示：
陈述一遍新的要求有助于客观性层面的讨论。在诠释性层面，可以先分小组讨论，然后再全体分享。提供空白的时间表可以帮助参与者尝试不同的选择。如果没有图表的帮助，就很难完成这场讨论。由于人们在综合考虑各种选择时会比较纠结，所以，决定性层面可能会花些时间。可以让某个小组帮忙整理好诠释性层面的讨论结果，或者第二天全体再进行之后的讨论。

其他应用：
稍做调整后，这个设计即可用于讨论任何团队面对的重要调整。

讨论设计

开场白：
我们现在需要就学校的日常时间安排做出一些调整，因为事关每个人，希望大家都能够积极参与讨论，并提出相关的建议。

客观性问题：
大家觉得我们目前的学校时间安排有什么特点？我们每天要上多少节课？每节课多长时间？新的要求是怎样的？

反应性问题：
在建议改变的内容中，最让你感到焦虑的是哪部分？最吸引你的是哪部分？

诠释性问题：
对比原有的时间安排和新的时间安排，最大的不同是什么？对于老师、家长、学生各有什么影响？这次改变的底线是什么？是否有方法既能够满足调整的需求，又能最好地服务学生？让我们看看每种可能的解决办法：每个办法的优势和缺点各是什么？哪些要素看起来会最有效？

决定性问题：
我们要怎样将这些要素放在一起，然后创造出一个让我们满意的解决办法呢？

结束语：
我们会完善这个方案，然后把结果反馈给大家。

与后勤保障员工一起解决问题

适用对象：

学校员工

情境：

有些老师抱怨说他们住的公寓已经好几周没人打扫了。关于学校开支会被缩减的谣言一直在盛传，后勤保障员工间的士气很低落。副校长受命准备召集学校的后勤员工就这个问题开一个会。

理性目标：

做出关于如何保持学校内部清洁的最终决定。

体验目标：

尽管削减职位的情况还不明朗，也要让学校相关员工感受到来自学校行政部门的支持。

讨论设计

开场白：

我听说最近有些事情让你们很烦，我还注意到在过去几周有一些工作没有及时完成。

客观性问题：

在过去几周发生了什么？人们都在讨论些什么？

反应性问题：

目前看来，有什么事情让你感到担心？对哪些事情你觉得还好，甚至还挺高兴的？

诠释性问题：

还有什么潜在的问题没有得到解决吗？这些问题将会怎样影响到你的工作？对于这些事情，我们能有哪些可能的回应？

决定性问题：

我们能够做些什么来解决这些问题，以确保所有的工作都能完成？

结束语：

谢谢你们坦诚的回答。我们将会尽力去保证你们的期待能够实现。我们什么时候可以再聊一次呢？

吸纳员工一同来讨论学校的发展规划

适用对象：

教职工

情境：

一所小学的学校发展规划已经实施一年了，但是学校教职员工的参与度不高。现在需要修改这个规划，让更多的老师参与其中。规划委员会打算召开一个 20 分钟的教职工会议来进行讨论。

理性目标：

修改行动计划，以促进学校未来的发展。

体验目标：

投入并参与到学校发展规划中。

讨论设计

开场白：

很高兴大家能够聚在一起，来讨论我们学校的发展规划。

客观性问题：

在过去的一年中，你看到规划中的哪些部分得到了成功实施？

反应性问题：

当我们提到学校发展规划时，你会有什么反应？

诠释性问题：

对你来说，规划中的哪部分最重要？规划中的哪些部分是实用的？哪些部分是不实用的？学校制订发展规划的目的是什么？学校发展规划怎样才能帮助我们学校更高效地运行？

决定性问题：

我们每个人能做些什么，来帮助学校发展规划得到更有效的贯彻落实？你最愿意参与学校发展规划中的哪部分工作？

结束语：

从讨论中可以看到，为了让我们的学校更高效地运行，关键在于每个人都参与到学校发展规划中来。很高兴你们都愿意投入其中。

考虑一个重要的人事问题

适用对象：

教师和学校行政员工

情境：

一位学校行政员工与一位享有终身职称的老师之间有一些矛盾。为了考虑清楚如何处理这个问题，这位行政员工想用这一讨论设计开展自我对话练习，帮助自己厘清思路。

理性目标：

决定如何解决一个重要的人事问题。

体验目标：

唤起向前迈进、直面问题的勇气。

提示：

如果想在进行这种自我对话之前先和其他人聊，同样可以采用一组类似的问题。

讨论设计

开场白：

我要处理一个重要的人事问题。这次的反思性对话是推进这项工作的第一步。

客观性问题：

关于目前的情况，我知道些什么？这位老师在学校的聘用经历与目前存在的人事问题有何相关之处？关于这位老师的行为举止，我是否得到过一些观察记录或报告？我看到自己在这一问题中的表现是怎样的？

反应性问题：

对于这些报告，我的反应是什么？我真正关心的是什么？为什么？

诠释性问题：

我的法律责任是什么？在这种情况下做决定会有什么容易有失偏颇的地方吗？我有哪些选择？每种选择会有哪些好处？哪些不足？这些选择是如何影响学生们的？家长呢？老师呢？

决定性问题：

我是否需要和其他老师、家长和学生谈论这个问题？我首先应该做什么？

结束语：

好，让我开始行动吧！

探讨高效团队的概念

适用对象：

教师和学校教职员工

情境：

一位校长希望她的员工们组成小组，分担学校工作的责任。她召开了一次会议来为实施这个想法做准备。

理性目标：

探索怎样的团队合作方式能够帮助到教师。

体验目标：

体验团队合作带来的益处。

讨论设计

开场白：

高效的学校总离不开高效团队的发展。所以今天我们讨论的话题就是："什么是高效团队？"

客观性问题：

你在学校中看到过高效的团队合作吗？举一些例子。你是否有看过其他高效的团队合作呢？在社会上？历史上？体育运动中？或者其他例子？

反应性问题：

团队合作让人沮丧的方面是什么？你最喜欢团队合作的方面是什么？你什么时候曾经希望在我们的教职员工中能有更多的团队合作？

诠释性问题：

高效团队合作会给我们带来哪些益处？团队如何帮助我们做得更好？一个好的团队有什么特点？需要做到什么，才可以成为一个高效的团队？必不可少的是什么？你怎样决定需要哪些人成为团队成员？你怎样决定团队成员各自的角色和责任？在我们这个项目上，团队合作能产生什么样的影响？

决定性问题：

在团队中，你首先要处理的是什么问题？

结束语：

下一次的讨论我们会将重点放在我们应该如何组建一个团队，以及我们需要遵循什么规则上。

识别：对纪律的挑战

适用对象：

教师和学校员工

情境：

一位学校顾问用这次在职培训来帮助学校教师识别挑战纪律的行为。讨论后将开展一个工作坊，让大家学会如何处理这些对纪律的挑战。

理性目标：

理解在学校里隐含的对纪律的潜在挑战。

体验目标：

体验处理问题的过程。

提示：

基于讨论步骤的工作坊过程和方法可参见附录。

其他应用：

类似的讨论也能够用于识别其他问题中存在的潜在障碍。

讨论设计

开场白：

几分钟之后，我们将开展一个工作坊，帮助大家制定处理纪律问题的现实策略。为了让工作坊更好地进行，我们需要先看清挑战背后的问题。让我们先从一些简单的问题开始讨论吧！

客观性问题：

请举一个你最近遇到的和纪律问题有关的例子。

反应性问题：

你是否还想起什么在教学经历中遇到的类似事情？这些挑战中最困难的部分是什么？

诠释性问题：

是什么让这样的行为一直存在？在我们学校纪律问题的背后隐藏着什么因素？为什么这些潜在的因素一直存在？在过去我们采取过什么措施解决制度问题吗？有什么你采取的措施并未起到预期的作用？你觉得这些措施为什么会有用或为什么会不起作用呢？有什么潜在的障碍让这些问题一直存在？

决定性问题：

你会怎么总结刚才的讨论？

结束语：

接下来，我们会做一个制定现实策略的工作坊来解决这些问题。

回应学校领导层的人事变动

适用对象：

教职工

情境：

学校董事会宣布明年将会重新任命学校的校长和副校长。学校咨询委员会召开了一个紧急会议来讨论这件事情。

理性目标：

做出如何应对这次人事变动的决定。

体验目标：

体验到咨询委员会有权影响学校该如何改变。

讨论设计

开场白：

明年我们学校将面临一次重要的人事变动，我们的校长和副校长都将面临更换。我们需要全面了解这个情况，并向学校董事会表明我们的担忧。

客观性问题：

想想上一次我们的校长或副校长离开学校是什么时候？当他们其中一位离开的时候发生了什么？

反应性问题：

之前在学校管理层变动的类似事情上，做得比较好的是什么？校长和副校长同时离开，你听到这个消息后的第一反应是什么？有什么让你感到生气的吗？这又给我们打开了一扇怎样的门呢？

诠释性问题：

你认为这次的人事变动将会怎样影响我们学校？可能有一些什么样的积极影响？可能有一些什么样的消极影响？这次的人事变动决议，我们希望看到什么样的价值观得到认可？

决定性问题：

我们应该如何应对？我们怎样才能让我们的意见被获悉？我们应该怎样表达我们的意见？

结束语：

向学校董事会表态的计划能够让我们的声音被听到。学校的氛围会影响孩子们的学习，我们期望我们的担忧能够被学校董事会听到，并且，我们已经迈出了关键的一步，谢谢大家分享自己的担忧和思考！

讨论恐惧同性恋的问题

适用对象：

教职工

情境：

一位顾问正在为老师们做关于正确处理校园恐惧同性恋（恐同）现象的培训。一位同性恋学生乔治刚刚分享了他的个人经历。

理性目标：

理解恐同现象会给学生带来的影响。

体验目标：

了解学校中对同性恋群体的同情，并愿意去改变一些负面恐同行为。

提示：

人们常常在讨论时带入已经形成的想法。把焦点放在分享者的故事上，之后再回答诠释层面的问题，这能让更多的参与者从新的视角看问题。引导者需要确保参与者积极参与到所提供问题的讨论之中。可以把所有讨论的问题写在大家都能看到的地方。

其他应用：

这个设计也可以用来讨论其他边缘群体的经验分享。

讨论设计

开场白：

让我们先花一点时间，了解乔治的经历和反映出来的含义。

客观性问题：

在今天乔治的分享中，你记得的一件事情是什么？他讲述了哪些事情？他提到了哪些人？你注意到他的哪些语句？他有什么样的感受？他还有提到其他方面的内容吗？——例如：和同性恋有关的策略、建议、相关文件等等。

反应性问题：

当我们介绍今天的分享者时，什么最先跳入你脑海中？他的分享给你怎样的印象？你最关心的是什么？你怎么与他的感受联结？在乔治的经历中，有哪些细节让你联想到自己？你能否描述一个类似的经历？

诠释性问题：

对于乔治而言，发生在他身上最重要的事情是什么？为什么这件事情会发生？一路走来，他遇到哪些阻碍？哪些支持？同性恋的学生在学校里会遭遇什么？在教育系统里呢？作为老师和学校应该怎么做？你从这次讨论中收获了什么？

决定性问题：

要让我们的学校尊重每个人，我们应该做出什么改变？在教室、走廊、操场、办公室和社区，我们能做些什么？你想做什么？我们下一步要做什么？

结束语：

当我们像这样一同工作时，就会让这个世界更多样、更美好。

处理休息时间内发生的不当行为

适用对象：

教职工

情境：

在一次员工会议上，老师们正在讨论休息时间学生的不当行为。

理性目标：

找到有效的方法来避免和处理不当行为。

体验目标：

体验从事后反应向事先预防的转变。

讨论设计

客观性问题：

在休息时间你看到学生有哪些行为？你曾采取哪些方法去纠正他们的行为？你干预的频率是怎样的？

反应性问题：

什么样的方式你觉得是有效的？什么样的方式让你觉得结果是不满意的？"完美的"休息时间是什么样的？

诠释性问题：

从大家分享的这些故事中，你有注意到一些行为模式吗？在处理学生不当行为时，哪些是关键因素？

决定性问题：

怎样整体看待这些关键因素？作为教职员工，我们需要做什么改变？我们怎样促成这些改变？

结束语：

大家的想法都很好，正是有了这样的讨论，我们解决了这么多困难的问题。我们可以从彼此身上学到很多。

在回家的路上反思艰难的一天

适用对象：

教职工

情境：

一位老师度过了艰难的一天。下班后他开车回家，想好好排解一下今天的情绪，不想毁了晚上的美好时光。他决定和自己对话，回想今天发生了些什么。

理性目标：

回想当天发生的事情。

体验目标：

重新确认现实生活中发生的这些事情。

提示：

一个人的自我对话是最难按计划进行的，重点在于对话的目的，而不是内容。

其他应用：

可以尝试用右边的结构来写日记。也可以用录音机录下来。这种方式不仅适用于学生回顾一天所学的知识，还能够回顾从某些重要事件中所获得的经验。

讨论设计

开场白：

我现在要回顾一下今天发生的事情。

客观性问题：

今天发生了些什么？我做了什么？孩子们做了什么？还发生了其他事情吗？

反应性问题：

今天发生的事情中有让我感到不开心或者生气的吗？有没有什么事情是让我觉得为之振奋或印象深刻的？或是比较有意思的？

诠释性问题：

从今天的教学经历中我学到了什么？从今天出问题的那些事情中我学到了什么？从大的方面来看，今天发生的这些事情有什么重要意义？从长远来看，今天发生的这些事情会怎样影响我未来要做的事情？

决定性问题：

可以用怎样的隐喻或者有诗意的词语给今天的讨论起个标题呢？

结束语：

现在，我可以把这些事情都放下，不用带着它们回家了……

关于一次令人受挫的学校出行经历的谈话

适用对象：

教职工

情境：

一群老师带领包括一些残障儿童在内的学生去观看一场木偶剧。他们遇到了许多困难，沮丧地回到学校。领队老师决定组织一场讨论来总结经验。

理性目标：

从这次出行受挫中有所学习。

体验目标：

分享经验并缓解大家的沮丧情绪。

讨论设计

开场白：

我们希望通过理清这次剧院之行出现的问题，防止其在今后的活动中出现。

客观性问题：

描述木偶剧的场地布置。我们遇到了哪些障碍？当时孩子们有什么反应？

反应性问题：

在出行中大家都有哪些不同的情绪？你身体的哪部分最能感觉出你的沮丧？请形容一下其感觉。

诠释性问题：

我们能从此次出行中学到些什么？

决定性问题：

下次出行时，我们会做出哪些调整？我们可以为其他老师提出怎样的建议？

结束语：

分享针对此次出行情况的观点并从中有所学习是对我们很有帮助的！

探讨可以替代惩罚性措施的方法

适用对象：

教职工

情境：

一些老师认为：学校对惩罚的强调并没有减少违纪行为。他们决定探索其他的措施。

理性目标：

提出一些关于转变行为方式的新想法。

体验目标：

唤起对于处理纪律问题的希望，注入新的能量。

提示：

为了延续希望并保持这次会议达成的预期目标，应在一个月后举办一次后续会议，以及时回顾所做的改变，并从经验中学习。

讨论设计

开场白：

我们想讨论一下可以运用哪些有创意的方法来处理纪律问题。

客观性问题：

在学校纪律管理中，你都看到了哪些负面行为？

反应性问题：

这些行为对他人有何影响？

诠释性问题：

我们如何让不遵守纪律的学生认识到他们行为的问题？我们如何才能发现每个学生擅长什么，并加以引导？有什么方法能使班级齐心协力褒奖好的行为并促使不好的行为发生转变？

决定性问题：

我们可以采取哪些措施来促成积极的行为改变？

结束语：

我们只是刚刚开始思考可以用什么方法来促使学生的消极行为向积极的方向转化，接下来要做的事情还很多。

提高教师维持纪律的能力

适用对象：

教职工

情境：

学校校长和一些新老师对提交到办公室的大量纪律问题感到担忧，于是共同召开了一次教职工会议来讨论这一问题。

理性目标：

讨论教师如何更有效率地管理学生，同时无须过多依赖他人帮助。

体验目标：

提高教师在维持学生纪律方面的信心。

讨论设计

开场白：

当我们要在课堂之外对学生进行纪律管理，或涉及其他成人时，都会比较困难。我们希望可以在这里分享更多纪律管理的方法，从而也能帮助我们的同事。

客观性问题：

最近都发生了哪些不良行为？哪些孩子经常出现在办公室？谁会涉事其中？在事件发生之前，班里有哪些共识的行为标准？事件发生时你都采取了哪些措施？

反应性问题：

当纪律问题爆发时，参与者有什么感受？班内其他学生有什么感受？你最大的担忧是什么？

诠释性问题：

这些事件如何影响着班级？问题根源是什么？在什么层面上？为什么？有什么切实有效的班级管理手段的例子？你认为最重要的规则是什么？

决定性问题：

我们可以怎样发动学生，让他们参与到纪律问题的解决中来？你会在你的班级里做出什么改变？你想看到学校范围内怎样的改变？你需要什么样的支持？我们应如何让所有相关方都参与进来？

结束语：

我们已经谈论过存在什么问题、问题如何产生，有哪些因素激化了问题。我们也探讨了对这些问题的反应。最重要的是，我们已经做出了一些决定，在未来尽力避免问题的发生、发展。这样的共同努力将会帮助我们更有效地解决此类问题。

讨论：处理某名学生不当行为的策略

适用对象：

教职工

情境：

一所学校的几位老师注意到，有一名学生的不当行为已经开始对整个学校产生不良影响。需要以更体贴的方式来帮助这名学生。

理性目标：

讨论某名特定学生不当行为的状况，注意到以任何形式呈现的良好行为，形成团队对此问题的回应。

体验目标：

体验对学生的关怀、理解与同理心。

讨论设计

开场白：

我们注意到，学生和老师都很关注强尼的行为。

客观性问题：

在教室、大厅或操场上，你见过他有什么具体的不当行为？什么时候你发现他表现很好？

反应性问题：

这名学生是怎样与他人对抗的？什么最让他的同学和家长沮丧？关于他的行为你最担心的是什么方面？

诠释性问题：

什么样的行为对这名学生和其他学生的负面影响最大？这种不良行为如何影响了教学？他的行为如何影响了与学生、家长、老师之间的关系？他的行为可能有什么原因？你发现他有什么易受外界影响的脆弱之处？当他再出现问题时我们应该抱着怎样的价值观来应对？

决定性问题：

我们能做些什么来限制他的破坏性行为并鼓励他的积极行为？我们什么时候需要回来评估一下计划的实施情况？你怎样能让其他人从这样的经验中获得学习？

结束语：

我们对这一问题的解决方式会影响到所有人。孩子周围的社区向他（她）传达的信息会影响这个孩子的行为。当我们团结努力时，我们的影响就能得到强化。

处理家长对一名教师的投诉

适用对象：

教职工

情境：

几位学生家长找校长来投诉一位七年级的老师。校长考虑在保护学生和老师的前提下，尽可能公平谨慎地处理这件事。首先，校长单独约见了所有相关人员，并将对话记录下来。每个会面都是保密的，以保证安全的交流空间。

理性目标：

了解情况，收集关于下一步行动的建议。

体验目标：

释放情绪，培养寻求积极解决方案的能力。

讨论设计

开场白：

正如我发给你的访谈邀请中所说的，最近我们收到一些对这位老师的投诉。在采取进一步行动之前，我们需要了解事实是怎样的。虽然做出最终决定是我的责任，但我想尽可能清楚全面地知道迄今为止发生了什么。我也会访谈其他人。所有信息将会被严格保密。下面是我想问的几个问题。

客观性问题：

请告诉我，这位老师究竟出了什么状况？尝试站在一个外部记者的立场来讲述，好像你拿着一部摄像机在记录。越具体越好。请举一两个关于这位老师行为的具体例子。有哪些直接导致了他的这种行为？

反应性问题：

整个事件的哪些部分最让你不快？什么最令你担忧？什么让你觉得害怕？

诠释性问题：

你认为事情背后隐藏着什么？为什么这类事件会发生？你觉得这对学生、老师、其他人有什么影响？这与学校政策的哪些部分有关？

决定性问题：

对于如何解决此类问题，你有什么想法？我们应该做什么？你还有什么建议？

结束语：

感谢你的意见。正如开始所说，我想尽量全面地收集有关这一情况的信息。一旦收集到需要的关键信息，我就会做出决定。

应对一通愤怒的电话

适用对象：

教师和学校员工

情境：

学校的秘书刚刚接起一通电话，一位家长简单介绍了自己后立即极不友好地争吵起来。这位秘书必须尽快了解情况后决定找谁来解决问题。

理性目标：

找到真正的问题。

体验目标：

让这位家长冷静下来，感受到自己的意见得到了认真对待。

提示：

秘书应该记录要点，从而给下面接手的人说明情况。一个愤怒的人很可能不会按顺序回答问题，所以也可以将记录要点整理后打印出来。

（格式模板见附录）

其他应用：

不仅是秘书会接到愤怒电话，家长、管理层或教师都可能接到这样的电话，或者要接待不快的访客。任何人都可以使用这样的问题顺序来引导谈话。

讨论设计

开场白：

琼斯女士，请稍等。我不太明白您的话。我需要更清楚地理解您的意思才可能帮到你。

客观性问题：

可以请您从头开始，告诉我发生了什么吗？之后发生了什么？你尝试做了什么？

反应性问题：

您听起来很失望。您什么时候发现有这样的问题？对你来说，最糟的部分是哪些？

诠释性问题：

您认为造成这种问题的原因是什么？可能有哪些影响？什么能对解决这些问题有所帮助？

决定性问题：

您有什么建议？您想跟谁反映问题？

结束语：

请您稍候，我去看看您想找的这位相关老师是否现在就能来帮助您。

讨论孩子的纪律问题

适用对象：

家长和社区居民

情境：

莫莉最近在学校表现得很具攻击性，常在课堂和操场上捣乱。老师们都很关注这件事，并约了家长会面。

理性目标：

理解莫莉的行为，并制定一套改善方案。

体验目标：

增进教师和家长之间的尊重和信任。

提示：

当引导者对自己提出的问题也有些想法或答案时，参与者就会不可避免地觉得引导者在操控谈话。引导者在讨论中提出个人观点要非常谨慎，要清楚地说明自己正在讨论引导者和参与者之间转换角色。

讨论设计

开场白：

因为十分关心莫莉的近况，所以约您过来。其实一直以来，莫莉的表现是很不错的，但是这些日子以来，她表现得十分叛逆，常常突然从凳子上跳起来，甚至欺负其他同学。是不是最近发生了什么？有没有什么办法能够帮助莫莉呢？

客观性问题：

最近您是否注意到莫莉有何异常行为呢？您观察到莫莉有什么与以往不同的行为吗？在您的家庭中，是否有什么变化可能会影响到莫莉的行为？除了以上提到的情况，您是否还注意到莫莉生活中的其他改变？

反应性问题：

就莫莉现在的情况，您最担心的部分是哪些？您相对没有那么担心的部分是哪些？

诠释性问题：

您觉得是什么原因导致了莫莉的改变呢？

决定性问题：

我们双方分别能做些什么？您（家长）需要承担什么？我们（学校）需要承担的是什么？我们怎样才能确保成功？

结束语：

当我们通力合作时，就会促成改变。我很高兴我们能马上开始行动。我们都希望莫莉成功。

对回应教育开支缩减的讨论

适用对象：

家长和社区居民

情境：

由于学校教育经费将被缩减，孩子们将会受到影响。家长们召开了一次紧急会议来讨论应该怎么处理这个问题。

理性目标：

找到经过深思熟虑后的回应策略。

体验目标：

让家长们从无助和愤怒之中重拾希望并付诸行动。

提示：

当一个群体情绪较为激动的时候，就很难让他们结束反应性层面的谈话，继续推动讨论进程。这一讨论需要一个坚定的引导者，讨论要建立在参与者的反应上，推动他们从激动的情绪转向承担责任的行动。

讨论设计

开场白：

这次讨论的目的是针对这次学校教育经费缩减的问题提出解决方案。让我们先看看具体的文件，然后再进行讨论。

客观性问题：

最吸引你注意力的是哪个部分？关于学校教育经费缩减的问题，你还知道其他相关信息吗？

反应性问题：

最紧急的部分是什么？哪些部分你觉得还可以接受？

诠释性问题：

学校教育经费缩减会带来什么积极和消极影响？这些积极影响和消极影响会引起什么结果？如果学校教育经费不缩减，会有什么积极影响和消极影响呢？我们最担心的是什么？

决定性问题：

教育经费的缩减将带来哪些改变？如果经费不缩减的话会有什么消极影响？我们可以做什么来回应这些担心？谁来做这些工作？

结束语：

有句话是这样说的："一个考虑周全、全力投入的小团体是不可小觑的，他们也许能改变世界。"通过我们的努力，我们一定能够做出改变！

设计董事会开会时的启发性学习环节

适用对象：
家长和社区居民

情境：
一个学生中心在每次召开董事会会议之前，都会由各个成员轮流引导一次启发性学习。以下是其中一个学习环节的设计。

理性目标：
思考不同的角色和观点。

体验目标：
转向关注眼前的会议；为参会者补充能量。

提示：
事先选择好适合这次小组讨论的小故事或者格言。推进讨论进程，如果大家没有回应也不要紧。有时每个问题只需要一两个答案就足够调整参与者的状态了。

其他应用：
这是一个对精力不集中或疲惫的群体很实用的工具，也是一个集中与会人员注意力的好办法。一个令人振奋的故事能够让与会人员的注意力从他们自己每天的工作转移到对学校的关注上来。各种各样的话题都可以作为素材来讨论，如冥想、日记、有关的新闻文章、最喜欢的格言等等。

讨论设计

开场白：
会议召集人为大家朗读《心灵鸡汤》上的一则小品文：《角色——我们如何去扮演?》，内容如下：每当我遇到生活中的低谷时，我总会停下来，想想小杰敏。他妈妈告诉我说，杰敏正在为学校一个话剧中的角色全身心地投入准备，但他仍很担心自己可能会选不上。当最终结果公布那天，他妈妈去学校接他。杰敏一下子冲向了他妈妈，眼睛里闪烁着骄傲和自豪。"妈妈，你猜怎么着?"他大声说道，"我被选中成为剧中鼓掌的角色了!"这句话至今牢牢刻在我的心中。

客观性问题：
故事中有哪些人物?

反应性问题：
你觉得自己像故事中的谁?

诠释性问题：
你是否有过这样的经历：发现自己在扮演一个并未期待过的角色，却意识到这个角色十分重要?

决定性问题：
作为老师，我们应该如何鼓励我们的学生正确看待生活赋予我们的每个角色呢?

结束语：
让我们记住这些反思，然后开始接下来的正式会议吧!

理解学校的状况

适用对象：
家长和社区居民

情境：
在过去的几个月里，一所公立性质的幼儿园面临着财务、法律和管理等诸多问题，他们希望通过召开这次会议来反思当前的情况，并为明年的发展规划提出建议。

理性目标：
对明年幼儿园的发展方向、所需资源和谁来投入管理学校的工作达成清晰共识。

体验目标：
让大家团结起来一起前进。

其他应用：
提问客观性层面的问题时，如果参与者提出要"澄清一些问题"，报告人或团队其他成员可以用事实来回答，也可以直接说"我没有答案"。讨论引导者需要令问题和回答两方面都保持在客观性层面。

讨论设计

开场白：
我们先花5分钟的时间来了解一下今天我们要讨论的问题和你正在承担的工作：财务、注册、后勤或人事等。请务必尽量详尽地说明你的工作现状，让所有的参与者能够全面地了解学校的状况。

客观性问题：
你从刚才的讨论、报告中了解到什么？有什么需要报告人特别说明的部分？

反应性问题：
这些报告中有哪些部分让你感到振奋？哪些部分让你想哭甚至想逃避？有什么让你不明白或困惑的地方吗？有什么地方让你觉得松了口气？

诠释性问题：
作为公立学校，我们有什么优势？你怎么看待这些问题——不被满足的需要，未能完成的任务，无法处理的情况，或者未知的机遇？我们现在面临的最大的挑战是什么？在听过这些报告后，针对我们的情况你有什么想法吗？如果要在学校的发展过程中寻找一个转折点，那个转折点是什么？转折之前和转折之后我们分别面临什么？现在我们对学校状况已经有基本了解，你认为我们未来发展的方向是怎样的？我们需要探索什么样的机会？

决定性问题：
我们应该采取什么样的行动以完成计划？你会愿意以怎样的方式来帮助学校？如果这样的话，你会为学校贡献什么？

结束语：
经过这次讨论，我相信大家已经比较全面地了解了学校的状况以及我们需要什么，让我们携手共进吧，谢谢！

针对不当行为的处理措施给出建议

适用对象:

家长和社区居民

情境:

学校委员会的家长成员们很关注学生行为,希望对学校的政策提出建议。在学校委员会会议上进行了有关这一主题的讨论。

理性目标:

列出总结行为并提出解决措施。

体验目标:

体验困难的处境并积极促进学校改进。

提示:

这是一场针对直接措施的讨论,并没有涉及深层问题及系统层面的措施。所以,虽然是一个有效的讨论,但本次讨论只是解决措施的一部分。可以发起另外一场关于系统层面措施的讨论。

讨论设计

开场白:

我们这次的讨论主题是学生的不当行为,以及我们应该对这些行为采取什么措施。

客观性问题:

近期你在学校看到或听说过学生的哪些不当行为?请再细致地描述一下当时的情形。

反应性问题:

听完这些故事后你脑海中浮现了怎样的词汇、短语或联想到哪些其他事件?如果一个孩子来找你,跟你说他在学校与另一个孩子之间发生的矛盾,你会有什么样的反应?其他人的话对你有什么警示?

诠释性问题:

你认为为什么会发生这些问题?什么是我们要优先处理的事?这些不当行为会引起哪些可能的后果?在处理这些不当行为时,我们希望可以抱以怎样的价值观?

决定性问题:

我们应怎样处理这些不当行为?哪些是我们优先要做的?你怎样使学校委员会获知这些决定?

结束语:

我们会向学校管理层提交一份不当行为列表及建议的解决方案。希望在校方获许的情况下,建议会被尽快执行。

解决一个安全问题

适用对象：

家长和社区居民

情境：

一所小学周围的交通存在很多安全隐患。家长委员会在讨论这个问题。

理性目标：

为解决学校周围安全问题出谋划策。

体验目标：

让家长获知他们的孩子在校期间将会更加安全。尝试体验共同解决问题的过程。

讨论设计

开场白：

大家都很关注学校周围的交通安全问题。这次会议将对这一问题进行讨论，并在发生任何危险之前提出改进措施。

客观性问题：

在学生上下学期间你发现了什么问题？在先前提出的问题中哪些你已经有所耳闻？

反应性问题：

哪些问题最为困扰你？

诠释性问题：

在这些问题背后，还有哪些问题需要讨论？

决定性问题：

为了改善这种状况，我们可以采取什么措施？会花费多少时间和金钱？我们如何找到需要的费用？在解决问题时，我们如何提高学生的参与度？我们怎样确保以上方案的实现？

结束语：

家长应该有机会说出自己在交通问题上的担忧。我们将通力合作，为孩子们创造更安全的环境。

第九章
增强教学评估的有效性

本章的讨论提供了多种进行学习评估的方法。讨论的设计基于这样的假设：评估的目的是判断学习质量如何，以及检视学习者的行为是否通过学习有所改变。尽管这些讨论也可以用来评估学习的量化结果并据此进行下一步计划，但它们本身的目的并不是要给学习者消化了多少学习内容来打分。

这些讨论的参与者可能是学生、教师、学校管理人员、家长，或包括上述成员在内的混合团体。请注意：本章中的一些讨论是专门设计由学生或家长引导的，另外一些则是由教师或学校管理人员引导。

和学龄前儿童一起评估某个项目

适用对象：
学生

情境：
一个多元文化社区的幼儿园创办人希望从学生那里获得对幼儿园项目的一些评估意见。

理性目标：
收集学生对项目影响的反馈。

体验目标：
感受分享的愉悦。

提示：
虽然大部分的讨论通过口头交流实现，但其实很多其他方法可以交流观念和答案。这场讨论除了语言外还可运用肢体语言和视觉空间智能来回答问题，使口语表达能力有限的孩子们能有机会通过更多的方式交流。

对于那些理解问题有困难或者语言表达能力有限的孩子来说，提供一些范围较宽的回答选择可以帮助他们选择自己的答案。当然，要确保你不是在暗示孩子们给你自己想要听到的答案！

其他应用：
虽然这场讨论的主题很具体，但其中获取学生反馈的方法也可以运用于另外的语言能力有限的群体，例如特殊教育班上的学生或者英语非母语的学生。

讨论设计

客观性问题：
你今天做了什么？请给我看看你今天在幼儿园做的一些事情——可以指一下某个玩具或者把你今天做的一项活动表演给我看看。

反应性问题：
你在幼儿园想做什么？给我看看你最喜欢玩的东西。在幼儿园里，你在什么时候会感到难过、生气或者不开心？能模仿给我看看吗？

诠释性问题：
你在这里学会了做什么？指一指你学会的一些事情。

决定性问题：
请把幼儿园最棒的部分画出来。你能给我讲讲你的画吗？我可以把你所说的记下来吗？

结束语：
谢谢你跟我分享！

回顾一次拼写比赛

适用对象：

学生

情境：

一个六年级的班级参加了一个当地学区的拼写比赛，但没有学生晋级下一轮，大家的情绪都很低落。

理性目标：

意识到竞争并非总是像看上去那样公平，但即便在失败的时候也可以学到一些东西。

体验目标：

感受快乐和痛苦，并觉察他人的感受。

讨论设计

开场白：

让我们回顾一下这次参加比赛的经历。

客观性问题：

有哪些单词是我们在比赛中必须要拼写的？

反应性问题：

哪些单词很简单？哪些单词很难？当你拼对一个单词时，感受如何？当你拼错一个单词时，感受如何？当其他人拼对了某个你拼错了的单词时，你感受如何？你认为当你拼对了或拼错了一个单词时，对其他人会有怎样的感受？

诠释性问题：

你从这次经历中学会了哪些有关拼写的知识？你从拼对单词的经历中学到了什么？你从自己不确定单词正确拼法但却拼对了的经历中学到了什么？你从参与一项公开竞赛这个过程中学到什么？关于处理压力你学到了些什么？对于输或者赢你学到了什么？你认为我们为什么要参与此次比赛？你从这次经历中获得了什么？

决定性问题：

你将如何把此次学到的对输赢的感悟用于其他情境？你将如何为明年的拼写比赛做准备？

结束语：

现在来看，赢得比赛固然很棒，但是从这个过程中学到的东西可以影响我们之后的一生。你们都做得很好。

训练一支运动队

适用对象：

学生

情境：

一位女子棒球队教练在每场比赛后都会很快将整支队伍集合起来，对比赛进行反思。

理性目标：

以一个团队的方式来总结比赛。

体验目标：

鼓励运动员们努力达到更高水平。给运动员以自信，并令他们获得在队伍中的自我认同感和价值感。

提示：

要仔细地改编问题，令其适用于讨论相应情境中的运动和比赛结果。诠释性层面和决定性层面可能会需要更深入的问题。要关注动机的积极方面。

其他应用：

类似的讨论可以用于一场比赛前或者一次练习后。

讨论设计

客观性问题：

比分结果如何？我们跑了多少轮？在比赛中发生了什么？在比赛中，你听到或看到的一件事是什么？

反应性问题：

你什么时候觉得特别兴奋？你什么时候感到沮丧或者难过？

诠释性问题：

我们哪里做得很好？为什么？什么是我们本可以做得更好的？请举出一个例子。

决定性问题：

下次我们应当在哪些地方做些调整？你个人下次会做些什么不同的事？如果你可以重新比赛一次并使之成为一场杰出的比赛，你会做些什么？

结束语：

好的！我真的很享受和你们一起训练。让我们下次训练时再见吧！

收集学生对课外强化项目的反馈

适用对象：

学生

情境：

八年级的学生去年参加了一项课外强化项目的学习。学区工作人员希望可以收集他们对此的反馈，以决定是否继续实施该项目。

理性目标：

使学生们可以回顾以往参加强化项目的经历，并为未来的项目计划收集反馈。

体验目标：

为自己的成就感到骄傲，并意识到自己的体验可以被运用于未来的学习中。

讨论设计

开场白：

我们希望可以帮助你们回顾一下自己在课外强化项目中的感受并收集你们的反馈，并由此来决定是否要继续实施该项目。

客观性问题：

这个项目的哪部分让你印象最深？在此项目中，你都做了些什么？你在课外做了些什么？

反应性问题：

对你来说，这个项目的亮点是什么？什么让你感到惊奇？哪些学习任务很容易完成？哪些学习任务比你想象的还难完成？什么是让你最骄傲的？什么是你希望可以做得更好的？

诠释性问题：

你发现了什么问题？你在此项目中学会了哪些未来对你能有帮助的技巧？你还想有哪些该项目尚未提供的学习体验？如果其他学生下一年要申请这个项目，你会告诉他们什么？如果你参加了另一个强化项目，你会为自己设定怎样的目标？

决定性问题：

在此项目中，你学会了哪些有助于你平时课堂学习的技巧或知识？如果我们告诉你，这个项目将不会再继续了，你会做何回应？你能为继续实施这个项目找到怎样的理由？你认为谁应该参与到这个项目中？你会建议做出怎样的改变？你对我们明年开展这个项目的工作有何看法？

结束语：

我很开心你们可以成为此项目的一员。感谢你们分享的深刻见解。我们会及时告知你们进展情况。

分享关于运用学生档案袋进行的学生评估

适用对象:

教职工

情境:

一所学校正在开展在职培训,帮助参与者学习运用学生档案袋来加强学生自我评估和目标设定的能力。

理性目标:

增进对于学生档案袋目的的理解。形成帮助学生进行自我评估的各种策略。

体验目标:

增强运用学生档案袋进行学生评估的投入度,减少使用中产生的挫败感。

讨论设计

开场白:

让我们花一些时间来分享我们是如何运用学生档案袋以及其他一些评估技术的。

客观性问题:

当前你们有哪些学科建立了学生档案袋?在档案袋里有什么?可以分享一些帮助孩子们针对某些具体学习作品实现自我评估的方法吗?——这类学习作品可以是一道数学题的解决过程、一首诗歌和一件艺术作品等等。你事实上是如何运用这些方法的?

反应性问题:

在运用学生档案袋时,你觉得最困难的是什么?什么时候你会对这一评估方法产生恍然大悟的感受?

诠释性问题:

为什么我们要使用学生档案袋?学生档案袋的价值在哪里?当评估学生的作品时,学生需要关注什么?在课堂中,有哪些运用学生档案袋的最好的做法?哪些资源可以支持我们在评估中使用学生档案袋?

决定性问题:

我们可以如何帮助家长和学生认识到学生档案袋的价值?

结束语:

谢谢你们,我认为我们都学到了很多可以运用的知识。

评估一个图书馆项目

适用对象：

教职工

情境：

一项实验性的图书交换活动已经开展了几个月。媒体中心的图书管理员对图书进行盘点时，发现了各种混乱的情况。大量书籍到期未还或已丢失，这使得活动参与者的交换意愿大大降低。图书管理员要求在教职工会议上对此进行一场讨论。

理性目标：

减少媒体中心图书过期未还和丢失的状况。

体验目标：

为图书交换活动建立起共同的责任感。

提示：

最后的决定性问题会需要参与者进行一些讨论，即要对能够并将会实施的行动做出选择。参与者可能会就到底哪些行动会起作用做一些协商。

讨论设计

开场白：

在我们进行的定期班级交换图书活动以及不定期的小组交换和个人交换活动中，已经出现了很严重的图书损失，所以我们需要重新评估这个项目。

客观性问题：

你对学生如何参与这个项目能否举几个例子？你观察到学生们的哪些行为？

反应性问题：

你从学生那里获得了哪些反馈？请举一个该项目运转良好的例子？有哪些例子可以告诉我们，图书交换活动在什么地方出了问题，导致它目前如此混乱？你认为在图书交换活动中，图书馆存在哪些困难？

诠释性问题：

你认为出现那么多到期不还和图书丢失的情况的原因是什么？哪些规则没有发挥作用？你认为问题出在哪里？

决定性问题：

我们可以做些什么来改善图书馆图书交换活动？下一个关键步骤是什么？对图书馆工作人员来说呢？对老师们来说呢？

结束语：

谢谢你们！我认为这有助于保证图书循环，并且令每个人受益。我们会在下次教职工会议上再来看看这个问题解决得怎样了。

分享评估策略

适用对象：

教职工

情境：

学校举办了一次简短的在职培训，以拓展教职工在评估方面的知识和技能。因为每一位老师自身都有大量不同的经验，故学校认为不需要请外部的专家来做这次培训。但同时要求参与培训的老师每人要分享一个成功的评估策略案例。

理性目标：

探索不同的评估策略，学到一些新的评估策略。

体验目标：

增强对彼此经验的尊重。

讨论设计

客观性问题：

你在课堂上曾使用过哪些评估策略——你是否可以对其中的一种简洁地做个介绍，或者画一幅图来描述一下？关于这个策略如何起作用，大家还有什么问题吗？还有谁愿意介绍和分享……

反应性问题：

你觉得评估的哪些方面最困难或最让你觉得挫败？哪些方面是最有帮助的、最有用的或最成功的？当这些评估策略起作用或开始发挥积极作用时，你都看到了什么？

诠释性问题：

在我们分享的这些策略中，你注意到了哪些相似点？哪些不同点？哪些方面令评估策略起作用？今天下午你觉得自己学到了哪些今后可以运用在课堂中的东西？

决定性问题：

你将如何运用学到的东西？我们可以怎样互相支持，让我们能在课堂上更有效地运用评估策略？

结束语：

今天下午我们学到了很多真正重要的东西。感谢大家的智慧！

评估有关学校办学质量的数据资料

适用对象：
教职工

情境：
政府要求学校基于学生学业成绩的标准化测试结果来提出各自的行动改进计划。学校员工必须评估测试结果的显著性，选择可以改善学校办学质量的有效策略，并贯彻实施这些策略。

理性目标：
确认要优先采取哪些行动，来改善学校的办学质量。

体验目标：
促使参与者投入努力和希望，以改善学校的办学质量。

提示：
开始的数据阅读可以分小组进行，标出重点关注的事实。可以使用"拼图法"，每个小组关注不同的部分，然后再分享各自的观察。在客观性问题层面，每次可以具体围绕数据的一个部分来提问，然后再围绕下一部分提问。在诠释性和决定性问题层面，可以将答案写在白板或白板纸上，这样，这些信息也可以帮助团体探讨后面的问题。在这场讨论中，有些参与者会有一结束阅读就立即回答反应性问题和诠释性问题的冲动。但这会带来防御性而非经过深入思考的评估。

要密切地关注回答问题的流程状况。如果某人开始回答一个主持人还没提出的问题时，就要在第一时间请他们先把自己的回答放一放，等到问出相应的问题时再回答。如果你提前把要讨论的问题作为议程写在白板上，会让这个过程容易一些。这样做的时候很温和，但是要避免跳过一些阶段问题的倾向。如果讨论中出现超过三个有关学校发展的主题或领域，那么我们很可能在一次讨论中无法驾驭所有这些内容。

这次讨论只是第一步，之后可以就每一个优先行动项各做一个行动计划的讨论。

讨论设计

开场白：
下面给每人发一份有关学校办学质量的数据资料。这些数据包括了标准测试结果、家庭和学生问卷及董事会问卷调查结果、全省相关数据，以及其他一些有关学校的办学质量数据，如有代表性的学生档案袋。

客观性问题：
在这些分类数据资料中，什么内容吸引了你的注意？哪些事实很突出？你有哪些需要澄清的问题？哪些对你来说仍不清晰？

反应性问题：
在这些数据资料中，哪些数据令你吃惊？哪些最让你焦虑？跟你对学生成绩的直觉或是个人经验比起来，这些数据给你的感觉如何？

诠释性问题：
我们在哪些方面与预期相符？哪些方面与预期不符？可能的原因有哪些？从这些数据资料中，我们可以看到哪些隐藏着的主要问题？哪些对你来说是最重要的？为什么？哪些问题应该被最先处理？为什么？

决定性问题：
从强化我们的优势、应对我们的弱点的角度出发，哪些主要问题或哪些领域的技能应该得到学校和教师们重视和优先发展？在讨论中，你听到哪一点是当前最不具优先发展地位的？在接下来的几年中，哪三四个领域是我们必须优先聚焦的？谁会在哪个领域做相应的工作？

结束语：
这是一项艰巨的任务，并且将会为学生的学业表现带来巨大影响。下面几周的时间里，每组要完成自己的行动计划，然后我们再进行一次简短的会议，来分享计划的实施情况。

改进家长会

适用对象：	讨论设计

适用对象：

教职工

情境：

校长和老师们在一次员工会上评估家长会的召开情况。

理性目标：

总结老师们各自在家长会上与家长谈话过程中的各种所学与收获。

体验目标：

确认各自在家长会中的体验。

提示：

请确保在进行更深层次的讨论（客观性问题之后的讨论）之前，所有或绝大部分老师都给出了各自的客观信息。

讨论设计

开场白：

我们已经结束了这一学期的家长会。我们先花几分钟时间来回顾一下此次会议，然后讨论一下我们各自在与家长交谈的过程中都学到了什么。

客观性问题：

让我们所有的教师都依次回答前三个问题。有多少家长来开会？有多少学生来开会？你们班级来开会的家长占所有学生家长的比例是多少？你还记得哪些具体的来自家长的评论或问题？

反应性问题：

在你听到的信息中，什么最令你开心？什么最令你担忧？

诠释性问题：

在召开家长会方面，你从大家的讨论中听到了哪些共同的问题？你是否发现了一些真正值得我们关注并需要立即解决的问题？我们可以从今天的讨论中学到些什么？这些所学与收获对我们来说意味着什么？

决定性问题：

在下个学期，我们需要采取哪些相应的行动？

结束语：

感谢你们在讨论中展示出来的洞察力。下面让我们进行下一个会议议程。

对一个领导力项目的非正式反思

适用对象：

教职工

情境：

来自一个学区的一组教师参加了一个引导式领导力项目。他们聚在一起打算庆祝该项目对自己带来的积极改变，并准备为来年做计划。讨论开始时，他们每个人填写了自己的工作表。

理性目标：

评估引导式领导力项目，并总结参与者的收获。

体验目标：

体验对自己一整年努力工作的肯定，包括挫折和成就。

提示：

这个讨论也适用于大的团体的反思、整理和回顾。首先可以请每个人完成一张设计好的工作表，然后与同桌的五到六个人分享答案，之后每个小组可以选择一些关键答案在整个团体中分享。

讨论设计

开场白：

这个练习的目的在于给我们一个机会，让我们作为领导者反思过去一年的工作，并分享我们的反思。这里没有对或错的答案。让我们积极并充满欣赏地彼此倾听。我们希望每个人都可以通过倾听他人经验而有所学习。先花一些时间，自己回答工作表上的问题。我们将以小组为单位分享答案，但你自己可以决定是否分享你个人的答案。

客观性问题：

在今年的哪些项目或者活动中，你的同事或者你个人担任了促进学生学习的领导者角色？

反应性问题：

今年的哪些项目或活动最令你骄傲？哪些故事或哪段生动的回忆对你的工作最有帮助？

诠释性问题：

这一年中的哪些故事能赋予你的工作意义或对你有所启发——例如，学生的成功是如何发生的，如何达成目标或如何克服障碍？哪些工具、技巧或方法对你来说是有用的，或对今年的项目作用很关键？你做的哪些事情没有起到作用？你打算换一个角度或用相反的角度去做哪些事？在过去的一年里，你对领导力有哪些新的认识？下一年中，你会把哪些今年的所学运用于领导力的提升中？你将如何运用？

决定性问题：

你需要做些什么来总结或记录今年的成就？有哪些人或哪些事情应该被庆祝、认可或感谢？

结束语：

感谢你们的总结和分享！

评估一门新课程的实施状况

适用对象：

教职工

情境：

一门新的地方性数学课程从去年开始被推广。老师们正在就其实施情况提出反馈意见，以帮助他们自己改善学生的学习状况。

理性目标：

理解实施新课程带来的影响。在未来改进的具体方向上达成共识。

体验目标：

增强教师有效实施课程以满足学生需要的自信。

讨论设计

开场白：

我们需要花一些时间来评估新的数学课程。

客观性问题：

自从去年使用该课程以来，数学教学有哪些变化？现在你的做法有什么变化？你注意到学生的知识、技能和态度发生了什么变化？

反应性问题：

你最适应哪种变化？你最不适应哪些变化？哪些变化是学生们最易适应的？最难适应的呢？

诠释性问题：

学生们的学习是如何提高的？有没有一些领域是令你不太满意的？我们应当更加聚焦于怎样的期待、观念，以持续地促进学生学习呢？现在我们最需要注意哪些方面？为了保证课程的成功实施，我们还需要哪些资源？为了成功实施课程，改善学生的学习，我们还需要接受什么样的在职培训？

决定性问题：

我们可以采取哪些合理步骤来保证我们在正确的方向上前进？

结束语：

我认为这些行动将帮助学生持续改善自己的学习，谢谢你们的思考和关注！

对一段培训课程做快速的回顾和反思

适用对象：

教职工

情境：

在一段培训课程即将告一段落时，参与者们进行了一次快速讨论，来回顾和反思他们的体验。他们打算花费大概15分钟的时间来讨论。

理性目标：

回忆刚才的培训中提到的想法和观点，将它们与自己的生活建立起联系。

体验目标：

为实践培训所学做好准备。

讨论设计

开场白：

让我们迅速回顾一下刚刚结束的这部分课程。

客观性问题：

这一段培训课程具体提到了哪些观点、看法、工具或者技能？

反应性问题：

这一部分培训课程里，哪些内容让你感到激动或兴奋？哪些让你感到有些沮丧或是受挫？

诠释性问题：

这些想法和概念与你的专业经验有什么关系？它们对你有怎样的重要性？

决定性问题：

你将利用这些培训内容来做些什么？

结束语：

今天是很棒的一天，让我们明天再见！

对一天的工作进行小结

适用对象：

教职工

情境：

一个团队的老师们结束了一天的教学后聚在一起。他们想对学生的需求做些讨论。

理性目标：

回顾这一天中的重要活动并为明天制订计划。巩固共同所学，反思实践经验。

体验目标：

激发团队成员共同工作及提升自我教学能力的热情。

提示：

这样的讨论用分享经验（包括积极和消极的经验）的学习过程取代了抱怨和随意的评论。在后面的几天里，可以设计更简短的讨论，只问一些最相关的问题，或者用另一些问题来替代。确保对话简明扼要，以避免大家的倦怠情绪。

讨论设计

开场白：

请描述一下今天发生了什么——从校车把学生们送到学校直到最后一个学生离开。

客观性问题：

当你回顾今天的时候，哪一个场景、哪一段对话、哪一句短语或哪一种声音让你印象最深刻？当你回顾这一天时，哪一位学生让你印象最深刻？你今天扮演了什么角色？

反应性问题：

你在今天的什么时候情绪比较激动？你在何时看到学生特别积极地参与？何时又看到他们特别不愿意参与？这段经历中的哪些方面让你想到了以前跟学生相处的体验？什么时候你在课堂上最有成就感？

诠释性问题：

我们今天做的什么事很好地反映了有效学习的原则？如果你是这个班级的一名学生，你会告诉你的家人你学到了什么？对于我们班里的这些学生，以及我们的教学是如何影响他们的问题，我们获得了哪些新的、深入的认识？在我们的共同工作中，哪些部分最有效？我们需要在哪些方面有所提高？

决定性问题：

我们明天想要继续今天进行的哪些内容？明天有哪个或哪些学生需要特殊帮助？我们如何提供帮助？我们应当如何更有效地合作，来回应学生们的需求？我们每个人计划明天想要实现的一个成果是什么？

评估一个项目小组的工作

适用对象：

教职工

情境：

一所新学校的一些教师正在讨论将学校学生按照混合年龄原则编班分组的可能性。但在他们开展此项工作的同时，教育界的整体气候、风向已经改变，小组成员们的热情也已经有所衰减。

理性目标：

探讨大家目前面临的问题和机会，并讨论下一步该怎么做。

体验目标：

努力适应彼此冲突的发展规划及发展方向造成的矛盾。

讨论设计

开场白：

我们已经就混合年龄编班的想法工作一段时间了，但是似乎有些人开始担心这种做法的实际效果。有一些人担心在当前充满争议的教育气候中，实现这种变革还有多少可能性，但同时也有人认为，将我们的想法付诸实践是必要的。看起来，我们似乎需要先就团队前进的方向达成一种共识，这样我们才可以在同一目标下工作。

客观性问题：

对于我们过去几个月中开过的会议，你还记得其中的哪些内容？你记得我们做出的哪些决定？到目前为止我们具体完成了哪些工作？自从开始进行混合年龄编班的实验以来，你观察到我们做出了哪些改变？

反应性问题：

在这个团队的工作中，什么让你最沮丧或忧虑？关于我们的工作，哪一部分最让你兴奋？

诠释性问题：

关于我们为自己设定的任务或者我们选择的工作方式，我们还学到了什么？你会如何描述我们作为一个团队所面临的困境？哪些领域是我们看到可以发挥最大创造力的、带来最积极的影响的？

决定性问题：

在目前这一时间点上，哪一部分的工作是我们要最优先考虑的？目前我们应该做些什么？

结束语：

你们将如何总结今天的讨论？

在一位导师的帮助下反思一份个人成长计划

适用对象：

教职工

情境：

一所学校正在教师之间倡导导师制。每一位教师都要为自己的学习制订一份个人成长计划，并在一位导师的指导下进行反思。一位导师设计了右侧这些问题，来帮助一位老师评估其过去一年的工作，并为未来做出规划。

理性目标：

评估过去一年的工作，为未来一年做出规划。

体验目标：

肯定过去，获得继续努力的勇气。

提示：

身边能有一个导师向自己提问固然很有帮助，但这些问题同样也可以为个人反思练习时所使用。如果这位导师整年都在学校里工作，他（她）也可以就很多问题给出自身的回应。例如，这位导师可以在被指导教师回应之后，也分享自己的回应："对我来说，好像是……"

讨论设计

开场白：

让我们用一点时间来评估过去一年的工作，并为新的一年做好计划。

客观性问题：

根据你的成长计划，你觉得哪些是今年的关键事件？你都做了哪些具体的工作？你还记得哪些其他的事件——比如重要的对话、讨论或是做出的决定？

反应性问题：

你对自己的哪些进步最感到骄傲？你觉得哪些地方困难最大？有什么让你觉得意外的？

诠释性问题：

根据你的成长计划，你觉得今年你最大的进步是什么？你今年的经验和反思会怎样影响你明年的计划？你有哪些希望和梦想？在新的一年里你有哪些更具体的目标？当你为了实现目标时，可能在哪里会遇到困难？在你为了实现目标时，有谁可能帮到你？

决定性问题：

明年你会做哪些改变？你接下来会做什么？

结束语：

我会给你一点时间，来制订具体的行动计划。

评估一段不太成功的教学

适用对象：

教职工

情境：

一位大学教授度过了一个令他倍感沮丧的学期，他班上的几位学生很尖锐地批评了他的课程。他决定对此做一场自我反思。

理性目标：

对自己的行动有一个更清晰的规划。

体验目标：

为下学期的教学积攒动力。

提示：

在大部分的自我对话中，我们是很难长期集中注意力的，尤其是当面对一些较深刻的主题时更是如此。关键并不在于问题本身有多准确，而是要努力引导思维经过一个个层面的思考。

讨论设计

开场白：

好吧，让我来反思一下目前的状况，这样就可以为下学期我的教学改进做出一个更清晰的行动计划，并更有动力来落实这个计划（而不是逃避整件事情）。

客观性问题：

我还记得与××学生（选一名学生）曾经有过哪些互动？

反应性问题：

在这些互动中，什么时候对我而言是最困难的？

诠释性问题：

在这种情况下，我会觉得潜在的问题是什么？

决定性问题：

为了让我可以和这名学生之间有更好的教学互动，我自己能做些什么？我需要采取的第一项行动是什么？

为一位有特殊教育需要的学生制订计划

适用对象：

家长和社区居民

情境：

学校安排约翰参加了一项特殊教育计划。在每年年底，约翰的老师、其他教职工和家长会来一同回顾他的进步状况，并为其下一年的学习做出计划。团队负责人具体引导这场讨论。

理性目标：

帮助约翰明确两三个学业方面和社会化发展方面的需求，为其更好地聚焦于来年的学习做好准备。

体验目标：

培养老师和家长之间互相信赖的关系。

讨论设计

开场白：

我们在这里一起来评估约翰这一年的进步状况。大家可以从回顾他去年的成绩开始。

客观性问题：

约翰去年有哪些进步？

反应性问题：

在哪些课程中他的成绩比我们的期待要差一些？哪些课程中约翰表现很好？什么时候你感受到约翰充满了热情？什么时候约翰表现得最棒？你注意到约翰什么时候很沮丧？什么时候约翰表现得最糟糕？最难应对的问题是什么？对他的老师们来说呢？对他的家长来说呢？对他本人来说呢？

诠释性问题：

哪些因素会带来这些受挫感？我们可以做些什么来缓解你的焦虑？当我们展望新的一年时，可以看到约翰的需求跟以前相比有何变化？

决定性问题：

我们下一年的做法会有什么不同？我们应该聚焦于他的哪些需求？约翰应该上哪些课程？我们应该做些什么，来确保约翰将会有成功的一年？

结束语：

我相信我们能给约翰带来很美好的一年！

家长会上，一位家长与老师进行谈话

适用对象：

家长和社区居民

情境：

一位家长正在家长会上与某位老师交谈，她希望利用这次交谈的机会从这位老师口中得到关于自己的孩子尽可能多的信息。

理性目标：

从老师那里得知自己孩子的学业状况，获得老师相应的建议。

体验目标：

令老师体验到来自家长的支持和肯定。

讨论设计

开场白：

我希望可以比较清楚地了解我孩子的学业表现如何。

客观性问题：

对于她的学业表现，您有哪些信息可以提供？分数？档案袋？学习日记或者练习册的完成情况？在这些方面，我观察到的情况是……

反应性问题：

作为老师，您对孩子哪些方面比较满意？作为老师，您对孩子哪些方面感到担心？

诠释性问题：

按照班里的标准，孩子目前的成绩属于什么水平？她正面对着哪些挑战？

决定性问题：

我们应该做些什么来支持她的学习？我们下一次谈话大概会是什么时候？

结束语：

谢谢！我将尽力与您合作并支持她的学习。

家长会上，一位教师与家长进行谈话

适用对象：
家长和社区居民

情境：
家长会上，有一位教师正用这个讨论设计与一位家长进行一次简短但经过深思熟虑的对话。

理性目标：
分享学生的家校表现情况。

体验目标：
建立相互间的尊重和信任，共同承诺支持学生最有效地学习。

提示：
教师也可以自己预先使用这个讨论设计来准备跟家长的谈话。在这个讨论设计中，教师也是可以回答问题的。但要注意，将问题本身与教师的回答区分开。可以把问题写在一张纸上，家长一眼就可以看到，这样能帮助这个讨论过程对所有的对话参与者来说都更客观。

教师可能要在诠释性层面准备一系列"如果……那么……"的问题。这可以让对话聚焦于学生的优点和弱项。比如，如果有一个学生在所有领域都表现得很好，问题就可以会与加强挑战、探索其他的学习选择有关。而如果有一些对某个学生的具体担忧，就需要一些相应的后续问题，来探讨这些担忧。

例如，学生可以理解数学过程，但是却不能进行正确的运算，并且在运算时感到困惑；学生似乎不能按照所期待的水平和速度进行阅读；有的学生不能按时出勤；等等。如果有对话双方关于学生整体表现的更深层的担忧，谈话将在某种程度上有所不同。

讨论设计

开场白：
你好，我是约翰的老师。很高兴见到您。让我们来看一些有关您的儿子在这学期进步情况的信息。

客观性问题：
这是一些在成绩册上关于出勤和成绩的数据。关于这些数据，您还需要我做哪些解释？基于您所看到的，您还期望在这些信息中加入哪些内容？

反应性问题：
关于约翰的上述表现，什么使您最高兴？什么令您忧虑？

诠释性问题：
基于约翰的表现，他有哪些强项？有哪些弱点？哪些可能是让他取得现在成绩的原因？哪些是我们可以抓住的、能够促进他进步的机会？我们又有哪些担心？这些对于老师意味着什么？对于家长意味着什么？对于约翰本人来说呢？对学校教育中的其他人来说呢？

决定性问题：
我们可以做些什么来支持和鼓励约翰获得可能的最高成就？

结束语：
非常感谢您！有我们两人共同的支持和帮助，约翰一定会表现得更好！

学生与家长、老师讨论档案袋的内容——由学生引导

适用对象：

家长和社区居民

情境：

一所高中的学生每人都有一个课程档案袋，这样他们就可以向家长和老师报告他们的进步状况。在这次讨论中，这名学生向家长和老师展示了自己的学习成果，并引导了一场相关的讨论。

理性目标：

让学生、家长和老师们都能了解学生的表现和进步。

体验目标：

让学生对自己的学习旅程感到自豪，并感到这段学习旅程是专属于他（她）自己的。

提示：

这一讨论也适用于小学生，只是需要把问题相应地改写成更为简单的形式，但还是要保持这种讨论在四个层面展开。

讨论设计

开场白：

我想分享过去六个月以来我学习的一些成果。

客观性问题：

当你们查看我的档案袋时，你注意到了什么？什么吸引了你的注意力——我的作业内容？完成的项目？整体的设计安排？一些进步的标志？或是其他一些特殊的东西？

反应性问题：

档案袋里哪些东西让你感到振奋？哪些让你感到焦虑或者担心？

诠释性问题：

你可以从这些内容中了解到我的进步吗？对我本身或者我的老师，你有什么问题想要提出来？你看到了我的哪些进步？你在我的学习中看到哪些不足？你觉得哪些方面是我必须努力做的？

决定性问题：

你建议我下一步做什么？你认为我需要哪些帮助？我们需要做些什么来确保这些计划可以实现？

结束语：

谢谢你们的参与！能和你们一起来讨论这些问题，我觉得很高兴。让我们从一点一滴的事情做起来吧！

对一名学生是否需要留级做出决定

适用对象：

家长和社区居民

情境：

到学年末的时候，尽管家长和老师都付出了极大的努力，有一位学生还是没有取得可以升入下一年级的合格成绩。老师想请家长来谈谈，共同决定学生是否需要留级。

理性目标：

决定一个学生是否应该留级。

体验目标：

令教师和家长（如果合适的话，也可以包括学生）可以认真地就学生的学业发展问题进行讨论。

提示：

这一讨论设计也可以做一些改动，用于家长引导下与老师或校长进行讨论。

讨论设计

开场白：

您也知道，我很关心菲奥娜的学习，并且我在认真考虑是否让她再次修读这一年级的课程。我很希望可以通过这个机会与您对话并了解您的看法。

客观性问题：

您注意到菲奥娜最近在哪些方面有所进步？哪些方面是她最近没做到的？在学校和在家里她最喜欢做的是什么？

反应性问题：

关于菲奥娜的学习过程，有什么让您最担心？这是我和菲奥娜的其他老师的一些担心（出示材料），您对此有何回应？您对她的学习进步有哪些感到满意的地方？

诠释性问题：

如果菲奥娜不得不重读这一年级，您会有什么担心和疑虑？关于让菲奥娜留级，会有哪些好处和弊端？您如何看待孩子在学习上的需求？

决定性问题：

我们怎样才能最好地满足她的这些需求？我们该如何总结我们现在的情况？我们是否已经准备好了做出决定，还是需要做进一步的评估？

结束语：

很感谢您的关心和支持！很明显，我们都希望菲奥娜在未来能够获得成功！

第十章
焦点讨论法的创造性应用

在第六章到第九章中，每一章都关注了一个可以运用焦点讨论法的领域，并且针对其中各种不同的情况做出了不同的讨论设计。在编辑中，我们实际上对这些设计都做了一些简化，以便读者可以更容易地应用到很多类似的情境中去。

本章中所展示的示例都很特别，没法归入其他任何一类，也不太符合之前的形式。收录这些例子是希望能触发读者的创造性和洞察力，进而能把涉及四个层面的焦点讨论法应用到更多的学校情境中。

通常来说，焦点讨论并非孤零零的一次性活动。我们可以设计一系列的焦点讨论，或者把焦点讨论与其他方法或工具结合在一起来拓展学习或达成共识。本章中有三个示例就展示了可以如何把几场焦点讨论串联在一起，或是以富有创意的方式把焦点讨论法和其他参与式工具结合起来使用。

此外，这一四个层面的反思过程除了可以用于设计讨论活动本身外，还可以用在做报告、调查、笔记、备课等其他方面。相信如果能看到这个结构怎么用在这些场合，也会对读者很有帮助——这样就可以分辨清楚在哪些场合适合引导一场焦点讨论，在哪些场合则更适合用另一种方式来应用四个层面的反思过程。

值得一提的是，了解这些示例的文化地区背景也会有助于理解示例本身的内容。所以，在本章中，我也尽可能为大家介绍了相关信息。

与一系列课程内容结合使用的讨论：四年级的禁毒教育课程

情境

美国新泽西州有一位四年级老师，他请负责社区卫生与健康的工作者在其设计的一系列禁毒教育课程中加入了一些艺术元素，并应用了焦点讨论法。这一系列课程包括七次讨论，具体在一个学年中不同的时间点与同一个学生团体展开。

这些讨论具体包括：

以"健康的行为：关爱我们自己"为主题的讨论；

就一部电影《很多像我们一样的孩子》的讨论——分观影前、观影后马上进行和观影一天后进行的三次讨论；

观看另一部有关如何维持友谊、享受快乐并避免陷入麻烦的电影后的讨论；

模拟如何拒绝毒品的角色扮演后进行的讨论；

在项目结束时为庆贺集体学习成果而进行的讨论。

以"健康的行为：关爱我们自己"为主题的讨论

适用对象：

小学生

情境：

禁毒课程伊始，老师就组织了这场讨论，以便为学生正式地引入这一系列课程。

理性目标：

促进学生对健康行为的重视。

体验目标：

体验到"健康"这个主题是有趣的。

讨论设计

开场白：

让我们站成一圈，并且轮流回答问题。

客观性问题：

你叫什么名字？

反应性问题：

你最喜欢的食物是什么？最喜欢的颜色是什么？你喜欢做什么事情？

诠释性问题：

你做过什么对你来说不那么健康的事情？说出一个你保持自己健康的方法。你是怎样关爱你自己的健康的？

决定性问题：

现在让我们回到座位上，我会发给大家一些马克笔和纸。每一张纸上都有一个大圆。请在每张纸的大圆里画出表现你如何关爱自己健康的图画。当你完成的时候，我希望你们每个人都向大家展示自己的作品并讲讲自己的作品。我将用你们的作品做成一本书，请问，我应该给你们完成的这本书取个什么名字？

结束语：

请用你们的艺术作品、紧急联系人电话，以及可以给你们支持的个人和机构的电话等信息制作一张海报，把它挂在教室，为期一年。我也会把你们每个人的艺术作品收集起来并粘贴成一本书，在接下来这个学年里我会把这本书放在教室的图书角里。

就一部电影《很多像我们一样的孩子》的讨论（观影前）

情境：

一个月后，在观赏电影《很多像我们一样的孩子》之前，学生们进行了下面的讨论。

理性目标：

关注酗酒及其影响，为理解电影内容做好准备。

体验目标：

对电影即将带来的影响做好应对准备。

讨论设计

客观性问题：

当我提到"酗酒"这个词时，你想到什么？人们还会使用哪些词来描述那些饮酒过量的人？

反应性问题：

你在哪里看到过酒精的使用？在电影或是电视上？现实生活中呢？

诠释性问题：

酒精会给饮酒的人带来什么影响？给其家庭的影响呢？给其他人呢？为什么讨论这些事情很重要？

决定性问题：

在我们看电影的时候，也请想想我们刚刚讨论过的内容。

观影后马上进行的讨论

情境：

电影刚刚播放完毕。

理性目标：

理解酗酒对孩子的影响。认识到一些可以用来处理酗酒问题的技巧。

体验目标：

培养对于酒精带来影响的同理心。

讨论设计

开场白：

让我们都安静地待上几分钟，反思一下我们的感受，并且想想我们会觉得自己什么地方、跟哪个角色有点像。这是一张纸（出示一张纸），上面画了一个大圆。如果愿意，你可以先在背面写出下面每一个问题的答案。在结束的时候，我会请你在这个大圆里画些东西。

客观性问题：

你在电影里注意到哪些语句、形象或者声音？

反应性问题：

你看到电影中的角色时有些什么感受？哪些部分让你想放声大哭？哪些部分让你感到害怕？哪些部分让你觉得很孤单？你还体验了哪些感受？

诠释性问题：

你在电影中的哪些地方看到孩子们运用一些技巧来处理或应对他们所处的情境？你发现哪些处理技巧对你的现实生活很有帮助？

决定性问题：

将纸翻过来，画出你的感受。挑选你想要使用的颜色，并在大圆里创造能回答这个问题的一幅艺术作品：看过这部电影之后，你自己发生了什么变化？

观影一天后进行的第三次讨论

<table>
<tr>
<td valign="top">

理性目标：

使学生能清晰表达出从电影中学到的东西。使学生了解到：当被酒精影响时可以去哪里寻求帮助。

体验目标：

使学生开始注意酗酒的影响，并意识到他人对这一问题也很关心。

</td>
<td valign="top">

讨论设计

开场白：

让我们来回顾一下昨天看过的这部电影。我先给大家一些时间来思考一下，这样回顾起来会更容易一些。

客观性问题：

你现在还记得电影里的哪些情节？

反应性问题：

当你看电影的时候有哪些感受？这部电影的哪些场景或者内容让你产生这样的感受？这让你想到你自己生活中的哪些经历？

诠释性问题：

对你来说这部电影是关于什么的？从这部电影中你学到了什么？

决定性问题：

如果你面对这种酗酒的情况，你可以做些什么来获得帮助？

结束语：

当你昨天在大圆里绘画时，你创作了一幅属于自己的艺术作品。我们会把这些画压膜后还给你们，你们可以把它放在自己的桌上用来做个人的餐具垫，也可以带回家去。

</td>
</tr>
</table>

如何做到既能维持友谊、享受快乐，又能避免陷入麻烦：观看另一部电影后的讨论

情境：

学生们观看了另一部有关用不同方法拒绝毒品、酒精等行为的电影，之后他们头脑风暴出了一些自己可能会遭遇的类似情况，然后练习如何拒绝的技能。学生们进行了角色扮演，来模拟这些情形，并练习这些技能。角色扮演后，所有学生都投入了以下问题的讨论。

理性目标：

令学生能够适宜地使用不同的拒绝方法。

体验目标：

承诺拒绝酒精和毒品。

讨论设计

开场白：

今天是忙碌的一天，让我们来看看自己是否还记得自己都做过些什么。

客观性问题：

我们今天做过什么活动？

反应性问题：

你对角色扮演有何感受？

诠释性问题：

你在你自己的角色扮演中学到什么？你在其他人的角色扮演中学到了什么？这些学到的技能会给你的现实生活带来怎样的改变？

决定性问题：

如果我们要围绕我们所学的内容设计一张海报，我们要在海报中加点什么才能提醒我们想起这些技能？你自己会如何记住这些技能？你会怎么运用这些技能？

结束语：

在需要的时候说"不"并不容易，但是我相信你们可以做到。你们很强大，而现在你们也掌握了这些技能。

在项目结束时为庆贺集体学习成果而进行的讨论

情境：

这门系列化禁毒课程的最后环节，是请学生们将关注点放在作为一个集体的班级生活上。学生们回顾并反思了作为一个集体学习这一系列课程的感受，以此来结束这门持续了一学年的系列课程。

理性目标：

提供机会帮助学生反思个人成长并学会关爱自己。将课堂中的学习与日常生活中的学习更紧密地联系起来。

体验目标：

觉察到个人的改变和所学。有能力将这些新的发现带入日常生活，并做出明智的选择。

讨论设计

开场白：

我们已经集体在同一个教室里度过了很有趣的一年。作为一个班级，你们是一个很有力的集体，并且能互帮互助、互相关心。让我们从以下这些角度来回顾这一年的经历。

客观性问题：

我们在教室里说过的哪些话或展示过的哪些图片会让你想到我们这个集体？

反应性问题：

你们彼此在这门系列化课程上初次认识的时候，你有什么感受？现在你有什么不同的感受？

诠释性问题：

我们学习到的所有关于健康人群的内容，以及应对和拒绝毒品、酒精的技能与"关爱我们自己"这一主题有什么关联？

决定性问题：

你的艺术作品向你展示了一个怎样的自我？现在我们已经学到了这么多东西，你会做什么来关爱自己呢？

结束语：

让我们围成一个圈并互相感谢，感谢我们一同组成了一个互相支持的团体。你们的老师也将在这里持续地帮助和支持你们。作为一个班级，你们是一个互相支持的集体，相信你们一定可以彼此帮助，关爱自己。

与其他工具结合使用的焦点讨论：努勒维特^①的因纽特领导力工作坊

情境

这个活动是为加拿大努勒维特地区的因纽特学校管理者设计的一系列讨论和工作坊。所有参与者除了英语外，都掌握至少一种因纽特语言。

第一天工作坊的重点是"适应文化的学习"，后面几天关注的是学校领导力。

用适应文化的方式获得学习的成功

理性目标： 更深入地理解每个人自己的学习风格，以及因纽特文化中普遍存在的学习模式。 体验目标： 作为一个因纽特学习者，获得力量和自信。	讨论设计 开场白： （致欢迎词，做背景介绍并引入活动）让我们每个人先挑选一个搭档。跟你的搭档介绍一下你的名字、来自哪里、你的生日，并分享一个你确实从中有所学习的事件。将你们两个人的名字都写在小卡片上。向小组成员介绍你的搭档并且将他（她）的名字写在墙上的地图上，把每个人的来源地与努勒维特之间用线连接起来。 引导者提出一些共同工作的前提（例如：每个人都拥有智慧，我们需要汇集每个人的智慧来得到最优的结果，没有错误的答案，整体比个体的相加更高效，每个人都要聆听他人并被他人聆听）。 引导者分享一个在学校以外学习的个人故事，例如从奶奶那里学会如何制作饼干。 引导者介绍一遍所有的问题，将这些问题都写在白板纸上，或者写在为每一个小组准备的工作表上。 将讨论成员分成若干小组，给出指令："我们将要在小组里进行下面的讨论，请在小组里用你觉得最舒服的语言来讨论。"

---

① 加拿大地名，1999 年 4 月成立的特区，其 85% 的居民是因纽特人（Inuit）。

在小组里讨论"学习"这一主题

理性目标：

(同前) 更深入地理解每个人自己的学习风格，以及因纽特文化中普遍存在的学习模式。

体验目标：

(同前) 作为一个因纽特学习者，获得力量和自信。

讨论设计

开场白：

我们将在小组里进行下面的讨论。请在小组里用你觉得最舒服的语言来讨论。回答下面的问题，在小组里讨论一些相关的故事、共同的元素、潜在的因素，一会儿请大家在全体成员中分享你们的这些讨论结果。

客观性问题：

你通过哪些事情或是在什么时候真正有所学习？你观察到真正的学习是在什么场合发生的？这些学习可能是校外的、校内的，或者是传统技艺的学习。你学到了什么？你是如何学习的？如果这个过程里涉及某个老师，那么，谁或者什么是你的老师？

反应性问题：

这些故事中的哪些部分对你来说最有趣？哪些部分听起来很难理解、令你感到痛苦或者无聊？

诠释性问题：

在你们的故事里，关于"成功的学习"这一点有哪些共同的元素？请总结这些共同的元素并写下来。

决定性问题：

哪些是可以让你获得学习成功的潜在因素？将它们列出来。这些想法可能会帮助你思考这些潜在因素：学习环境是安静的还是嘈杂的？学习过程中，你是静坐在原地，还是会走来走去？是自己一个人学习还是和他人一起学习？学习过程中是否伴随一些视觉形象？是否说了很多话？是否听到了什么声音或进行了讨论？还有其他的因素吗？

结束语：

现在到了在我们整个大组里展示我们思考的时间了！

在团体里反思关于学习的报告和讨论

理性目标：

（同前）更深入地理解每个人自己的学习风格，以及因纽特文化中普遍存在的学习模式。

体验目标：

（同前）作为一个因纽特学习者，获得力量和自信。

讨论设计

开场白：

请大家在每一小组汇报时不要打断他们的发言。

每一小组分享他们的故事：关于成功学习经历的共同元素，以及真正影响成功学习的重要潜在因素。

客观性问题：

当你听到大家的汇报时，有哪些词句吸引了你的注意？

反应性问题：

什么让你感到有趣甚至笑出声来？你在什么时候会有"哦，是的，我懂了！"的感觉？在听的过程中，你的脑海里浮现出怎样的画面来？

诠释性问题：

你听到了哪些成功学习的模式？——你听到不同的小组反复提及哪些相同的东西？哪些因素看起来是最重要的？哪些因素被提到的次数最多？把你所听到的东西组合在一起——当成功的学习发生时，会包括哪些元素？（写在白板纸上）

决定性问题：

让我们来想象一下，知识的学习内容和文化的学习内容原本分别放在两个不同的箱子里。现在，我们把这两个箱子扔掉了，只留下两大摞不同的学习内容，然后我们把这两种学习内容放在了一起。

到目前为止，我们在工作坊讨论中学习到的这些东西，对于学习本身，对于基于因纽特文化的学校或是对于因纽特文化的学习（例如，在耕种土地时应用几何学，或是以团队合作的方式来解决问题等）有何意义？

注：这场讨论之后，还会引导一个共识工作坊（本书附录中对这类工作坊的步骤做了具体介绍——作者注），焦点问题可定为"在一个学习知识的地方（如学校），我们想要看到哪些对适应因纽特文化的学习方式的支持"。

关于领导力的讨论

理性目标：

对因纽特文化中的领导力有更深入的认识。

体验目标：

产生希望，相信领导力是可能获得的，并且对自己的领导力有所认知。

讨论设计

开场白：

我们先花一些时间来反思一下我们昨天在讨论成功学习过程中的经历：你回忆起了昨天的哪些经历？（客观性问题）你在哪里感到豁然开朗？（反应性问题）昨天学到的哪一点对你来说很有用？（诠释性问题）你将如何进行成功的学习？（决定性问题）

让我们跳出对昨天工作坊的回顾，来思考一下一些新的问题：当我提到"领导力"这个词时——

客观性问题：

你第一时间想到了什么形象？

反应性问题：

你有什么样的直觉反应？

诠释性问题：

真正的领导者会做些怎样的事情？领导者有怎样的责任？

决定性问题：

总结我们刚刚提到的内容——领导者的工作是什么？

在小组里讨论领导力

理性目标：

(同前) 对因纽特文化中的领导力有更深入的认识。

体验目标：

(同前) 产生希望，相信领导力是可能获得的，并且对自己的领导力有所认知。

讨论设计

开场白：

现在让我们再分成小组来讨论。请大家在小组讨论的最后，回到"领导力的重要特质"这一主题上来，随后把你们的讨论结果和我们大家一同分享。

客观性问题：

请每个小组分享一个故事——有些时候你能看到真正的领导力在发挥作用，比如在野营活动中、在社区活动中、在学校管理中……请分享你自己在这方面的经历。

反应性问题：

作为一个领导者，你最喜欢自己角色中的哪一部分？作为一个领导者，又难在哪里？什么样的领导力会让你感到不舒服？

诠释性问题：

在你们的故事中，有哪些相同的元素？成功的领导力会包括哪些重要特质？

决定性问题：

你会如何总结我们发现的这些特质？

在团体里反思关于领导力的汇报和讨论

理性目标：

（同前）对因纽特文化中的领导力有更深入的认识。

体验目标：

（同前）产生希望，相信领导力是可以获得的，并且对自己的领导力有所认知。

提示：

有时候，讨论是一轮接着一轮进行下去的，并没有一个明显的结尾。前一轮讨论的结语可能就是下一轮讨论的开场白。

这里提到的共识工作坊的过程可以参见附录。

其他应用：

在这一系列工作的讨论中，关于"我们如何学习"的反思并不一定要在某种特定文化的背景下讨论。

有时候我们会把思路局限在仅仅期待教师应当如何支持学生学习方面，忽视了运用教师自己作为学习者在成功学习方面的经验并对之进行反思。若是选取这一系列中的一两场讨论来设计新学年的学校会议，或是用来作为导入活动，设计到某次面向教师的有关学习风格的在职培训中，或许也很有意思。

讨论设计

开场白：

我们现在来听听每个小组的汇报，汇报内容应包括你们全组推选出来的一个领导力方面的故事和对成功的领导力特质的总结。让我们一个接一个地听各小组的汇报，中间不要打断。

客观性问题：

当你听到这些报告时，哪些词语吸引了你的注意力？

反应性问题：

哪些真的让你感到很激动？其他人的报告让你想到了什么？

诠释性问题：

从这些听到的特质中，你会选出哪些作为因纽特文化中领导力的关键特质？

决定性问题：

在一个基于因纽特文化的学校里，领导力可能意味着什么？

注：这场讨论后，还进行了三个共识工作坊，主题分别为"学校（学习场所）中领导力的愿景"、"实现这一愿景的障碍"以及"应对障碍和实现愿景的策略"。

一次跨文化模拟游戏后的小结

情境

日本一所大学的一些学生正在准备一次出国旅行。他们首先体验了一个由模拟培训系统公司开发的跨文化游戏。游戏本身很有力量，因此，参与者决定在游戏后进行一个较长时间的小结讨论，这对于他们回顾反思游戏过程中每个人被激发的情感和分享各自在其中的观察发现来说，都十分重要。

在团体里进行的小结讨论

理性目标：

认识到语言并不是交流的唯一途径。理解文化中隐藏的面向。帮助参与者为与来自不同文化和背景的人相遇而做好准备。能够比较不同文化的相似和不同。

体验目标：

体验文化冲击，并表达自己的感受。欣赏其他文化的不同价值观。

讨论设计

开场白：

让我们从这段游戏经历中跳出来，做一点小结。

客观性问题：

（问来自乙文化的人）你在甲文化中看到了什么？他们在做些什么？（问来自甲文化的人）你在乙文化中看到了什么？他们在做些什么？

（问来自乙文化的人）你认为甲文化中有哪些准则？

（问来自甲文化的人）他说得对吗？你们文化中的准则有哪些？

（问来自甲文化的人）你认为乙文化中有哪些准则？

（问来自乙文化的人）他说得对吗？你们文化中的准则有哪些？

人类学家（作为这方面最早的观察者）是如何分析的？他们遗漏了什么信息吗？在游戏中，当你第一次进入另一种文化时曾试图做些什么？在你尝试时发生了什么？

续表

提示：

前两个层面的问题可以在游戏结束后直接进行，后两个层面的问题可以在游戏结束并完成日记之后的一周进行。整个时长需要 60 分钟至 90 分钟。

反应性问题：

在你第一次进入另一种文化时有什么感受？当你从另一种文化中回来时有什么感受？你对来自另一种文化的访客有什么感受？你是如何与他们互动的？游戏中，当你的鼻子被涂上颜色或者被别人推来推去时，感受如何？哪一部分是你最享受的？你觉得什么地方很有趣？哪一部分是最难适应、最难理解或最让人迷惑的？你对你自己的文化和对另一种文化有什么感受？

诠释性问题：

你想在哪个国家生活？为什么？甲文化中有哪些价值观？乙文化呢？你对自己有哪些发现？你是如何看待文化间的交流的？

决定性问题：

当你去国外旅行时，这段游戏经历会怎样影响你？这段游戏经历会怎样影响你与来北海道游玩的他国游客进行交流？如果有机会再次进入另一种文化，你的做法会有何不同？

结束语：

请大家在日记中记录自己对这段游戏经历的反思。

注：引导者提前设计了一个留有少量空白的小表格以及一个包含几页纸的大表格，并要求学生特别留意自己在游戏中和游戏后的变化。小表格中可设计一些短小的诠释性层面的问题，要求学生当作家庭作业完成。例如："请就以下问题各写一段话：在游戏之后，你了解了自己哪些之前并不了解的地方？在游戏之后，你学到了哪些之前不了解的跨文化交流方面的知识？你认为这些知识或经历在未来会如何帮助你？"

在模拟游戏结束后的日记写作

情境：

跨文化模拟游戏的参与者在游戏后要完成一项书面作业。

理性目标：

深入探究在这个跨文化模拟游戏中的个人体验。更好地觉察到个人的价值观。

体验目标：

勇于直面未被表达出的价值观。

提示：

整个模拟游戏用时在 90 分钟以内，游戏过后则是 45 分钟至 60 分钟的讨论活动。如果游戏和讨论要分几天完成，那么可以将游戏、讨论和书面日记这三部分活动进行相应的合理安排。

讨论设计

开场白：

在下周的时间里，请在日记里写四到六页关于你对模拟游戏经历的反思。下面是一些你在日记中需要回答的问题。

客观性问题：

回忆一下，游戏中发生了什么？你看到了什么？

反应性问题：

在模拟游戏期间你感受如何？你在什么时候有那样的感受？你在何时觉得很困惑？

诠释性问题：

你在进入另一种文化这方面学到了什么？你对自我有什么新的认识？你学到了哪些之前不了解的跨文化交流方面的知识？

决定性问题：

你觉得这些知识或经历在未来会如何帮助你？

结束语：

写一首诗或者画一幅画来描述你对整个游戏的体验。

四层面焦点讨论的复杂运用：在司法圈①会议过程中讨论某次事故

情境

在澳大利亚新南威尔士州的一所城市公立学校里，有大量的原住民学生，他们的文化背景各不相同。这所学校正在与警方合作开发恢复性司法程序。其中，在司法圈会议过程里，学生有机会在其家人、朋友和其他相关者共同参与的情况下，通过解决冲突、寻求康复和改变行为等方式去应对和处理不同性质的违法犯罪问题。

正式的司法圈会议讨论过程

理性目标：

结束在学校里发生的伤害，并找到康复之道。

体验目标：

让某次事故涉及的所有人都真正拥有这个经验，包括其中涉及的行为和所引起的痛苦，找到从事故中恢复并继续前进的可能性。

提示：

要注意，涉及的每一方都应依次被问到客观性问题、反应性问题和诠释性问题，然后再问下一方相应的问题。决定性问题应该向受害者和施害者同时询问。这些层面的问题在表格中分别用 O、R、I 和 D 来标识。

讨论设计

（引导者致欢迎词，介绍每位参与者及其与施害者、受害者之间的关系）

开场白：

我们想一起来探讨一下，在刚刚发生的这起事故里，人们是怎样被影响的，以及我们能如何向着平复伤害的方向而努力。

1. 引导者问施害者

客观性问题：

你能告诉我们发生了什么，以及你是如何被牵扯进来的吗？

反应性问题：

事故发生时你是怎么想的？自那以后你感受如何？

诠释性问题：

谁受到了影响？什么样的影响？（要确保施害者实施了这些行为，这可能需要后续一些客观性问题予以确认）

---

① 司法圈（justice circle）是恢复性司法（restorative justice）的一种具体形式，是一种北美土著居民解决司法问题的方式。不同于我们通常理解的司法概念，司法圈和恢复性司法旨在寻求使施害者得到康复（治疗）、受害者得到补偿等积极、正面的解决之道。传统司法与此相比，更强调对施害者给予惩罚。相关介绍可参见维基百科相应词条的解释。

续表

进行这次讨论的前提假设是：每个参与者都有意愿出席，并且施害者已经承认了自己的行为。这里的参与者可能包括支持受害者和施害者的人（例如，家长、同学、相关的学校员工、社区成员或朋友，以及其他合适的人）。参与者的数量应该控制在最小范围，只包括对于这个恢复性过程最重要的人。

这一正式程序可能会花费1~3个小时。要强调的是，花费必要的时间与涉及其中的学生一起研究这些问题是很重要的。

其他应用：

这一讨论也可以用于其他一些场合，特别是当惩罚性的司法措施可能会起到反作用时。如果施害者能够体会到自己行为的影响，就很可能改变那种行为。

2. 引导者问受害者

客观性问题：

你能告诉我们发生了什么？（同样，这可能需要后续一些客观性问题予以确认）

反应性问题：

事故发生时你是怎么想的？自那以后你感受如何？

诠释性问题：

它如何影响你？给你带来哪些困难？你的朋友或家人怎么想？

3. 引导者问受害者的支持者，之后再向施害者的支持者问同样的问题

客观性问题：

你都听到了什么？

反应性问题：

当事故发生时你感受如何？对你来说最难接受的是什么？

诠释性问题：

自那以后发生了什么？对你来说主要问题是什么？

4. 引导者问施害者

诠释性问题：

你已经听到了受害者和其支持者、家人是怎样说的了，你还想说点儿什么吗？

5. 共识——引导者先问受害者，然后问受害者的支持者

决定性问题：

你希望看到发生什么？（允许一点儿时间进行关于赔偿可能的讨论，可适当引导大家说出赔偿的具体内容）

6. 引导者问施害者

决定性问题：

你想对×××（受害者）说些什么？你应该做些什么以使事情向好的方向发展？你对受害者和他（们）的支持者所说的话怎么看？你觉得怎样做才是公平的？

7. 引导者问施害者的支持者，然后问所有人

决定性问题：

怎样才是公平的？要结束这次讨论，我们需要达到怎样的共识？

结束语：

我们要再次澄清一下在这里达成的共识，这很重要……

注：重复共识以得到全体参与者的确认；邀请参与者对讨论适当评论；向参与者表示感谢，邀请大家留下来吃些茶点——随后的非正式讨论是很重要的。

接下来的非正式司法圈讨论

讨论设计

客观性问题：

在刚刚的正式讨论中，发生了什么？

反应性问题：

当时你的感受如何？谁受到了影响？他们是如何被影响的？

诠释性问题：

对你来说，最难理解和接受的事情是什么？正式讨论过后，你又是怎么想的？

决定性问题：

我们现在应该做些什么？

结束语：

感谢你们为这些讨论努力思考，很高兴看到你们乐意为解决这些问题而付出努力！让我们着手落实这些讨论结果吧，再次感谢诸位！

四层面过程的特殊应用：在网站上为学生而发起的讨论

情境

在加拿大努勒维特新建的因纽特地区第一次选举后，一份报纸发表了关于这次选举的一篇报道。努勒维特的小学生被邀请在网站上讨论这篇报道。

其他应用

这场讨论中设计的问题当然也可以用于围绕报纸文章进行的课堂讨论。

在网上讨论关于努勒维特选举的一篇报道

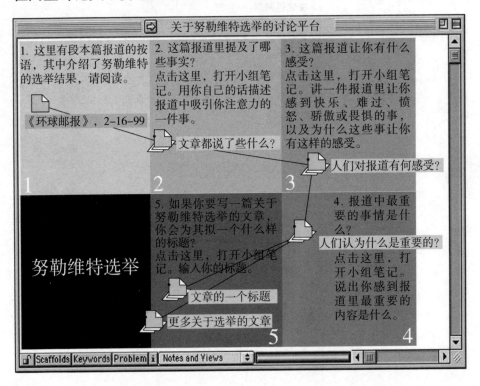

运用四层面过程与学生谈话，以处理一起校园打架事件

情境：

在新泽西州的一所学校，老师把参与打架的两个学生带到校长面前。两人刚站到办公桌前，就开始喋喋不休地相互埋怨、发火。校长不仅需要提出问题，同时还要开导学生。

理性目标：

解决问题，防止问题再次出现。

体验目标：

体验被聆听的感觉，承担起解决问题的责任。

提示：

在反应性层面结束的时候，总会有一个人伸出手来想握手。先让他停下来，告诉他另外一个人目前还不想握手，甚至在谈话结束时也未必想握手。在反思的第二阶段完成后，这种想要和解的改变才可能发生，因为他们两人都体会到了被聆听的感觉。

讨论设计

（快速地让学生 A、B 面对面）

客观性问题：

（用温和的口吻请 A 告诉 B）你觉得这起打架事件是怎样发生的？（告诉 B 待会儿他可以发言，但他必须先认真地听 A 是怎么说的，不要争论，不要提问题；之后要求 B 做同样的描述。当 B 也说完后，再给 A 一次机会，尽可能补充他还想说的，继续让 B 静静地聆听；然后 B 可以再补充自己想说的。）

反应性问题：

（仍然让他们面对面，这次先让 B 发言）在这件事上你有什么感受？（再问 A 同样的问题，接着再问 B，以此循环，直到两人都没有要补充的。这一过程中，校长和另外一个人都要静静聆听。）

诠释性问题：

（面对面，从 A 开始，轮流发言）从这次事件中你学到了什么？

决定性问题：

（仍然面对面，从 B 开始）如果下一次再碰到这样的问题，你会怎么处理？

结束语：

我为你们能够聆听彼此、能够从这一事件中吸取教训而感到骄傲。你们是负责任的学生，走吧，去玩吧！

在发布通知时运用四层面过程：校长就紧迫问题给出指导

情境：

一起有关学生监护权的突发事件引发了一个棘手的问题，已有的学校政策无法解决，需要对此事件做特别处理。事件中的一部分内容是要保密的，一旦公开，不仅学校有可能要承担法律风险，学生的安全可能也会受到威胁。

理性目标：

确保老师们理解校长做出决定的依据是什么，以及决定本身是什么。

体验目标：

确保老师们信任这一决定并执行。

提示：

这不是一场焦点讨论，而是一次校长临时发布通知的会议，他（她）要做出一项决定并告知全体老师。校长运用焦点讨论四层面过程来考虑自己的决定，也用这个方法来和老师们交流。

其他应用：

有些话题可能并不适用于讨论，但却可以用焦点讨论的四层面过程来做报告或进行演讲。应用这个过程可以让听众感受到发言者对相应主题内容进行了深入细致的思考。

讨论设计

（校长在上课前把老师们召集到会议室，打算用 5 分钟发布一个通知。）

客观性层面：

我们的学校政策允许具有监护权的家长签署一份协议，让其他人来接送自己的孩子。强尼的妈妈就这样做了，她让强尼的叔叔来接送强尼和他的姐姐们。强尼刚才哭着来告诉我一些需要保密的事情。

反应性层面：

听到这些内容，我十分不安。

诠释性层面：

据我分析，如果今天让强尼和他的姐姐们继续被他们的叔叔接走的话，孩子们的安全会受到威胁。

决定性层面：

无论是今天上课期间还是放学后，任何人都不能让强尼的叔叔带走这些孩子们。如果他们的叔叔或者其他人来学校找他们，请立刻告诉我。如果有问题，把他们带到我的办公室。我会尽力联系强尼的妈妈。

结束语：

每个人都听明白了吗？你们都会照我说的去做吗？铃声响了。稍后见！

把四层面过程作为简单的团队汇报模板

情境：

当一个团队不能够坐在一起做定期进度汇报的时候，可以把右侧讨论设计中的模板发送给他们，请他们填写。

理性目标：

评估去年的工作。分享收获，明确未来的挑战。

体验目标：

体验对进展和收获的肯定。

提示：

这些汇报模板可以分别发给团队成员让他们填写，也可以汇总成一张表来填写。这样的汇报可以作为团队讨论的基础。这种形式让每个人都更深刻地思考他们的经验，也能够让汇报的格式标准化，便于合并和比较。

其他应用：

类似的问题也可以放在互动网站上，或者作为参考清单发给整个团队，让每个人回应。

讨论设计

开场白：

请用以下这些问题来评估我们团队过去一年的工作。

客观性问题：

什么是我们过去一年工作中的核心成果？举出一些例子。

反应性问题：

对这些成果而言，哪些工作发挥了作用？哪些没有发挥作用？

诠释性问题：

过去这一年，我们有哪些重要的收获？我们面对着哪些挑战？

决定性问题：

对今年的工作，你有什么展望？对今后更长一段时期的工作呢？怎样可以战胜相应的挑战？

结束语：

请尽快把你们的答案反馈给我，便于我将你们的汇报和其他团队成员的汇报进行合并与比较。

在团队建设过程的"破冰"活动中嵌入四层面过程

情境：

年初，亚利桑那州一所学校的教师团队想要增进彼此的了解。为此，他们首先开展的一个活动是观看一个关于团队合作的视频。之后，每个人都收到一张画有指南针的纸，指南针的东南西北四个方向各有一条横线，每个人在活动中要把与自己交谈者的名字写上去。

理性目标：

反思一段关于团队合作的视频。

体验目标：

团队"破冰"，结识一些新伙伴。

提示：

可以把这四层面焦点讨论的信息放在一张表里。

工作表可能会有些复杂，但它可以保证每个人都能和一个以上的同事有交谈的机会。

讨论设计

开场白：

让我们用这张画有指南针的图混合分组，来讨论一下刚刚观看的视频。每个人都找四个自己不太熟悉的人，每个人都把一个人的名字写在指南针一角的横线上。

客观性问题：

（"北方"伙伴＝"什么"或事实——只讨论事实，不讨论感受）找到你的"北方"伙伴，然后跟你的伙伴讨论事实——你们记住了视频中出现的哪些词汇？你们能想起来视频中的哪些画面？讨论完请向我示意（给一两分钟时间讨论，然后用一个信号让所有人回到团体里——举起手或是其他信号都可以，邀请几位参与者在团体里分享一些自己讨论的事实）

反应性问题：

（"南方"伙伴＝直觉或反应）请感谢你的"北方"伙伴，然后找到你的"南方"伙伴，和他（她）讨论看完视频后的直觉和反应——观看过程中你有什么感受？什么时候你觉得最兴奋？什么时候你觉得最紧张？什么时候你觉得压力最大？

（给一两分钟时间讨论，然后用一个信号让所有人回到团体里——举起手或是其他信号都可以。邀请几位参与者在团体里分享一些自己讨论的反应）

诠释性问题：

（"东方"伙伴＝"那么怎样呢"或含义）请感谢你的"南方"伙伴，找到你的"东方"伙伴。我们已经分享了事实与感受，现在让我们更深入地来谈一谈"那么怎样呢"或视频的含义——刚才观看的视频对我们的学校有什么启发？作为一个团队，我们和刚才在视频中看到的有哪些相似之处？（两人一组讨论，然后请参与者在团体里分享）

决定性问题：

（"西方"伙伴＝"现在要怎样呢"或行动）请感谢你的"东方"伙伴，找到你的"西方"伙伴。我们已经分享了事实、感觉和含义，现在我们来谈谈行动——为了促进团队协作，我们应该怎么做？我们可以采取哪些行动来支持团队工作？

结束语：

感谢你的"西方"伙伴，请回到你们自己的座位。我们刚才运用的对话技巧叫作焦点讨论法。在一个丰富的、有意义的讨论里，需要四个层面的提问：O 即客观性层面或事实，要求回答有关"什么"的问题；R 即反应性层面或反应，要求回答有关直觉的问题；I 即诠释性层面或含义，要求回答有关"那么怎样呢？"的问题；D 即决定性层面或行动，要求回答有关"现在要怎样呢？"的问题。

在战略规划评估与反馈表中应用四层面过程

情境：

一位引导者刚带领一所学校的员工做了一次参与式战略规划。他分发了这个快速反馈表，表上有四个层面的问题，并留出了回答问题的空白。

理性目标：

获得可靠的、翔实的反馈。

体验目标：

令参与者能感受到他们的智慧和参与的过程得到了肯定。

提示：

这为培训和参与式活动项目提供了一个普遍适用的评估表。但请确保留出足够的空白给参与者写答案。

其他应用：

作为一项培训活动，最后的问题可以是"你将怎么运用这一战略规划过程？"和"你对哪些更深入的培训比较感兴趣？"。

这一讨论设计也可以用来总结一天的培训活动。

讨论设计

开场白：

在离开之前，大家可以花1分钟来填这张表吗？

客观性问题：

你对哪几项活动印象最深？请列出2~3项。

反应性问题：

什么时候你的情绪最为欢快饱满？什么时候又感到情绪最为低落呢？

诠释性问题：

你获得了哪些重要的成就或信息？请用一两句话回答：这一过程对我的意义是_____。如果1分表示最低，10分表示最高，请你给这一天的培训过程打分。

决定性问题：

你有哪些建议，可以让我们改进这个培训过程？在今后的一两年里，对于我们如何评估此项规划的有效性，你有哪些建议？

结束语：

谢谢！请把表放在桌子上，引导者会收集起来。

在对一项新评估措施的实施情况进行问卷调查时应用四层面过程

情境：

一项在全国范围内推行的评估新措施被介绍给老师们，他们开始实施这项措施已有一年。讨论设计这些问题作为调查问卷发送给老师们，令他们可以反思自己的经验，问卷结果会反馈给相关管理者。

理性目标：

获得数据，了解新的评估措施在教学中的实施效果。

体验目标：

感受到被尊重、被聆听。

提示：

尽管这一调查表是为个人填写设计的，但同样的问题也适合在相关小组、教职工谈话或家长团体中使用。

讨论设计

开场白：

这一调查涉及新的评估措施的实施情况。请花 20 分钟的时间浏览问题，诚实作答。我们需要你们的反馈来改进这一行动。

客观性问题：

在过去的一年里，你在课堂上开展了哪些评估活动？在过去的一年里，你在课堂上采取了哪些相关的干预行为？

反应性问题：

当你在课堂上开展新的评估措施和干预行为时，什么使你感到惊讶？什么令你担忧？什么又让你感到高兴？

诠释性问题：

对培养你的学生达到国家标准要求的能力水平而言，你认为新的评估措施和干预方法的运用起到了什么作用？对于你所教学的年龄段，这项新的评估措施有什么缺点和优点？

决定性问题：

你下一步要做什么？基于你的经验，你对管理者有什么建议？

结束语：

请上交表格。

电话记录表

信息/事实

反应

重要性（诠释）

行动

第十一章
第二版新增的讨论示例

　　本书第二版的这一章中新增了不少讨论和素材，它们都来自使用本书第一版的教育者。他们在各自的实践中设计了很特别的讨论，这些设计对其他读者可能也有一定的参考价值。为了更加清晰易读，我们在这些讨论示例中加入了"讨论的具体起点"这个部分，目前这些讨论还没有被分类。

帮助学校领导团队设定个人职业问责目标的讨论

适用对象:

小学生

情境:

一所学校的领导小组正在探索如何基于个人经验、专业阅读和对话来实践职业问责。会前已向参会者发放了阅读材料,并附上了在页侧做笔记的说明:用"※"标注引起你特别注意的想法;用"?"标注你有问题或不确定的地方;用"√"标注你认同的地方。

理性目标:

通过认可小组成员的背景知识和他们在培育职业问责能力方面的支持,令小组成员投入讨论。

体验目标:

通过个人反思和同事之间的对话,来鼓励参与者认同职业问责并做出示范,从而支持在所有教职工之间提升共同领导力和专业学习社群。

讨论的具体起点:

有关职业问责的阅读材料,会前发放给参会者。

讨论设计

开场白:

大家应该带着自己会前做过标记的阅读材料吧?用"※"标注给你印象最深、引起你特别注意的想法;用"?"标注你有问题或不确定的地方;用"√"标注你认同的地方。开始讨论之前,我们先就如下问题做个人反思,并将答案写在卡片纸上:

到这次会议结束的时候,我希望了解、做到、拥有关于职业问责的哪些东西?如果从1~10打分,10代表这个期待的理想状况,1代表相反的状况,那么,我现在会是几分呢?我为什么是现在这个分数?如果要提升1分,我需要做些什么?现在,或是找一个搭档或是在小组里,请你们讨论一下客观性问题和反应性问题,用卡片记录。

客观性问题:

我已经了解与职业问责有关的哪些内容?阅读材料中有哪些重要的想法?

反应性问题:

这些材料中,哪些是引起我特别注意的内容(标星号的)?为什么?哪些是我认同的内容(打勾的)?为什么?哪些是我有疑问或不确定的(标问号的)?为什么?

诠释性问题:

请所有人一起讨论一下这篇文章拓展了我们对职业问责的哪些理解。这些想法对我(我们)实施职业问责制度有怎样的重要性?请个人思考一下:今天的讨论如何帮助我自己实现这次会议的目标?

九年级数学的教育质量省级评测结果

情境：

一所学校收到了教育质量省级评测结果。结果表明，学生分数仍在下滑，这一下滑的趋势已经持续了三年之久。管理部门为此请了一位引导者与数学教学组的老师们一同商讨，尝试去解决省级评测中的低分问题。

理性目标：

找到提高九年级数学评测水平需要优先采取的措施。

体验目标：

提高共同合作、促进学生学习的能力。

讨论的具体起点：

最新的本校九年级数学评测详细报告。

提示：

记录下决定性层面的回应是很重要的。这样一份记录可以随后用来帮助参与者回顾这次讨论过的主题。

其他应用：

这一设计可以用于讨论任何水平的任何测验或学业表现数据。

设计者：

莎拉·帕滕（Sarah Patten）

讨论设计

开场白：

这里有一份九年级学生数学水平的最新详细报告。我们会花一点时间迅速浏览一下报告中的数据。我们会先关注事实，然后看看这些事实会与我们产生哪些联系以及我们会做出哪些回应，之后会做一些解读，最后是讨论我们对此应当采取的行动。这份报告分成了几部分：背景性数据、性别数据、英语作为第二语言教学的数据、特殊教育数据，以及不同时间的数据对比。我们会分别阅读每一部分，然后做一些整体思考。

客观性问题：

在每一部分中，有什么样的数据吸引了你的注意？有什么是你觉得不太清楚的？根据这份报告，我们的学生跟学区内的其他学生相比，以及跟全省其他学生相比，做得怎样？（在每一部分都重复这三个问题，这部分也可以采用拼图游戏的活动形式完成）

反应性问题：

在这些信息中，有什么让你感到惊讶？什么让你最担心？这些数据跟你对学生的直觉或你个人的经验相比，你觉得怎样？

诠释性问题：

我们的学生有哪些优势或弱项？可能有哪些背后的原因？从这些信息中，你能看到哪些主要的问题开始浮现出来？

决定性问题：

为了巩固我们的优势，应对我们的弱项，哪些是我们部门需要优先做的工作？（在大白纸上记录）有哪两三件事情是我们可以马上着手做的？（在大白纸上记录）每一项优先工作都由谁来实施？（在大白纸上记录）

结束语：

这会牵扯到大量的工作，但也一定会为我们的学生带来不同。谢谢大家今天的投入和参与！

读书报告

报告人：

书名：

作者：

这本书所讲的故事里，有哪些主要人物？故事里发生了什么？

你读这个故事时有什么反应？你喜欢故事的哪些部分？不喜欢哪些部分？

故事里的哪个角色最像你？

你在什么地方有过类似的经历吗？描述一下你的经历。

这是一个关于什么的故事？关于你自己的生活，这个故事告诉了你什么？

你从故事中学到了什么？

你之后会用什么不同的方式去做事吗？

分析学生报告卡里的评语

情境：

一些老师来参加一次在职培训，主题是如何写好报告卡里的学生评语。

理性目标：

看到好的学生评语包括哪些方面。

体验目标：

树立能写好学生评语的自信。

讨论的具体起点：

学生报告卡评语的样例。

提示：

分析讨论时，让报告卡对应的这名学生清晰地浮现在你脑海中，估摸一下他（她）将会获得怎样的评语，然后再考虑一下他（她）的父母状况。相信自己——你见到过这名学生在各种情形和环境下的学习状态和表现，你一定是客观评价这名学生的专家。

讨论设计

开场白：

明确此次讨论的原则——每个人都有自己的智慧；我们需要每个人的智慧才能获得最明智的结果；没有错误的答案；整体大于部分之和；每个人都要倾听其他人的发言，也要努力让别人听到自己的声音。我们这里有一些学生报告卡评语的样例，其他的一些老师和家长觉得这样的评语很有帮助。请先花几分钟读读这些评语，看看我们能从中学到什么。然后我们会做一个练习，应用我们学到的东西。

客观性问题：

这些报告卡评语中有哪些内容引起了你的注意？有什么打动了你？你看到哪些共同之处？

反应性问题：

你看到的最好的一条评语是什么？哪些评语让你感到困惑？你觉得哪些评语可以很好地反映学生的表现？

诠释性问题：

我们能看到写好评语有哪些原则？在这些报告卡评语中还遗漏了什么？你的学生家长想了解自己孩子的哪些方面？

决定性问题：

你想在自己的报告卡评语中设计哪些内容？你会怎样写可以反映自己学生表现的评语？

结束语：

这个练习中，我们阅读了其他人撰写的评语，接下来我们会练习给自己的学生写评语。现在，请你们先在大脑中回想一位你觉得最难给其写评语的学生……

理解"为了学习的评估"和"对学习的评估"两者的不同

情境：

一所小学的教职工开始关注"为了学习的评估"。在关注这一概念的开始阶段，他们在探讨"为了学习的评估"和"对学习的评估"两者间有哪些不同。

理性目标：

学校教职工理解"为了学习的评估"和"对学习的评估"之间的不同。

体验目标：

教职工开始认识到"为了学习的评估"可以如何令自己的学生受益。

讨论的具体起点：

描述两种评估的文字材料。

设计者：

利亚·安德鲁斯（Leah Andrews）和杰米·巴布科克（Jamie Babcock）

对本讨论的评语：

这次讨论迈出了很好的第一步，它将会为之后更深入的学习奠定基础。

讨论设计

开场白：

每名参与者都拿到了一份文字材料，文字材料从本地的评估标准出发，清晰地介绍了"为了学习的评估"和"对学习的评估"。参与者一起通读了文档。

客观性问题：

材料怎样解释"为了学习的评估"？材料怎样解释"对学习的评估"？

反应性问题：

你注意到什么？什么让你感到惊讶？你在生活中是否碰到过这两种评估？能否举个例子？

诠释性问题：

你阅读时领悟到的关键一点是什么？这告诉了你什么？你发现了什么？每种评估分别会对学生产生怎样的影响？

决定性问题：

作为一名教职工，你要采取的第一项行动是什么？你需要关注哪些领域？

结束语：

通过认识"为了学习的评估"和"对学习的评估"之间的不同，我们已经迈出了评估之旅的第一步，也看到了接下来可以有所行动的几步。我们的学生有着让人激动的潜力，我也很期待接下来的学习旅程！

评估策略的分享

情境：

一群属于同一学区的同学科老师在一个地区教学研究交流日中聚到一起，分享各自的评估策略。

理性目标：

在学区层面不同老师的经验分享中，发现有效的评估策略。

体验目标：

每个人都体验到自己的重要观点，也尊重他人的认识和发现。

讨论的具体起点：

每人分享的评估策略样例。

提示：

每位参与者都需要提前准备几份不同的评估策略样例。

设计者：

利亚·安德鲁斯和金·麦康奈尔

（Kim McConnell）

讨论设计

开场白：

我们看到大家都带来了各种评估策略的样例。请每人分享一个策略并简要地描述这个策略。

客观性问题：

（在每人分享后）有什么需要澄清的问题吗？

反应性问题：

你感到评估或测量中什么是最难的或是最容易让人产生挫败感的？你觉得哪些方面是最有帮助的、起作用的或是成功的？

诠释性问题：

你看到哪些评估策略起了作用，或存在起作用的可能性？这些评估策略之间有哪些不同？这些评估策略中的哪些具体内容令评估策略起了作用？

决定性问题：

今天下午你学到了哪些可以用在自己的课堂中的评估策略？

结束语：

我们彼此都有很多的经验和智慧，像这样的机会可以帮助我们从彼此的专业经验中获益。

学校读书小组

适用对象：

小学教师

情境：

一个专业学习社群小组开展了几次学习，学习活动中大家仔细研读了目前一些教育领域的文献资料，特别希望可以从中学习如何引导学校团队。

理性目标：

理解促使学校团队有效工作的因素。

体验目标：

承诺把从文献资料中的所学应用于实践。

讨论的具体起点：

文章《我们如何帮助团队聚焦于那些影响学生学习的议题》，这是《营造专业性学习社群中的合作文化》一章（选自理查德·杜富尔等人撰写的《从做中学：工作场景中的专业社群指南》一书）中的一部分。

提示：

在诠释性层面，你可能需要推动参与者分享一些具体的例子。要把理论扎根到实际经验中，这样才能看到理论和实际的关联，并促使其愿意应用理论。

其他应用：

如果改变讨论的意图和诠释性层面的问题，这个设计实际上可以用于任何文章的学习讨论。

设计者：

乔·尼尔森

讨论设计

开场白：

让我们花几分钟读一下这篇文章，《我们如何帮助团队聚焦于那些影响学生学习的议题》，这是《营造专业性学习社群中的合作文化》一章中的一部分内容。

客观性问题：

你注意到了哪些词语？（一段段地分析）

反应性问题：

这篇文章中的哪些地方让你感到熟悉进而被触动到？你觉得哪些地方很有趣？

诠释性问题：

你在现实生活中是否看到过文章中提及的这类团队？能否举几个例子？这种合作在现实生活中是怎样的？请举出一些例子。这篇文章中的哪些概念或建议会对你所工作的团队产生积极的影响？

决定性问题：

在现实生活中，你能采取怎样的实际行动，来应用你从这次讨论中学到的东西呢？

结束语：

在我们讨论这篇文章的同时，也生成了很多新的内容。可以想见，你们一定会很有效地将今天这些所学应用到未来的工作中去！

理解数据，为学校秋季学期设立目标

情境：

一所小学的管理团队打算共同分析一下学生的一些数据，为学校设立下一年的学生学业成绩目标。

理性目标：

达成共识，为提高秋季学期各年级学生学业成绩水平而确定课程教学的侧重点。

体验目标：

感受到在确定学校秋季学期发展方向上有了进展，并对学校的发展目标更加清晰。

讨论的具体起点：

打印好的学生学业成绩表现数据。

提示：

数据并不能说明所有问题，人们也容易从数据中找到漏洞来逃避责任，不愿改变自己的教学方式。所以，应该在诠释性层面花些时间，在需要提高的领域深入探索。你可以加这样的问题："有什么具体的原因（在我们控制范围和影响能力内）令成绩不能达到标准要求的吗？"

设计者：

桑德拉·佩斯（Sandra Pace）

讨论设计

开场白：

我们需要先来理解这些大量的、牵涉面较广的数据，并达成共识，确定我们学校在秋季学期想要在哪些方面侧重开展工作，进而提升学生的学业成绩。我们有一下午的时间来进行这项工作。我希望可以用一个小时或多一点的时间来进行下面的讨论，这样大家在讨论后还有一些时间来制订每个人的具体计划，把我们达成共识的侧重点也体现在计划中。

客观性问题：

我们来浏览一下今年你的学生数据。数据说明你的学生在哪些方面做得很好？在哪些方面他们做得没有那么好？男生和女生在学业成绩分数上相比如何？

反应性问题：

现在我们来想想看，我们每个人对这些数据感受如何。这些数据中有什么让你感到自豪的？有什么让你感到不太舒服或比较担心的？

诠释性问题：

哪些方面本身比较强，我们只需要继续像之前那样做？我们需要在哪些方面提高学生的学业成绩？我们有什么方法可以在这些方面影响学生的学业成绩？

决定性问题：

我们全体可以投入哪些工作中？谁负责下一步工作？每个人各承担什么责任？

结束语：

感谢大家跟我用这个方法一同工作——希望这个过程能帮助你们发现秋季学期自己想要做什么、需要做什么。

同伴教练谈话——提升教师的专业学习和实践

情境：
两位教师正在一同反思和计划一些课程的实施，以使其更为有效。

理性目标：
练习同伴教练技术，从而帮助教师实现有意义的反思和有效的备课。

体验目标：
提升教师的专业教学技能，增进教师间的合作。在这个过程中，作为"教练"的教师渐渐能熟练应用有效的人际沟通技能，包括重述、等待、用问题来促成和激发同伴的高阶思维能力。

讨论的具体起点：
前一天刚刚上完的课。

提示：
在教练谈话中，重述和等待是至关重要的，会帮助双方建立关系、创造空间以进行有意义的反思、深入清晰的思考。一般来说，问题是开放的，提问之前会先重述对方之前的回应，这样提问的语气就不会太像是在"盘问"。

设计者：
凯瑟琳·温曼（Katharine Weinmann）

讨论设计

开场白：
我们会一起工作一段时间，这样我可以练习我的教练技术，你可以反思和计划你的课程。我不会提供建议，而是会用重述、等待、提问的技术来帮你明确你已经知道的东西。

客观性问题：
回想一下昨天的课：发生了什么？你观察到什么？学生做了什么？你做了什么？你收集到的哪些信息或证据可以表明昨天的课是有效的？

反应性问题：
你感觉昨天的课进展得怎样？你是怎么知道的？你有什么样的信息或证据可以支持你的这种印象？

诠释性问题：
这节课跟你教过的其他课比起来怎样？跟你给这个班上的其他课相比呢？你有什么结论？你现在知道了哪些之前不知道的东西？你考虑可以做哪些调整？

决定性问题：
在你开始计划明天的课时，想想看：你的意图和目标是什么？你最想达成的目标是什么？你会采取哪些步骤？你会需要哪些资源？你怎么能知道自己成功了？

结束语：
这个教练谈话是怎么帮助到你的？你对作为"教练"的我有哪些反馈？要想让我下次可以更好地帮助你，你认为我可以做哪些调整？

合作型学校文化

情境：

一个专业学习社群小组开展了几次学习，学习活动中仔细研读了目前一些教育领域的文献，特别希望可以从中学习如何创建合作型学校文化。

理性目标：

理解如何在学校培养旨在增强教师专业实践的同事间关系。

体验目标：

相信自己正在正确的道路上前进，愿意承担风险来改善关系。

讨论的具体起点：

文章《改善校内关系》，作者：罗兰·S. 巴斯，选自 2006 年 3 月号的《教育领导力》杂志。

提示：

客观性层面的"拼图"过程可以帮助一个较大的团体迅速了解整篇文章的内容。讨论带领者需要很熟悉文章的内容，从而帮助团体聚焦和推进讨论。

其他应用：

如果认真修改本次讨论的目标，以及客观性和诠释性问题的细节，就可以把讨论用于阅读和学习其他的文章。

设计者

乔·尼尔森

讨论设计

开场白：

这次讨论是要帮助我们理解如何在学校培养好同事间关系。我们先来很快地读这篇有点儿复杂的文章，并围绕其做些讨论。让我们先花点儿时间确保自己能先充分理解这篇文章。

客观性问题：

在第一页的概述部分，有哪些关键词吸引了你的注意力？（大声读出第一段）让我们分成四组，每组阅读后面的一个部分。用 5 分钟找到作者在每部分提出的重点，然后在整个团体里分享你们读到的这些重点。（各小组汇报每部分的重点）我们一起来看看下面这个部分，从第 7 页中间开始，作者提到作为一名学校领导可以做哪些事情？第 8 页的最后两段是作者的结论，在此部分，有哪些词句让你有所触动？

反应性问题：

在我们通读这篇文章的过程中，你在哪些地方产生了让自己感到惊喜的领悟？你在什么时候有过类似的经历？简要地讲讲那件事。

诠释性问题：

作者的哪些建议实施起来比较容易？为什么？哪些会比较困难？为什么？哪些措施会给你的学校带来最积极的影响？为什么？

决定性问题：

你会怎么总结我们从这篇文章中获得的学习？你会怎么应用你学到的东西？下一步你要做什么？

结束语：

我们打算去做的这一件件小事，或许会给同事间的关系带来很大的影响，而这些影响将最终惠及学生的学习。

解读一份学校与社区有关改进学校组织结构的对话结果报告

情境：

学校董事会之前就其顾问撰写的一份学校组织结构改进建议书咨询了学校所在的社区居民，从而产生了一份对话结果报告。董事会需要在接下来的学校结构调整工作中认真考虑社区居民的意见。

理性目标：

校董会要解读社区对话结果报告，分析其中有哪些重要主题，并据此确定未来相关计划的关键标准。

体验目标：

校董会为自己在这个问题上的深思熟虑感到满意，相信自己可以在学校结构调整上做出很好的决策。

讨论的具体起点：

对话结果报告。

提示：

在诠释性和决定性问题的讨论中使用白板纸记录答案，这样可以为校董会留下讨论记录。如果督学（或董事会主席）之前一直都比较沉默，你可以直接询问他们的回应。这些观点都是很重要的，需要在过程中保持透明。

设计者：

大卫·威尔金森（David Wilkinson）

讨论设计

开场白：

我们今天要一起了解一下社区居民对学校组织结构的观点，评估其重要性，并确定未来相关计划的关键标准。这次我们要用一个结构化的过程来理解和使用这些社区信息。请花5分钟阅读报告，并找到5条吸引你注意力的信息。请两人一组，分享你的信息清单。

客观性问题：

（每次一个人发言）请告诉我们你在这份报告中注意到的一个概念或评论是什么，以及哪些信息吸引了你的注意力、什么是你还不够清楚的。

反应性问题：

你在这份报告中读到的什么内容是令人备受鼓舞的？什么是让你感到困惑的？

诠释性问题：

你注意到这些回答有什么共同之处？都包含哪些主题？从社区居民的角度看，学校对于学生最重要的回报是什么？对于学校组织结构的改进举措，社区居民最担心的是什么？

决定性问题：

校董会需要在未来决策中考虑哪些东西？校董会需要确保在评估未来计划和行动中使用哪些标准？在之后的工作中，这份清单可以怎样帮助校董会？

结束语：

在这个过程中我们做了什么？你考虑了哪些问题？这次讨论在哪些方面是有意义的？在哪些方面不太有意义？校董会在多大程度上理解了社区的想法？校董会如何将社区的想法转化为对未来行动的准备工作？你在这个议题的未来决策和计划层面准备得怎样？感谢大家的努力。

持续发展计划

情境：

在有限的时间内，集团学校内的各位校长和中心办公室的员工共同制订了集团校可持续发展计划。集团校领导需要把这个年度计划融入他们的工作，并就下一年计划的制订提出建议。

理性目标：

理解自己的工作与持续发展计划如何相契合。

体验目标：

承诺根据集团校可持续发展计划不断改进个人的工作。

讨论的具体起点：

集团校可持续发展计划的相关文件。

提示：

只要计划是事先制订出来的，而执行者要执行一份他们未参与制订的计划，就会有抗拒产生。要直接表达为什么会制订这样的计划，并在反应性层面承认这些怀疑和抗拒。然后在诠释性层面询问团队这一计划可能存在哪些积极和消极影响。最后，在决定性层面询问他们可以怎样更好地实施该计划。在这场讨论中，也可询问团队在下次制订计划时可以用什么方式更好地获得他们的意见。

设计者：

里克·阿斯特（Rick Ast）

讨论设计

开场白：

讨论活动规则——每个人都有自己的智慧；我们需要每个人的智慧才能获得最明智的结果；没有错的答案；整体大于部分之和；每个人都要倾听其他人的发言，也要努力让别人听到自己的声音。为了确保下一轮持续发展计划的实施，我们先来花一点儿时间回顾我们对持续发展计划的理解，想想这个计划对于我们的部门、对于我们自己的工作意味着什么。我们讨论的最后一个问题会是：你会开始推进哪些关键行动和优先发展战略？

客观性问题：

当你阅读持续发展计划的文件时，有哪些优先战略的内容吸引了你的注意？哪些关键行动与你的工作最相关？文件提到制订这个持续发展计划的过程是怎样的？

反应性问题：

计划的哪些部分对你最有吸引力？哪些部分跟你的工作较有距离？你对哪些部分有怀疑？

诠释性问题：

通读这份计划，你对我们的集团校有何认识？持续发展计划会对我们的学生有什么影响？哪一部分可能会影响哪类学生？计划的哪部分支持了你正在做的工作？哪部分的执行对你或我们来说较有挑战？

决定性问题：

要推进计划中的关键行动和优先发展战略，你和领导小组接下来可能的行动是什么？接下来我们可以怎样批判性和创造性地思考，以落实下一学年的持续发展计划呢？

结束语：

感谢你们今天付出的时间和思考。大家讨论的结果，就是我们集团校工作的重点。重要的是，每个人都理解这个计划，并不断改善我们的工作，令我们的学生、学生的家庭、我们的社区受益。

准备一场辩论

情境：

七年级的学生正在准备社会课的辩论（主题是一些有争议的话题，如是否赞同某种冲突——人和人之间的、人和自然之间的等等）。学生对使用焦点讨论法工作卡收集阅读内容、笔记、课堂讨论中的重要信息的方式已经很熟悉。

理性目标：

学生通过使用焦点讨论法框架来组织信息、准备辩论，能够更好地理解课程概念和影响决策的潜在因素（政治问题、政府组织结构等）。

体验目标：

学生可以通过探索某个角色或观点内在的情感因素，发展对他人的同理心。

讨论的具体起点：

文章、书籍、视频、网页、采访笔记等相关研究材料。

提示：

学生可以从合作学习中受益，他们可以互相帮助，详尽地讨论信息、建构相关概念，从多样的角度理解材料内容。

其他应用：

学生也可以在辩论现场使用工作卡来记录一些想法。可以在学习一部小说时用类似的过程——分成小组按章讨论；预测下面会发生什么；探索事件的变化会怎样分叉，最终会有什么结果；等等。

设计者：

芭芭拉·米尔恩（Barbara Milne）

对本讨论的评语：

教师在讨论过后的总结报告中提到，"在组织辩论、总结、反击对方陈词的过程中应用焦点讨论法框架，辩论的质量会显著提高"，同时，"学生会更关注问题本身，而会较少受到发言者个性的影响"。

讨论设计

开场白：

我们会用焦点讨论法工作卡来准备和研究自己的辩论主题，在相应位置做笔记来回应其中的问题。你可以自己进行研究，也可以找一个搭档进行研究。

客观性问题：

对于这个主题你已经知道哪些事实？关于这个主题，你听到、看到、读到过哪些具体的相关内容或事件？事件发生在何时何地？

反应性问题：

如果置身于这个事件发生的时间和地点，你会有什么感受？有什么情感性的问题或因素与冲突的发生有关？如果你在相似的情境中，会有哪些情绪？

诠释性问题：

在这样的情况下，情感上的反应或回应有什么样的重要性？如果这些感受没有被认可，会发生什么？这些感受会以怎样的方式导致最终的结果或达成解决方案？

决定性问题：

基于这些信息，我们应该做什么？你对这一辩论主题持支持还是反对态度？为什么？

结束语：

你可以用你的结论和分析来准备辩论发言。

总结一起破坏事件

情境：

学校活动中心的员工很沮丧，因为有人蓄意破坏了他们在之前一个活动中创作的壁画。

理性目标：

员工会分享彼此对这一事件的担忧，并参与处理这一破坏事件，降低其对活动的影响。

体验目标：

培养员工的沟通能力和团队协作精神，发起开放互动的讨论。

讨论的具体起点：

壁画的破坏情况。

设计者：

约翰·P. 史密斯（John P. Smith）

讨论设计

开场白：

请大家来简要地讨论一下这次针对壁画的破坏事件。

客观性问题：

壁画怎么了？关于这起事件，你看到或听到了什么？

反应性问题：

当你看到被破坏的壁画时，什么最令你沮丧？你还有什么反应？参与活动的人有什么反应？看到这一情形，勾起了你怎样的回忆？你对这一情形的第一反应是什么？

诠释性问题：

像这样的情况对于员工和参与者会有什么影响？就你开展面向青少年的工作而言，你对这起破坏事件的反应告诉了你什么？发生这起破坏事件有哪些可能的原因？我们可以做什么来回应这些原因？

决定性问题：

我们接下来要采取哪些步骤来行动？要让谁参与到这个过程中来？我们怎样能让我们的参与者也一起来处理这一事件？下一步我们要做什么？

结束语：

感谢参与这场讨论！你们的努力告诉我，你们对自己的工作和你们所指导的参与者都充满热情。

总结一次青少年活动

情境：

学校活动中心的员工刚结束一次盛大的活动。你准备带领团体来共同总结这次活动，以便了解活动开展的质量如何。

理性目标：

获得员工对活动的反馈，理解在计划过程中进行评估的重要性。

体验目标：

令员工体验旨在为其工作收尾的这一开放的团体沟通交流过程。

讨论的具体起点：

对活动的共同经验。

提示：

在客观性层面用"视频"这类的意象，可以令参与者先停留在这个阶段，注意观察发生了什么，而不是一开始就带着主观的意见。每个人都会看到其他人没有看到的东西。

设计者：

约翰·P. 史密斯

讨论设计

开场白：

我们刚完成了一次针对青少年的盛大活动。我们来一起聊聊在这次活动里的经验吧！

客观性问题：

想象一下，你正在观看一段有关这次活动的视频。你看到发生了什么事情？在活动中，你看到或听到参与者的哪些行为和语言？

反应性问题：

这次活动的哪些部分让你印象特别深？活动中你的高峰体验或低谷体验是什么？当你参加活动时，有什么感受？哪些工作进展得顺利？

诠释性问题：

活动里的参与者让你对自己有了什么新的发现？你对你的团队有了怎样的了解？你会给这次活动提什么建议？

决定性问题：

现在我们已经经历了这次活动，那以后我们可以做哪些调整？我们需要做些什么来回应这些建议？

结束语：

感谢你们的思考！有了你们的反馈，我们就可以继续改善我们的团队工作以及我们针对青少年开展的这些项目。

部门的 SMART 目标[①]

情境：

一所高中的一个部门必须拟制和学校整体目标相一致的部门 SMART 目标。对此，他们的时间很有限。

理性目标：

部门制定出一个符合学校整体目标的 SMART 目标。

体验目标：

部门成员共同聚焦于一个目标，承诺采取行动以达成这个目标。

讨论的具体起点：

学校整体目标；打印出来便于每个人都能看到的学生学业数据。

设计者：

克雷格·卡斯利克（Craig Caslick）

讨论设计

开场白：

（①指定一名计时员；②指定一名记录员；③介绍理性目标；④参与者就合作讨论的规则达成共识；⑤为焦点讨论设定时间表。）我们先来花几分钟，一起看看学生的学业成绩数据和学校整体目标。

客观性问题：

在你看这些数据的时候，什么吸引了你的注意力？你看到在学生学业成绩方面发生了什么？举一个具体的例子。

反应性问题：

在你自己的课上这个问题看起来怎样？

诠释性问题：

我们应该为什么而庆贺？应该为什么而担忧？我们部门最需要做的是什么？

决定性问题：

在我们设立 SMART 目标时，应该包括哪些要素？我们怎么把这些要素放在同一个目标中？

结束语：

请一位参与者读出最终制定的目标；请参与者发表最后的意见。

---

① SMART 目标：制定和管理目标的原则，好的目标应该具备明确性（specific）、可衡量性（measurable）、可接受性（acceptable）、现实性（realistic）、时限性（time-constrained），五个英文单词的大写首字母连起来就是 SMART。

设计一个计算机中心的青少年项目

情境：

在活动中心，一位指导老师找到一些学生，征求他们对新建的计算机中心准备发起的一个春假项目的建议。

理性目标：

理解什么样的想法和活动能吸引学生来参加计算机中心的活动。

体验目标：

每位被咨询的学生都会感到自己是计算机中心新项目的主人，并对其产生责任感。

讨论的具体起点：

学生们先前使用计算机的经验。

提示：

让这场讨论保持较快的节奏有助于吸引学生的注意力。但也要确保听到那些比较安静的学生的声音。如果需要，可以让小组停下来，等一下这类学生的回应。

其他应用：

任何青少年参与的项目都可以使用这个讨论设计框架，通过这类讨论令项目更符合青少年的实际情况，并使青少年更愿意参与项目活动。

设计者：

约翰·P. 史密斯

讨论设计

开场白：

今天我想跟你们聊聊咱们的计算机中心。我们想开展一些活动，吸引大家来中心参加活动。请大家说说你们觉得哪些想法可行。

客观性问题：

你参加过什么样的计算机活动？

反应性问题：

你用计算机时，最棒的体验是什么样的？你希望自己参与的计算机项目有什么样的内容？你觉得什么样的活动会让你有兴趣参与？

诠释性问题：

什么会吸引你来一个计算机中心？这个项目最重要的元素有哪些？为什么学生会被吸引来参与这样的项目？你们会从这个项目中学到什么或是有怎样的体验？

决定性问题：

为了让这个项目落地，我们需要采取哪些步骤？你愿意在开发这个项目的过程中承担什么样的角色？

结束语：

这些都是很棒的想法！我想我们可以开始行动，让这些想法变成现实。我也希望你们会有兴趣让这个项目帮助每一个人。

关于学校组织结构的一次多方对话

情境：

一位顾问完成了一份关于学校组织结构的建议书，交给了学校董事会。校董会希望家长、学生、社区居民和教职工都能针对这份建议书给出一些反馈。

理性目标：

获得家长、学生、社区居民和教职工针对这份建议书的反馈。

体验目标：

团体感受到问题的复杂性，并确信自己的声音得到倾听。

讨论的具体起点：

所演示的有关学校新的组织结构的PPT。

提示：

每个关于意义和影响的问题都单独用一张白板纸记录，每张纸在问题下方留够充足的书写空间，至少可以写下7条答案，在前5行的行首打出"·"，以示着重考虑。如果这种多方对话是在一个较大的团体内开展的，可以把问题写在纸的顶端，再把纸张贴在讨论场地周围，让参与者四处游走并给出相应回答。如果对于第一个决定性问题有太多建议，你可能需要再做一个"优先级讨论"（即一次简短的焦点讨论）来对最后的建议进行收敛。

结束语中的回顾可以允许团体在一次艰难的会议后反思整个讨论过程，也能支持到会议中做出的决定。

设计者：

大卫·威尔金森

讨论设计

开场白：

今天我们在这里回顾一下学校组织结构方面的信息，并提供一些建议。我们先请每位轮流介绍一下自己的名字，也请简单告诉我们你在学区里的角色。（PPT放映建议书的内容）

客观性问题：

这里使用的哪些术语需要澄清解释？这份建议书有哪些要点？

反应性问题：

这份建议书中有什么地方让你感到兴奋？有什么地方让你感到担心？哪些部分吸引了你？

诠释性问题：

什么对你来说是很重要的？对学生有什么意义和影响？对家长有什么意义和影响？对教师有什么意义和影响？这个学校的组织结构怎样影响学区内的社区？这份建议书对整个学区有什么影响？我们来看看我们说过的（大声读出每张白板纸上大家的回答）你能看到有什么共同之处？

决定性问题：

看到这些意义和影响，你会希望校董会考虑哪些问题？你会怎样用两三条建议来总结我们的共识，也即我们这个团体希望校董会考虑的内容？

结束语：

感谢你们投入思考和建议！这些建议会和其他小组的建议编辑在一起，最终交给校董会。

用数据墙评估学生学业表现

情境：

省级教育部门希望学校依据教育质量评估做相应改善。学校的教职工要评价这些评估结果的意义，决定优先采取哪些策略来提高学生学业表现，并依据这些策略行动。

理性目标：

确定要改善学生学习需要优先采取什么策略。

体验目标：

促使教职工愿意将数据墙作为改善学生学习的工具使用。

讨论的具体起点：

学生的学业表现数据墙。

提示：

在客观性层面可以使用"拼图法"，分成小组，每个小组分别关注数据的一部分，然后分享自己的观察。在反应性和诠释性层面的讨论中，把回应写在白板纸上，这样团体可以在讨论后面的问题时也看到这些信息。在这场讨论中，参与者看到数据墙后会有一种马上要讨论反应性和诠释性问题的倾向。这可能会带来防御性的反应，而不是深思熟虑的评估。

仔细地关注参与者的回应。第一次有人回答了一个还没问到的问题时，就要请他等到这个问题被提出来时再回应。如果你把问题写下来，作为会议的议程，这个过程会容易一些。在这场讨论里，克服跳过一些步骤的冲动是很重要的。

其他应用：

做一些调整后，这类讨论也可以用来向学校董事会或学生会汇报某些结果。

设计者：

珍妮特·萨沃德（Janet Savard）

讨论设计

开场白：

这是我们学校的数据墙，上面有我们的教育质量评估结果和借助标准化测试数据、阅读评估、报告卡信息，以及学区和省级的教育质量评估结果反映的学生学业表现数据。我们来花一点时间浏览这些数据，然后我会提问白板纸上的这些问题。我们会先关注事实，然后是联系和回应，之后是解读，最后是对行动的意义。

客观性问题：

每一类中，什么样的数据吸引了你的注意力？什么样的事实凸显出来？你有什么问题需要澄清？有什么对你来说不是很清楚？

反应性问题：

这些信息里，有什么地方让你感到意外？有什么地方让你感到担心？这些数据跟你自己的直觉或对学生学业的体验相比如何？

诠释性问题：

我们比较符合期待的部分有哪些？我们不太符合期待的部分有哪些？背后可能会有什么原因？在这些信息里浮现出哪些主题？这些内容里哪些对你来说最重要？为什么？首先需要回应哪些？为什么？

决定性问题：

从巩固我们的优势、回应我们担心的角度来看，你听到大家提到我们学校需要最优先发展哪个部分的技能？就目前而言，哪些是优先级较低的？在接下来的几年中，我们需要优先聚焦于哪三四个部分？每部分优先工作由谁来计划和负责？

结束语：

这将会是大量的工作，但它会给我们学生的学业表现带来改变。我们会用几个星期时间，每个小组完成一个行动计划，然后会再开一个短会来分享这些计划（可明确具体日期及时间）。

解读学校的相关数据

情境：

在一所集团校内，一些初中和高中的校长在解读一些与自己学校相关的数据，以便决定接下来在自己的学校中要如何应对。

理性目标：

所有参与者在结束时都能依据这些数据决定一项接下来可以采取的行动。

体验目标：

所有参与者都能更自在地解读数据。

讨论的具体起点：

印有学生数据的材料。

提示：

相关数据有时会包含一些爆炸性的敏感信息，分享这样的信息也可能激起防御式的或情绪较强的反应。因此，数据必须结合情境，分享给会受到相关决策影响的人。所有参与者都要有机会深入分析这些数据，并进行自己的解读。

其他应用：

可以与所有员工或某一个部门内的员工进行这类讨论。

设计者：

伊恩·佩蒂格鲁（Ian Pettigrew）

讨论设计

开场白：

我想邀请大家来解读这些我们收集的关于你们各自学校的数据。在你看过这些数据后，我会引导一场讨论，我们会来分析这些数据对我们这些学校领导意味着什么，这场讨论也会帮助你做出一些具体可行的行动决定。

客观性问题：

这些数据的哪些地方吸引了你的注意力？

反应性问题：

哪些数据让你感到备受鼓舞？（等一下我会问到你的担心）哪些数据让你感到担心？

诠释性问题：

你能看到这些数据呈现出什么样的共同特点或趋势？

决定性问题：

如果要在我们自己的学校环境使用这些数据，我们（作为初中和高中校长）接下来可以采取哪些具体的行动呢？

结束语：

感谢大家参与这样一场讨论，让我们很好地解读了这些数据。希望这个过程本身对你来说也可以作为一个参考，帮助你来组织一些敏感问题的讨论。

第一民族和梅蒂斯①学生教育目标的制订

情境：
每个区域的教育董事会都必须制订一份新学年针对第一民族和梅蒂斯学生的教育目标。

理性目标：
为委员会开展头脑风暴设立参考依据。

体验目标：
相信自己制订的目标基于现实和需求。

讨论的具体起点：
视频《为了安吉拉》，时长 21 分钟，加拿大国家电影委员会 1993 年制作。

提示：
这场讨论之后可以接着做一个或几个共识工作坊，以制订达成目标的执行计划。可以重新陈述本次讨论决定性层面的问题，作为共识工作坊的焦点问题：例如，"带着这个目标，我们可以为拓展第一民族和梅蒂斯学生的学习做些什么呢？"或者"我们可以做些什么，来拓展非第一民族和梅蒂斯学生对第一民族和梅蒂斯文化的学习呢？"。

其他应用：
这类讨论是很好的例子，从中我们可以看到如何从一个情境外部的视角开始，激发有意义的对话，讨论如何做出改变。

设计者：
克雷克·沃瑟斯庞（Craik Wotherspoon）

对本次讨论的评语：
"我们第一民族和梅蒂斯教育委员会的成员使用了焦点讨论法。讨论进行得非常顺利，在大量的讨论和反思后，我们拟订了目标，我们相信这个目标对我们所有学生都非常有价值。我们结束了焦点讨论，对于团队的讨论成果，我们感到很满意，也觉得充满了希望。"

讨论设计

开场白：
每个区域的教育董事会都必须制订一份新学年原住民学生的教育目标。第一民族和梅蒂斯教育委员会的工作是为考昆地区的新学年制订学校目标。这次讨论的原则包括：每个人都有自己的智慧；我们需要每个人的智慧才能获得最明智的结果；没有错的答案；整体大于部分之和；每个人都要倾听其他人的发言，也要努力让别人听到自己的声音。（观看视频）

客观性问题：
视频的故事里有哪些角色？故事在哪里发生的？视频中哪些内容吸引了你的注意力？你能想起来哪些对话台词？

反应性问题：
故事里的哪些部分让你感到温暖或"感觉不错"？你在哪里见证了人们的希望或激动？在什么时候你觉得自己也进入故事中了？你最先觉得自己跟谁相像？这个故事让你想起了什么？激发了你的哪些记忆或联想？

诠释性问题：
这个视频故事背后可能有哪些深刻见解？这段视频可能让我们对学校的第一民族和梅蒂斯学生有怎样的认识？我们从中能学到什么，以便来回应原住民学生的学习需要？

决定性问题：
通过以上这些讨论，我们要怎么总结在考昆地区为第一民族和梅蒂斯学生制订的教育目标？

结束语：
感谢大家！

① 第一民族（First Nations）和梅蒂斯（Métis）均为加拿大的原住民。

九年级数学学习任务的分析

情境：

数学顾问在和一个六到九年级的跨年级数学小组一同工作，计划怎样能支持学生学好九年级数学。他们决定从学习的成品开始入手——也就是学生在课程中要完成的学习任务。这里提出了对于九年级的数学课有价值的概念知识、技能、学业表现、数学思维。老师们已经做了一次有关九年级数学学习任务的头脑风暴。这场讨论是为了分析这些学习任务对于六到九年级的课堂意味着什么。

理性目标：

在六到九年级的课堂中，形成对学生学习内容和意义的共同知识和共同理解。

体验目标：

共同分担支持学生从初中数学学习过渡到高中数学的紧要任务。

讨论的具体起点：

之前形成的九年级数学学习任务的头脑风暴清单。

其他应用：

如果有清晰的学习任务，这一讨论可以用于其他任何学科。

设计者：

凯西·邓恩（Cathy Dunne）

对本次讨论的评语：

两场讨论都得到了真正需要的结果。教师间协同工作，真正形成了一个跨年级合作小组。大家认识到，六到九年级的数学课程是一个连续的学习过程。

讨论设计

开场白：

如果我们希望建立对学生在九年级数学课程中必须了解什么、能够做到什么的跨年级理解，那么最好的资源就是从学习成品也就是学生在课程中要完成的任务中找答案。这些任务提出了对于九年级的数学课程有价值的概念知识、技能、学业表现、数学思维。通过成立一个跨年级小组来分析这些任务，我们会形成对学生学习内容的共同知识和共同理解，从而在六到九年级的课堂上明晰这些信息意味着什么。我会引导我们小组做一次讨论，在讨论里探索我们从九年级学习任务分析中学到了什么，思考在我们小学到初中的课堂上都需要为此做些什么。我们先来看看之前头脑风暴的清单。

客观性问题：

在你回顾我们的头脑风暴清单时，你注意到了什么？在我们的任务分析中有哪些要点？

反应性问题：

我们的任务分析在哪些方面与你的思考一致？有哪些方面让你感到担心？你的学生会在什么地方觉得困难？你的学生会在什么地方做得很好？

诠释性问题：

有哪些你学到的东西会影响你的教学内容？有哪些你学到的东西会影响你的教学评价？有哪些你学到的东西会影响你的教学实践？什么对你而言是最重要的？

决定性问题：

我们需要在课堂上做些什么来支持学生成功地完成这些九年级的学习任务？

结束语：

你们已经指出了会在自己的课堂上着力实践的一些重要方面，这会支持学生成功地完成九年级的学习。你们也已经开始探索这些信息会如何影响你们在六到九年级的教学。感谢你们分享自己的智慧，也感谢你们愿意投入努力来支持学生的数学学习。

讨论一所高中学校的二次发展规划

情境：

一所学区的高中正在咨询所有的利益相关方，以制订一份学校二次发展规划。这些利益相关方被分成了若干个焦点讨论小组。学校与每个焦点讨论小组打算进行一个小时的讨论。这些讨论将为接下来的一个共识工作坊的头脑风暴部分奠定基础。每个焦点小组的代表之后会聚在一起，一同完成共识工作坊的讨论。

理性目标：

为明确高中二次发展规划而收集想法，之后将这些想法汇集起来，制订出学校二次发展规划。

体验目标：

在过程中体验到自己对学校的未来发展规划有发言权，尊重观点的多样性。

讨论的具体起点：

每个人基于各自的观察，对青少年行为及其周围环境的特点所做的分享。

讨论设计

开场白：

（1）讨论原则——每个人都有自己的智慧；我们需要每个人的智慧才能获得最明智的结果；没有错误的答案；整体大于部分之和；每个人都要倾听其他人的发言，也要努力让别人听到自己的声音。（2）背景——一年前，我们学区开始就学校二次发展规划问题咨询教职工和社区。学校董事会希望能更广泛深入地继续这个咨询过程，届时将会有一个咨询公司参与设计和管理咨询过程。学校二次发展规划咨询的第一个部分在今年春季从高中启动，从今天的会议开始。我们会组织一个高中学生小组，以及一个晚间的家长和社区成员小组，分别收集他们的意见。焦点讨论小组的引导者也会与八年级学生以及参与我们各种特别项目的高中学生会谈。我们也会咨询老年人委员会和其他社区团体，获取他们的意见。虽然今年春季的咨询从高中开始，我们也计划邀请更大范围中的成员给出他们的意见，包括小学。这个过程会持续到今年秋季以及下一学年。接下来几个月中，你们会知道更多咨询过程的细节。今天我们想从了解你们对"高中如何能在接下来五到十年更有效地教育我们的学生"这个问题的想法开始。我们会分成小组，做一场简短的焦点讨论，来探索每个人的想法，然后做一些头脑风暴，从我们高中教职工中收集想法。这些想法和相关的说明会记录在卡片上。每所高中会出两位教师，组成一个工作小组，在一个月之内把这些想法归类总结。这些想法将为未来五到十年的高中发展提供方向。在这里，先感谢大家今天做出的努力！

续表

提示：

这一讨论过程和相应的讨论问题可以先写在工作表中，之后再引导小组和个人思考并记录下自己的想法。这可以让过程进行得更快，特别是当团体人数较多时更是如此。

其他应用：

决定性层面的问题可变成共识工作坊的焦点问题。在这样的情况下，时间比较有限，只有工作坊的头脑风暴部分可以在会议中完成。共识工作坊的更多信息可参见本书附录。

设计者：

桑德拉·佩斯

客观性问题：

在过去十年中，你观察到你的学生以及他们身边的世界有什么改变？他们会提什么问题？他们对什么感兴趣？他们有什么样的机遇？在他们的世界中发生着什么？在我们今天的高中里，哪些部分发挥着很好的作用？

反应性问题：

你对青少年和他们的世界有什么担心？关于青少年和他们的世界，有哪些方面富有吸引力？

诠释性问题：

这些变化的情况对于我们的高中意味着什么？我们的高中因此会有哪些机遇？我们的学生对高中有哪些不同的需求或更多需求？在我们今天的高中里，哪些学生的需求被很好地满足了？在我们今天的高中里，哪些学生的需求没有被很好地满足？我们需要做哪些改变，来更好地满足我们学生的需求？有哪些东西会挑战我们去满足学生的需求？

决定性问题：

在未来五到十年中，我们需要怎样的高中来帮助学生更有效地学习？可以从下面这些方面（以及其他方面）思考：组织和领导力；学校氛围和文化；课程和内容；教学方式；接触家庭和社区。

结束语：

我们今天做了什么？什么让你感到惊讶、兴奋，或产生挫败感？我们学到了什么？我们会如何应用我们学到的？感谢你们对学生需求的专注思考。这些意见会推动高中学校二次发展规划的整个过程，这个过程也会融入学生、家长、公众、社区成员的意见。

在我们的课程中应用教学智慧策略

情境：

一所高中的教学部门在参加关于教学智慧策略的在职培训，现在已接近尾声，参与者打算通过一次团队反思来结束这一培训学习。

理性目标：

对应当关注哪些教学智慧策略做出决定，以改进自身的教学，进而实现部门和学校的 SMART 目标。

体验目标：

以不断改善教学，促进学校发展目标，持续作为一个专业性学习社群来合作与实践。

讨论的具体起点：

这次在职培训的经验，培训师包括巴瑞·班尼特所做的讲座。

提示：

在反应性层面请参与者把讲座培训的内容和自己的成功经验联结起来，这是迎接改变、改善自我的很好铺垫。

设计者：

克雷格·卡斯利克

讨论设计

（指定计时员、记录员和发布员；分享理性目标；参与者对讨论原则达成共识；确定焦点讨论的时间安排。）

客观性问题：

我们今天看到了哪些教学智慧策略？你还记得巴瑞·班尼特讲座中的哪些要点？

反应性问题：

你能回想起你已经在课堂上应用了哪些教学智慧策略？你对这些策略是怎样具体应用的？

诠释性问题：

这些策略对促进学生学习有什么影响？我们可以通过哪些方法来改进我们在课堂上对这些教学策略的使用？

决定性问题：

我们在我们的教学部门小组中要重点考虑哪些教学智慧策略，从而能够支持我们达成 SMART 目标？我们希望在每个小组团队中有怎样的最终产出？我们对此的时间安排如何？

结束语：

还有其他想法吗？请记录员和大家一起回顾讨论的记录。

主持一次个别安置和评估委员会会议

情境：

一位有严重残障的 8 岁男孩蒂姆的家长跟一位本地残疾人联合会的工作者在寻求给这个孩子一些特别协助，想让他进入社区附近一所学校的融合教育班级里学习。由于资金的限制以及缺乏受过特殊教育培训的员工，地区教育委员会的特殊教育部门建议把这个孩子安置在离家 30 分钟左右路程的一所学校，进入一个只有 8 名学生的隔离班就读。

理性目标：

在可用的资源范围内提供一个教育项目，可以满足学生的需要并能让家长接受。

体验目标：

在所有直接参与这个孩子的护理和教育的人之间，建立起一种持续、积极的关系。

讨论的具体起点：

有关这个孩子的一些临床信息。

提示：

由于本次讨论的时间很有限，可能会让人看起来是在会议之前已经做出了决定。这就可能需要在讨论之前先有一个更小范围的非正式讨论，探索有哪些可能的选择，再把这些选择带到这个正式讨论会议里。

设计者：

欧尼·科赫迈斯特（Ernie Kuechmeister）

讨论设计

开场白：

欢迎 D 先生和 D 太太，感谢你们的光临，也感谢你们邀请 W 女士前来在这次讨论中贡献她的经验。我是×××，这几位是……G 女士会做会议记录，之后你们也会收到一份记录。尽管这是个别安置和评估委员会为第六学区召开的一次法定会议，但我还是希望我们能通过相对来说非正式的对话，来达成尽可能多的共识。遗憾的是，我们之后还有其他会议，所以时间有限。

客观性问题：

关于蒂姆的状况，我们有哪些临床信息？他有哪些教育需求？有哪些个人护理需求？当蒂姆上学时，我们需要哪些资源来满足他的需求？他在出行方面有什么需求？

反应性问题：

有哪些问题一直让你们全家感到挫败？对与蒂姆工作的教师和其他人来说呢？我们目前已经取得了哪些成功？

诠释性问题：

我们可以怎样逐步成功？现在有哪些资源可供使用？怎么获取这些资源？我们怎么能获得额外的资源？我们还需要哪些支持性数据？可以从谁手中获得？何时能获得？我们这个家庭可以从哪里获得额外支持？

决定性问题：

作为首选方案，我们会把蒂姆安置在哪里？能够为其提供什么资源？作为次选方案，我们会把蒂姆安置在哪里？能够为其提供什么资源？我们什么时候可以确认对蒂姆的安置？对安置的决定，可以在什么时间、以什么方式申请复议？我们接下来要做什么？

结束语：

感谢你们提供这些临床信息，也让我们了解了你们各自重要的观点。我们已经提到了很多很重要的细节信息，我也想感谢每一个人的专心倾听。我们达成的决定是临时性的，委员会会考虑所有相关的学生，然后最终做出决定。最终决定会在×月×日前邮寄发出，如果有任何问题可以咨询我。

对改进幼儿园学生报告卡样式结构的讨论

情境：

学区内的幼儿园教师想设计一份可以在所有幼儿园内通用的学生报告卡。他们已经确定了报告卡的内容，准备要设计其样式结构，他们为此还收集了来自省内和全国的一些报告卡样例。

理性目标：

确定报告卡的样式结构，以准确反映课程内容，并方便与家长交流学生的进步。

体验目标：

所有员工体验到他们参与到了这个创造的过程里，从而更好地支持报告卡的使用。

讨论的具体起点：

报告卡样例。

提示：

要在讨论进行过程中就让家长参与进来，而不只是在结束的时候邀请他们，这一点是很重要的。可以注意到，这次讨论在开始的时候就给出了所有四个层面的问题。这可以让他们的思维更有条理，并为进入全体的讨论做好准备。

设计者：

利亚·安德鲁斯，金·麦康奈尔

对本次讨论的评语：

这次讨论过程对于参与的教师效果很好。他们对新的报告卡的样式结构和内容都很满意，家长也很满意。

讨论设计

开场白：

我们已经知道了想在报告卡里放入哪些内容，现在让我们一起来讨论一下报告卡的样式结构。请看看你们桌子上的样例，问问自己：哪些细节吸引了你的注意力？你喜欢怎样的样式结构？我们需要增加或删减哪些部分？你希望我们的报告卡是什么样子的？报告卡应该怎样布局？报告卡的主要标题可以有哪些？

客观性问题：

你在翻看这些报告卡样例时，有什么吸引了你的注意力？你看到不同的样例中有哪些不同的元素？你听到过家长对报告卡有哪些评论？你有什么问题需要澄清？

反应性问题：

你的第一反应是什么？这些样例中哪些最有吸引力？哪些最没有吸引力？

诠释性问题：

你发现了哪些重要的观点？这些格式中的哪些元素可以帮助我们就学生的进步进行有效沟通？

决定性问题：

我们应该如何组织这些元素，形成我们的报告卡？

结束语：

我们今天做了大量的工作，由于每个人的努力，我们创造出了能够准确反映课程内容，并可以很好地让我们与家长沟通学生成长进步的新报告卡的样式结构。我们的下一步是做一个报告卡的样品，然后再回来讨论。之后我们就会把报告卡交给具体执行部门和家长委员会，收集他们的反馈。

课程设计

情境：

教师们在备课，要把高阶思维能力融入不同年级和不同学科的教学与评估中。他们正在一同设计基于课程的教学和评估活动，以促进学生的高阶思维能力。

理性目标：

帮助教师优化教学设计，从而有效促进学生深度参与学习过程，令学生超越单纯的信息记忆，更深入地理解内容、建立联结。

体验目标：

有意识地在课程设计中运用焦点讨论法工具，并在这个过程中就学生的学习进行反思。

讨论的具体起点：

课程的学习目标。

提示：

可以用这种方式将焦点讨论法的结构用于高阶思维能力的培养上，也可以在教室里张贴焦点讨论法的海报，让这一思维结构对学生发挥潜在影响。

设计者：

芭芭拉·米尔恩

讨论设计

开场白：

我们要在课程设计中尝试一种新的形式，帮助我们在课程中促进学生的高阶思维能力。我们首先来看看课程的学习目标。

客观性问题：

课程目标中期待学生了解和掌握哪些知识、信息、技能？这堂课的主要学习产出是什么？

反应性问题：

在这个活动或这门课程、这个单元的教学中，我们希望学生体验怎样的反应或情感，从而与知识和概念之间建立情感层面的联结？（例如，与社会公正问题相关的同理心、敬仰、愤怒，或在掌握技能、达成目标过程中经历的满足感、自信的提升）

诠释性问题：

学生会如何把自己对这个概念的理解分享、交流、讲解给其他人？

决定性问题：

我们可以怎样让学生以有意义的方式运用这些信息？这些新的知识、技能可以激发出怎样的行动或决定？

结束语：

在下面几周中，选择一个教学或评估活动在课上实施。用焦点讨论法工作卡记录你的观察以及你对学生反应的反思。请在我们的下次教职工会时带来一份你的课程设计和工作卡跟同事们分享。

对学生作业进行协同分析

情境：

教学部门开会讨论对学生作业进行协同分析。

理性目标：

教学部门成员将会认识到作业协同分析的价值以及这一实践对教学产生的影响。

体验目标：

教学部门成员受到鼓舞和激励，愿意尝试对学生作业的协同分析。

讨论的具体起点：

关于检查学生作业的相关文章。

提示：

在讨论开始前，要设立讨论规则。教学部门的领导可以根据团体讨论的具体情况，选择做讨论的参与者或引导者。这类讨论可以在小学阶段用于年级组会议，或在初中阶段用于学科教研会议。

设计者：

伊恩·佩蒂格鲁

讨论设计

开场白：

我们要读一篇在学术期刊上发表过的文章，文章讲的是教师以小组方式来检查学生作业的过程。在我们阅读之后，会讨论四个层面的问题，你可以在文章中做一些标注和笔记。

客观性问题：

在你阅读时，有哪些具体的词语、观点吸引了你的注意力？（请直接引用，并说出具体页码，帮我们找到这些内容）

反应性问题：

文章的哪些部分让你感到非常认同？（很快会问到你有保留意见的部分）文章的哪些地方会让你持保留意见？

诠释性问题：

在文章里提到的这些想法中，哪个（些）对你个人或对我们整个部门来说是最易达到的？哪个（些）对你个人或对我们整个部门来说最具挑战？

决定性问题：

要把协同分析学生作业作为一项可持续的符合实际的实践，我们需要做哪些事情？我们需要制定哪些合作的规则？

结束语：

感谢你们积极的参与和坦诚的观点。希望我们能从今天的阅读和彼此设立的目标中有所收获。

六到八年级的数学课程内容结构图

情境：

数学顾问正在和一个六到九年级的跨年级数学小组工作，计划怎样能支持学生学好九年级数学。这个小组先做了一个关于学生六到九年级需要完成的学习任务的头脑风暴，然后做了一个讨论来分析这些数据（参见前文"九年级数学学习任务的分析"的讨论设计）。这次讨论将继续深入到一些细节，要画出不同年级学习内容的结构图，从而帮助参与者理解他们可以如何在课程中支持学生。

理性目标：

形成对六到八年级的课程内容应如何支持九年级数学学习任务的共同理解。对六到八年级课程知识和九年级任务的共同理解会让老师们明确对六到九年级学生有挑战的概念、知识、能力、过程、学生学业表现类型和数学思维。

体验目标：

共同承担责任，愿意为学生更深入、更自信地学习以及在受到鼓励后能持续学习贡献自己的力量。

讨论的具体起点：

跨年级的数学课程内容结构图。

设计者：

凯西·邓恩

讨论设计

开场白：

在之前的讨论中，我们确定了我们在课堂中必须"做"什么，才能帮助学生在九年级获得成功。现在，对我们来说很重要的是，理解六到八年级的课程内容是怎么支持学生在九年级的学习的。我已经制作了一张六到八年级的课程目标结构图，这幅图由围绕每个年级的目标教学主题而组成。让我们用10分钟的时间来看看这幅图，同时回想一下上一次在九年级任务分析中我们的所学。

客观性问题：

这幅图告诉我们哪些学生需要学习的内容？这幅图告诉我们哪些关于学生如何学习的观点？这幅图告诉我们哪些关于学生在学习时应该"做"些什么的观点？

反应性问题：

哪些内容或观点跟你的想法一致？你有什么担心？我们的学生会在什么地方感到挫败？我们的学生会在什么地方体验到成功？

诠释性问题：

有哪些概念、技能、数学思维对于支持九年级数学学习任务是至关重要的？有哪些是"最好熟悉"或对九年级的数学不那么重要的？课程内容在哪些方面很好地联结了不同年级的内容以支持完成九年级数学任务？哪些方面联结得不太好？

决定性问题：

带着我们的这些学习，作为一个跨年级小组，我们需要承诺做到什么来支持六到九年级学生的数学学习呢？

结束语：

你们都发现了很多可以让我们六到八年级的课程很好地支持学生九年级学习的方式。这依赖于我们跨年级小组对重要教学内容以及学生应该了解什么、做到什么、理解什么的探讨。感谢大家一同承担责任，愿意为我们的学生更深入、更自信地学习并在受到鼓励后能持续学习来贡献自己的力量！

处理有关工作截止时间的问题

情境：

有一位同事总是不能在截止时间前完成相应的工作（如提交某份报告等）。

理性目标：

通过找到有效、可控的应对策略，解决其不能有效管理工作截止时间的问题。

体验目标：

以互相尊重的职业化态度，找到双方都认同的问题解决办法。

讨论的具体起点：

这位同事最近的工作截止日期和相关工作表现。

提示：

重要的是，让无法按截止日期完成任务的这位同事在感受到一定压力的同时，也感受到谈话发起者对按时完成工作的困难的承认。谈话发起者对这个问题的处理既要直截了当，也要具备一定的敏感性。

其他应用：

如果对这个讨论设计稍加修改，还可以用来讨论处理教职工不能达到学校领导工作期望的问题。

设计者：

伊恩·佩蒂格鲁

讨论设计

开场白：

我想跟你进行一次谈话，谈话主要是围绕最近出现的与工作截止时间有关的情况。我知道我们的工作和生活都很繁忙，要按截止时间完成工作是很有压力的。所以，我们不妨一起来聊聊怎样更好地管理工作截止时间，以便我们能解决这一问题。我们需要谈谈如何能在截止时间前完成工作——因为这就是我们的工作目前面临的现实情况。

客观性问题：

我们最近有哪些工作有截止时间？根据你的观察，我们在最近这段时间内按截止时间完成工作的能力怎样？

反应性问题：

当你听到"截止时间"这个词时，会有哪些联想（词语、画面、情绪）？你有哪些关于截止时间的正面经验？（很快我会问到负面经验）你有哪些关于截止时间的负面经验？

诠释性问题：

目前有哪些因素阻碍着我们按截止时间完成工作？现实来讲，我们可以采取哪些新的或是不同的策略来帮助我们今后能按截止时间完成工作。哪些是最容易做到的？做到哪些会有较大的挑战？

决定性问题：

我们要设置什么样的程序来保证我们设置合理的截止时间，并按这些时间要求来工作？

结束语：

感谢你的思考，现在我对这些压力有了更全面的理解。我想我们可以确定一些实践策略和步骤，来满足未来的工作截止时间要求。相信我们之间的谈话会带来良性的改变，也会帮助我们履行好我们这份工作所要求的义务。

新的学生报告卡内容

情境：

学区内的幼儿园老师们想一同设计一份可以在所有幼儿园内通用的学生报告卡。几年之前，这些老师曾在一起研讨过教授英语语言艺术课程的关键内容和主要想法。

理性目标：

确定报告卡的内容以准确反映课程内容并能有效地用之与家长交流学生的进步状况。

体验目标：

所有老师体验到他们参与到了这个创造报告卡的过程里，从而能在将来更好地支持报告卡的使用。

讨论的具体起点：

幼儿园课程内容以及之前确定的有关语言艺术课程的主要想法。

提示：

先前确定的英语语言艺术课程的主要想法在这次讨论过程中很有帮助，老师们可以运用这些想法来清晰迅速地在报告卡中表明他们对幼儿园阶段早期语言艺术的教育期待。

设计者：

利亚·安德鲁斯，金·麦康奈尔。

对本讨论的评语：

这次的讨论对于参与的教师效果很好。他们对新报告卡的样式和内容都很满意。家长也很满意。

讨论设计

开场白：

在我们讨论你的报告卡样式结构之前，让我们先自己浏览一下幼儿园的课程内容，回顾一下其中有哪些要点，以及你们几年前确定的英语语言艺术课程的主要想法。问问自己：我们需要在报告卡中汇报哪些元素？在语言艺术领域外还有什么？你需要或想要在报告卡中主要汇报什么？

客观性问题：

在你浏览课程内容和之前确定的主要想法时，你看到有哪些关键概念或元素是要在报告卡中涉及的？还需要包括其他什么内容吗？

反应性问题：

你对此有什么疑虑？对报告卡中的哪些内容你觉得没有问题？

诠释性问题：

对于我们刚刚讨论出的这些内容，你从中看出了哪些类别？

决定性问题：

这些类别包括了你想在报告卡中涉及的所有内容吗？你还想添加什么？这些类别如何反映了我们这一地区幼儿园项目研究中的关键要素？

结束语：

现在我们已经确定了报告卡的内容，下一步就是确定报告卡的样式结构，报告卡的样式结构要让老师们觉得好操作，也要易于家长理解。

在家长会上与一位家长的谈话

情境：

一所高中的老师们正在准备家长会。一位老师分享了她打算与一位家长谈话的提纲，以便帮助所有老师都能与家长进行更有效的谈话。

理性目标：

帮助老师学会通过有效的谈话，与家长分享有关学生表现的信息。

体验目标：

双方建立相互尊重和信任，愿意投入精力，支持学生的学习。

讨论的具体起点：

学生的学习报告卡。

提示：

这一讨论设计由前文示例"家长会上，一位教师与家长进行谈话"的设计改编而来，以适应高中的情境。这是一个很好的例子，读者可以借此看到如何基于书中的讨论示例进行改编。

设计者：

蒙塔斯·拉姆坡塔（Montaz Rampertab）

讨论设计

开场白：

我们来看看关于您的儿子这学期进步表现的信息。

客观性问题：

这是我的记录本上的一些信息。有哪些地方需要澄清吗？你会补充什么信息呢？你听到过对约翰学习的什么样的评价？在你浏览他的学习报告卡时，你注意到什么？

反应性问题：

关于约翰的表现，哪些让你感到高兴？哪些让你感到担心？哪些让你觉得惊讶？你对这份详细的报告有哪些具体的担心？

诠释性问题：

关于约翰上半学期的表现，这些信息告诉了你什么？你觉得可能有哪些潜在的原因？我们需要对哪些主要的机遇或担心予以回应？你希望在这学期结束时看到怎样的情况？

决定性问题：

我们可以做些什么来达到这个目标？我们在哪些部分的共同工作很有效？哪里需要改进？我们需要做些什么来支持和鼓励约翰获得他有可能达到的最大进步？我们需要做些什么来确保约翰的教育目标得到了实现？我还可以做些什么来协助你？我们在这个学期剩下的时间里，需要做些什么呢？

结束语：

很感谢您今晚能来和我谈话。有了我们两个人对约翰的共同支持，我相信我们可以帮助他做得更好。

解决老师和家长在学生需要何种帮助问题上的冲突

情境：

一位单身妈妈给校长打电话，投诉她 10 岁女儿詹妮弗的老师，说这位老师没有按照上次家长会中承诺的那样为她的女儿提供额外的帮助。这位妈妈告诉校长，她的女儿在完成功课方面有很多困难，在家里完成作业对她来说已经越来越难了。她也提到，女儿跟她的父亲隔周会共度周末，也会共度一些假期。

理性目标：

认定学生的需求，以及所需要的额外帮助要到什么程度。

体验目标：

双方建立相互尊重和信任，愿意投入精力支持学生的学习。

讨论的具体起点：

观察到的詹妮弗的行为。

提示：

在讨论中，承认双方表达的挫败感、焦虑、怨气是很重要的，但同样重要的是，不要让任何参与者感到讨论结束时问题就已经被解决，事实上，这是不可能实现的。如同一个优秀的医生一样，教师要做的，就是表现出乐于提供帮助，但同时又很坦诚的态度。无论怎样，都不应当轻易承诺能够百分之百地解决好问题。

其他应用：

老师可以将这类讨论作为很好的资源，在之后的专业发展练习中不断研讨，甚至可以作为角色扮演的脚本。更好的一种可能是，如果每个人都愿意积极参与并允许拍摄，就可以用摄像记录实际发生的会议。如果要这样做，就需要彼此非常深入的信任，也要谨慎地处理相应的协议条款。

设计者：

欧尼·科赫迈斯特

讨论设计

开场白：

感谢 A 女士给我打这个电话，也感谢 T 先生建议我们见面来讨论大家对这一问题不同层面的担忧。我们都希望詹妮弗能很好地掌握学校的功课，同时可以做一个快乐的人。在我看来，我们今天是要在一起找到方法来支持彼此，帮助詹妮弗。

客观性问题：

你观察到詹妮弗在家有哪些与学校功课相关的行为？你在课堂上有什么观察？詹妮弗生活里的哪些背景因素可能与此有关？

反应性问题：

詹妮弗做的哪些事情最让你担心？詹妮弗做的哪些事情最让你满意？

诠释性问题：

在你个人能帮助詹妮弗的事情里，有哪些局限？你觉得还可能有哪些因素会导致詹妮弗在完成功课方面出现困难？你们每个人觉得詹妮弗更需要什么？在课堂上可以怎样回应这些需求？在家呢？詹妮弗在哪些方面有更多需求？你怎么看詹妮弗对你努力帮助的反应？詹妮弗自己应对困难的情况怎样？什么最能激励詹妮弗？为什么？詹妮弗对什么最不满？为什么？

决定性问题：

我们每个人都准备做些什么来帮助詹妮弗？我们可以怎样更好地沟通？我们怎样让詹妮弗加入我们准备采取的行动中？还有谁可以以一种建设性的方式加入这个过程？我们还应该考虑哪些其他可以帮助我们的资源？什么时间？做什么事？谁来做？我们何时可以回顾我们做的工作和结果？

结束语：

我们已经列出了一系列詹妮弗的需求。有一些是我们每个人都认同的，我已经标了星号。我还需要做什么调整吗？还有要补充的吗？感谢你们两位参与这次讨论，希望这次会谈让我们能更好、更及时地帮助詹妮弗；同时也能帮助我们找到未来可以借用的其他资源和策略。期待我们的下一次会面！

家长小组对新版学生报告卡的回应

情境：

学区教育委员会经过一年的工作，收集来自学区的意见，设计了一版新的学生报告卡，准备推行。在推行前，委员会希望了解家长对这一新版报告卡的反馈。

理性目标：

收集家长对新版报告卡的反馈。

体验目标：

为家长提供一次提出反馈的途径。

讨论的具体起点：

报告卡样例。

提示：

要很清楚地表达你对讨论者参与程度的期待。在这个讨论里，不是要参与成员做出决定，也不是为了要重新开始这个项目而收集他们的意见。当讨论者了解对他们参与程度的期待时，他们也会更坦诚地参与，做出更有帮助的讨论。需要有人协助引导者来回答那些需要澄清的问题，这样引导者可以保持中立的立场。

设计者：

桑德拉·佩斯

讨论设计

开场白：

学生报告卡的主要读者是家长。报告卡是与你们沟通学生学业情况的工具。因此，我们很重视你们对这些报告卡的意见。我们已经收集了很多建议，设计了一版新的报告卡。这版报告卡基本定稿了，但是我们希望在最后修改的阶段了解你们的意见。

客观性问题：

你首先注意到报告卡的什么部分？你注意到学生的学业是如何被报告的？你有什么希望委员会澄清的问题？

反应性问题：

对你来说，报告卡的什么部分是比较熟悉或让你感到舒服的？你对什么部分不太确定？你对这个报告卡有什么担心？

诠释性问题：

这些报告卡中的量表与你知道的有什么相似之处？有什么不同？这样的报告卡会对学生有什么影响——包括积极的和消极的影响？这份报告卡会传递给你怎样的讯息？如果要使用这版报告卡，你有什么问题需要得到澄清？

决定性问题：

你觉得这份报告卡的什么部分会起作用？什么部分对你来说不太有用？你需要怎样修改报告卡来使其更有效？

结束语：

在最后定稿中，我们会认真考虑大家作为家长的意见。最终版会在地区公立学校中使用。感谢大家今天的思考和参与！

理解加工新的信息

情境：

老师们正在考虑有什么样的方法可以回应在阅读方面遇到挑战的学生的需求。在阅读《理解的不同表现》一文后，老师们分享了各自对这篇文章的理解，并对相关信息进行加工，讨论决定他们要怎么应用文中提及的分类体系。

理性目标：

了解各种不同的"理解表现"，把这些信息用于对学生的评估、评价和项目学习中。

体验目标：

对一种新的分析学生阅读表现的方法感到好奇。

讨论的具体起点：

文章《理解的不同表现》。

设计者：

贝弗莉·马可尼斯（Beverly MacInnis）

讨论设计

开场白：

让我们来读读这篇文章，想想我们可以从中学到些什么，以及在我们的课堂上可以如何运用这些学到的东西。

客观性问题：

每种理解表现的特点是什么？针对每种理解表现我们可以做些什么？你注意到了哪些信息？

反应性问题：

文章中，哪些内容对于你来说有吸引力？你对哪些观点有点儿怀疑？

诠释性问题：

文章对理解表现的分类会对学生有什么影响？这种分类体系会如何支持你的教学工作？要应用这种分类，最大的挑战是什么？

决定性问题：

你会在什么时候使用这种分类体系？你准备如何应用？

结束语：

感谢大家一起探索这篇文章的内涵。接下来，我想在我自己的教学中应用一些我们今天讨论出的想法。

对成功经验的反思

情境：

老师们在教职工会议上基本上都在一起解决各种问题，很少有机会讨论一些其他问题。校长决定用会议中的一段时间专门讨论老师们在教学中的成功经验以及从这些经验中可以学到什么。

理性目标：

从成功经验中发现促进学生学习的关键因素。

体验目标：

从分享的成功经验中获得自豪感和自信心，从而继续前进。

讨论的具体起点：

分享的成功经验的故事。

提示：

鼓励参与者在听分享故事时不打断，全然地认可这些故事。

其他应用：

这类讨论可以用在你想在任何成功经验的基础上继续工作的场合。例如，可以与学校的办公室人员讨论，帮助他们发现自己在支持学生学业的过程中所担任的重要角色。

设计者：

乔·尼尔森

讨论设计

开场白：

我们都有过很多很成功的经验，但很少有机会去分享这些经验并从彼此的经验中学习。让我们花几分钟来彼此分享这些经验，大的或者小的都可以。我们每个人都依次做一个简短的分享，分享一下你曾在课堂上做过哪些有效促进某位（或某些）学生学习的事情。

客观性问题：

（在每次分享后询问其他参与者）有什么需要他（她）澄清的问题吗？

反应性问题：

在这些故事中，有什么地方让你感到最兴奋或最受启发？

诠释性问题：

这些对于学生学习有什么影响？为什么？除了这些故事中讲到的，你觉得还有什么重要因素会促进学生的学习？（列出参与者的回答）

决定性问题：

你会在自己的课堂上如何运用这些学到的东西？

结束语：

感谢大家的智慧！

解决教师之间的冲突：关于管理学生行为的责任

情境：

一名四年级的学生乔纳斯被其班上的老师安排去图书馆为一个班里的项目"做点儿研究"（查阅资料），但他不仅没有好好利用在图书馆的时间，还制造了一些混乱。这让图书管理员很不高兴，她让这名学生回到自己班里，没有向班里的老师做任何解释。这位老师很生气，给图书管理员写了一封批评意味很浓的邮件。两人都分别跟校长投诉了这件事，对对方"缺乏职业性"的做法很不满。

理性目标：

澄清并重新确定学生在图书馆查阅资料时要遵守哪些基本规则，以及谁应该对哪些事情负责？

体验目标：

鼓励教职工的职业合作精神，以及有效地解决问题的态度。

讨论的具体起点：

乔纳斯在图书馆里的行为。

提示：

很重要的是要避免把这起冲突事件中的一名或两名老师放到被责备的位置上。如果对话开始往"纠正以前的错误"的方向发展，那么要引导参与者重新关注学生的需求是什么。关于违纪行为的处理应该放在另外一次单独的讨论里。

其他应用：

有关这类管理问题的讨论，特别是像图书馆、体育馆等公共资源的管理，可以令更大范围内的团体受益，讨论时可选择邀请或不邀请相关顾问参与。

设计者：

欧尼·科赫迈斯特

讨论设计

开场白：

让我们聊聊之前乔纳斯在图书馆的事件。我知道你们两位都感到受挫和不满，因为你们都要很辛苦地去满足学生很多的需求。似乎总是不会有足够的时间来做到你们想要做的所有事情。像乔纳斯这样的孩子总会给我们所有人出难题。所以，我们就来花点儿时间，更好地去理解他的需求，并想想我们所有人能给彼此怎样的支持，好让我们在各自的能力范围内尽可能地满足他的这些需求。

客观性问题：

（询问图书管理员）告诉我们在图书馆发生了什么？（询问乔纳斯班里的老师）乔纳斯是怎样为这次项目研究做准备的？描述一下他去图书馆之前在教室里的态度和行为。

反应性问题：

你原本希望发生什么？在目前这种状况下，什么让你感到最沮丧？

诠释性问题：

你们两人各觉得是什么地方出了问题？你通常是怎么和像乔纳斯这样的学生相处的？说到学生"做研究"，你们两人指的具体是什么？从你的经验出发，你觉得乔纳斯的需求是什么？从你的角度看，这些需求可以怎样得到满足？既然我们都在与乔纳斯相处，致力于培养他的这种或是那种能力，那么我们可以怎样更有效地合作呢？

决定性问题：

我们决定做些什么来回应乔纳斯的需求？我们可以怎样改善我们的沟通？我们可以采取什么措施来更有效地解决类似的问题？

结束语：

我想我们现在更好地理解了乔纳斯的需求，也理解了导致这种误解的原因。感谢你们坦诚积极地参与，也感谢你们及时让我意识到这个问题。我们是否可以在几个星期之后，非正式地再碰一下，看看进展怎样，以及是否需要再讨论其他的解决方式？

修改学校效能计划

情境：

一所学校的相关部门正在回顾学生学业数据，准备据此修改学校效能计划。在这个过程中，参与者用"两人结对思考和分享"的方式来分析各自部分的数据，然后部门全体再一同来分析这些数据。

理性目标：

完成对学业数据的分析，设定学校在语言和数学学科以及学校文化氛围等方面的目标和接下来的行动，将其作为修改后的学校效能计划的一部分。

体验目标：

参与老师致力于投入提升学校效能的工作中。

讨论的具体起点：

学生的学业数据。

提示：

后面几个诠释性问题和决定性问题可能会激起很多讨论，因为这些问题并没有简单直接的答案。此时的挑战在于，在大家的话匣子被打开后仍需要将讨论聚焦在主题上，直至讨论结束。对此，可能需要将参与者分成小组，要求每组用一个简单的焦点讨论结构来讨论达成目标过程中的障碍和应对其的有效策略。

设计者：

托尼·马洛（Toni Marlow）

讨论设计

开场白：

我们作为一个部门，需要共同回顾一下学生的学业数据。我们要先理解这些数据，然后才能决定接下来要做什么。我们之前已经两人一组一同分析了这些数据。现在我们要试着找到这些数据中的一些趋势，决定如何修改我们的学校效能计划。

客观性问题：

什么吸引了你的注意力？你需要澄清哪些内容？

反应性问题：

你的第一反应是什么？什么让你感到惊讶？你会由这些数据联想到哪些专业知识？

诠释性问题：

这些数据的哪些方面对你最重要？对我们的部门呢？为什么？你看到这些数据中呈现了怎样的趋势？关于我们达成目标的情况——在语言和数学学科、学校文化氛围方面，这些数据告诉你怎样的信息？我们可能需要做哪些改变？需要先应对什么问题？为什么？

决定性问题：

我们应该设立怎样的语言学科的目标？怎样设立数学学科的目标？怎样设立学校文化氛围的目标？我们要如何完成这些目标？我们的第一步是什么？第二步呢？谁来做？

结束语：

这些都是很重要的决定，它们会帮助我们进一步完善学校效能计划。感谢大家的智慧和投入！

学校原住民教育的目标设定

情境：

学区学习委员会举办了一个工作坊，参与者是学区内不同学校的管理者，工作坊的目的是分享各自学校有关原住民教育的目标和进展。

理性目标：

了解学校在原住民教育上的进展怎样，以及如何理解原住民教育的意义。

体验目标：

深化理解，分享彼此的经验并从中学习。

讨论的具体起点：

关于原住民教育的统计数据和背景的报告。

提示：

如果团体人数超过 25 人，可以把问题写在白板纸上，分成小组同时讨论。

设计者：

里克·阿斯特

讨论设计

开场白：

这是一个很好的机会，我们可以与其他人分享自己的进展，澄清关于"原住民教育"的意义，从而深化和明晰我们对原住民教育的理解。（①介绍讨论原则；②说明：我们必须准备好并接受我们不会对讨论结果做出定论的事实；③导入：让我们从下面这一数据开始讨论……）

客观性问题：

在这部分数据里，什么吸引了你的注意力？你有哪些需要澄清的问题？有哪些方面你需要更多信息？

反应性问题：

这部分数据中什么让你感到惊讶？数据所呈现的跟你对这个问题的直觉或个人经验相比如何？什么最让你担心或让你感到焦虑？你在哪些方面感到纠结？哪些方面让你感到还有希望？

诠释性问题：

在你的学校里，原住民教育看起来和听上去是怎样的？原住民教育对原住民学生会有什么影响？对非原住民学生呢？对我们整个学区和共同的未来呢？你看到了哪些困难和阻碍？你有哪些优势和资源？

决定性问题：

在你的学校里，一个对原住民教育比较有用的工作定义是什么？你可以马上采取哪些措施，在你的教学和课堂上融入原住民教育？在你的学校里，接下来可以做什么？谁来做？什么时间完成？你个人接下来可以做些什么？

结束语：

为我们的学区构建一个共同的未来是需要我们为之奋斗终生。我们现在就要承担责任，采取积极而有创意的行动来向着这个愿景努力，这是为了我们的孩子，也是为了我们自己。我们今天下午都做了什么？有什么让你感到惊讶、兴奋或感到挫败的？我们学到了什么？我们会在我们的学校里如何运用我们学到的东西？……

对学校发展项目的年度反思

情境：
一位校长与学校发展项目的教职工一起就上一年的工作进行一次反思性讨论。通过这一讨论帮助她自己、学校领导小组、教职工学会应用相关的反思工具，为接下来的学期做计划。

理性目标：
反思学校的工作，为下学期的工作设定方向，为领导小组未来的计划提供建议。

体验目标：
认可所有教职工经历的成功和挑战。愿意使用新的反思工具继续发展领导力。

讨论的具体起点：
上一年的共同行动经验。

提示：
这一过程帮助参与者就同一个主题进行强化和深入的讨论（可以看到多样的观点），明晰决策的路径。

其他应用：
此类讨论可以用于需要不断发展壮大的其他项目。这是一个学习型社群需要的工具，可以促进行动、行动后的反思、经验中的学习以及行为改变。

设计者：
琼·梅尼舒克（June Mielnichuk）

对本讨论的评语：
教职工每年 4 月都使用焦点讨论法来对策略实施、失败、成功、未来方向等议题进行反思。

讨论设计

开场白：
我们要使用"焦点讨论法"这个工具来帮助我们作为一个团队对上一年做清晰的反思。这场讨论是要帮助我们从成功和挫败的经验中学习，决定继续前进的最好方式是什么。

客观性问题：
过去一年，你做了哪些在学校层面推进项目发展的工作？你在课堂上做了哪些主要的工作来推进学校的发展？

反应性问题：
你有哪些让自己自豪的成就？你对接下来的工作有哪些担心？如果你要用一幅视觉画面来描述你的工作，你会想到什么？为什么？

诠释性问题：
在学校或你的课堂推进这项工作的过程中，什么是最重要的因素？你看到有哪些现象反映了学生的成长？需要考虑哪些不同的做法来继续这项工作？

决定性问题：
对于学校或你个人而言，你觉得在下一年继续这项工作最重要的问题是什么？你下一年优先要做的是什么？你需要领导小组做什么来协助和支持你的工作？

结束语：
回想我们今天讨论的过程，你注意到自己思维和反思过程发生了什么？在这个讨论过程里，有哪些亮点？有哪些让你感到纠结？在你工作里，还有哪些部分的反思是很重要的？你会在什么地方应用这种讨论过程？

孩子（学生）的学业进步

情境：

一位教师以家长的身份参加了她的孩子所在班级的家长会，她在引导一次与自己孩子的老师的谈话。

理性目标：

家长和老师都能看到更多这个孩子的优势、需要提高的方面，以及明确接下来可以做什么。

体验目标：

家长和老师都为有机会进行一次关于这个孩子学业进步的坦诚对话而感到满意。

讨论的具体起点：

对学生的观察。

提示：

要让这类对话效果更好，同时也是教师的这位家长也可以在一张表格上回答这些问题，这样，孩子的老师反过来也可以更多地了解这个孩子在家的一些行为模式。这需要以一种客观、平静、观察性的方式来交流，否则双方的回答会像是出于防备的反应。家长需要用心肯定老师的工作，因为如果孩子的家长也是一位教师，有时会让孩子的老师感到有点威胁。如果这个过程可以有效进行，家长和老师就能从对孩子在家和学校行为的共同理解出发，更好地帮助孩子。

设计者：

伊恩·佩蒂格鲁

讨论设计

开场白：

我想了解你对×××（指孩子）进步情况的看法。我们都知道，孩子们在家和在学校的表现是不同的。所以，我们想了解你的观察跟我们在家的观察是否一致。这也会帮助我们一同支持×××的学习。

客观性问题：

你观察到×××作为学生，在你的课上有什么让你注意到的（如日常行为表现、与同学的互动交流、参与课堂的程度、对学习任务的专注度、完成作业的情况、技能的发展状况等等）？

反应性问题：

作为一个学生，×××在哪些方面让你感到欣慰？在哪些方面让你感到担心？

诠释性问题：

在发展学习能力或者成长为一个学习者这方面，×××需要做些什么？

决定性问题：

我们作为孩子的老师和家长，以及孩子本人需要做些什么，来保证他（她）在家和在学校都能持续进步、保持投入，同时又能感到一丝挑战呢？

结束语：

谢谢你为这次谈话付出的时间，也感谢你的坦诚和智慧。我想我们应该可以更好地帮助他（她）的学习了。

与夏令营员工沟通其退出项目的决定

情境：

一位负责儿童夏令营项目的员工想要退出项目，当地主管来找引导者沟通。他们已经与这位员工谈过话，但还是不太清楚这名员工为什么会有这样的打算。他们想请引导者与这名员工谈话，帮助他们决定接下来可以做什么。

理性目标：

创建讨论，帮助员工最终决定是继续工作还是退出项目。

体验目标：

员工会体验到沟通发起者以一种支持性方式在与其一同探索对未来工作的决定。

讨论的具体起点：

员工过去的经历。

设计者：

约翰·P. 史密斯

讨论设计

开场白：

你的主管告诉我，你可能对在这个项目中继续工作有些不确定。我在这里支持你的任何决定。我们一起来聊聊你在这项工作中的经历吧。

客观性问题：

你在这项工作中有哪些重要的经历？这些经历的哪些部分很重要？

反应性问题：

在你这段经历中，有什么让你印象深刻的话语、行为、情况？你最喜欢这项工作的哪些方面？最挑战的是哪些方面？你对你的工作感受怎样？关于这一经验，有什么让你感到惊讶？

诠释性问题：

在这段经历中，你对自己有什么了解？这段经历与你的目标有哪些一致或不一致的地方？

决定性问题：

下一步你想做什么？

结束语：

希望这次的讨论可以帮你决定接下来要做什么。如果需要更多帮助，请联系我。

帮助和指导野营地的主管

情境：

野营地的主管遇到了员工沟通的问题，找引导者来寻求帮助和指导。

理性目标：

帮助主管理解与员工讨论沟通问题需要采取哪些步骤。

体验目标：

让主管在讨论中感受到支持，使其可以自信地去与员工团队沟通。

讨论的具体起点：

主管与员工相处的先前经验。

设计者：

约翰·P. 史密斯

讨论设计

开场白：

谢谢你来见我。我们来讨论一下你现在遇到的跟员工团队的沟通问题吧。

客观性问题：

你看到或听到员工的什么行为和语言？

反应性问题：

有什么让你感到惊讶？你能记得哪些积极或消极的场面？你对员工团队的沟通状况最担心的是什么？

诠释性问题：

你觉得沟通问题背后有什么样的根源？要处理这些沟通问题，你觉得你可以做什么？还需要什么样的支持来改善现在的状况？

决定性问题：

要回应这些问题，你下一步要做什么？你怎样才能把员工团队也纳入这些解决方案中？回应这些问题的时间表应该如何规划？

结束语：

希望这个讨论对你有用。我觉得你对现在的情况已经有很好的掌握了，如果你需要更多的帮助，请联系我。

支持教职工之间的互动

情境：

在一次教职工会议上，学校教职员工需要就专业行为达成共识，决定怎样的行为对孩子最有益，同时又能令教职工可以用一种合作和支持的方式，作为一个团队来工作。这是一所学生来源很多元、有着不同文化背景的学校，因此，要回应学生的需求是很大的挑战。学校教职工数量很多，最近互相有些怨气。因为压力很大，有些员工对此的反应不是太专业。校长希望教职工能在对孩子和彼此相处的方式上保持一致。

理性目标：

这个团体找到他们可以在意见不同、压力很大的状态中互相支持的方法。

体验目标：

团体意识到，一致的专业行为可以帮助他们支持彼此。如果这个目标能实现，他们就会变成一个联结更紧密的团队。如果教职工能保持行为的一致，对孩子也最有益。

讨论的具体起点：

成人行为对孩子产生消极影响的例子。

提示：

把参与者的回答记录在白板纸上，特别要记录下行动。作为一名员工，可能在讨论开始时会有些犹豫。可以举几个例子，谈论一些普遍的行为，而不是专门针对学校员工，这样也许可以开启对话。

设计者：

唐娜·皮姆（Donna Pym）

对本次讨论的评语：

这个讨论进展得很顺利。四个月之后我请员工写一些反馈，收到了在实施讨论的决定这方面很积极的反馈。他们也提到，虽然与观点不同的同事面对面讨论是很困难的事，但当最后可以做到互相支持的时候却又让人感到无比欣慰。

讨论设计

开场白：

我们是一个真正的团队。我们曾一起讨论过有关阅读理解的学校教学目标，我们曾一同去阅读一本书并分享阅读策略，我们给同年级组伙伴的支持，我们在团队会议中共同做出的决策，这些都是我们如何成长为一个专业学习社群的标志。我们共同工作，来为学生学习建设一个安全有序的环境。作为个人，我们都知道这份工作给我们带来多大的挑战，有时会因为压力，让我们的工作方式不那么专业。我们也知道，我们并不能总是做出最好的决定。但是，我们了解得更多，也就能做得更好。如果我们真的要建立一个互相支持的群体，就要能够一起讨论这些情况。对我们来说，最困难的就是直面与我们意见不同或其行为让我们感到不舒服的同事。但是我相信，如果我们是出于支持和关爱而不是批判，就能为我们的员工和学生创建最好的环境。

客观性问题：

现在，请大家想想，你看到过哪些行为（不一定是在我们学校里），让你觉得不是出于让孩子受益的角度而发生的？

反应性问题：

当你看到有人采取这样的行为时，你会有什么感受？你为什么会对这样的行为感到担忧？这对我们作为学校员工会有怎样的影响？

诠释性问题：

这些行为背后可能有什么？——比如，是什么增加了我们工作的压力？当这些行为发生时，我们可以做什么？作为同事，我们能怎样帮助彼此或得到帮助？怎样的做法对于你个人是有效的？

决定性问题：

我们需要做些什么来确保这些改变会发生？我们要做些什么来让这个过程更顺利？我们都希望可以做有益的、公平的和正确的事情。

结束语：

感谢大家在这场讨论中保持开放的态度。几个月之后，我会看看大家进展得怎样。

对一个过渡项目的学年末总结

情境：

出于一位成员的建议，特殊教育团队在学年末会面，反思这一学年中过渡项目的进展，深入回顾一年中所做的工作，对下一学年的工作做出决定。

理性目标：

基于对上一年经验的回顾，做出对下一学年过渡项目的计划。

体验目标：

承认过渡过程中所经历的纠结，确认一直以来发生了什么，对未来寄予希望。

讨论的具体起点：

过渡项目团队过去一学年的经验。

提示：

这是一次简单有效的讨论，可以帮助一个团队成为学习型团体，从过去的经验出发构建未来的行动。记录下每个问题的答案，在活动后马上把结果发给每位参与者，可以保证其中的观点不被遗忘。

设计者：

玛丽·帕斯洛（Mary Parslow）

讨论设计

开场白：

我们来反思一下今年我们经历的过渡过程，来汇集一下我们的集体智慧。

客观性问题：

当你回顾过渡过程的时候，有什么样的记忆凸显出来？

反应性问题：

我们在什么地方感到纠结？

诠释性问题：

过渡项目的主要目的或产出应该是什么？我们为什么要以这样的方式过渡？有哪些关键问题和领域？

决定性问题：

你会建议对这个过渡过程做哪些改变？

结束语：

这是一场很有价值的讨论。我会把大家的观点记录下来。我们在秋季学期开始时会继续就细节工作进行讨论。祝大家暑假愉快！

理解"逆向课程设计"模型的核心原则

情境：
一位顾问在帮助一个教师团体改善他们的课程设计过程。顾问用一篇文章来启发团体。

理性目标：
参与者可以很好地掌握"逆向课程设计"的模型。

体验目标：
参与者可以更自信地在自己的教学实践中应用这种设计方法。

讨论的具体起点：
关于"逆向课程设计"的文章。

提示：
用一篇文章作为讨论的具体起点有助于阐明理论，并支持对这种课程设计模型的使用。要将理论拓展到实践中，可以接下来再做一次后续的焦点讨论。在第二次讨论中，可以用一节课或者一个单元例子作为讨论起点，这就有助于帮助讨论者看到一节课或者一个单元用这种理论模型设计之后看起来到底是什么样子。也可以提供两个相反的例子，来强调这种设计模型的价值所在。

其他应用：
这类讨论可以做一些改变，用来探讨任何与现有实践不同的教学或评估方法（过程）。

设计者：
伊恩·佩蒂格鲁

讨论设计

开场白：
为了帮助我们了解为什么要进行"为理解而教"或者是"逆向课程设计"以及相关背景知识，我们要读一篇期刊文章——《指向行动的逆向课程设计》。我对这篇文章做了一些删节，去掉了与我们的工作没有直接关系的一些材料。你在阅读的时候可以做一些标记和批注，读完后我们会一同讨论。

客观性问题：
你注意到哪些词句、陈述，或者你对哪些内容产生了共鸣？（请直接引用文章中的话）

反应性问题：
你感到哪些内容很有吸引力或对之感到欣喜？（接下来我会问有哪些内容让你觉得困惑或难以理解）哪些内容让你觉得困惑或难以理解？

诠释性问题：
对于你（作为一名教师）来说，文章中提出了什么样的关键观点？

决定性问题：
接下来，你需要采取什么行动来在课堂里实践这一理论模型？

结束语：
感谢大家的参与并提出你们的见解、分享你们的课堂实践。这次讨论令我们在个人层面和在集体层面对于"逆向课程设计"模型的理解更丰富了。我想今后我们可以运用这些元素，借助理论指导展开实践应用。

处理家长从宗教及文化角度对一个游泳项目提出的反对意见

情境：

在几年前一次学校春游活动中，一名学生意外溺水。因此，学校在一到六年级体育课程中设立了一个游泳项目。当一些穆斯林家庭迁入这个学区时，这些家庭拒绝让自己的女儿在有男性同学和教师在场的情况下参与这个项目。校长发起了一个会议，邀请相关的家庭来参加讨论。

理性目标：

找到一个可以被接受的方法，令高年级女学生可以参与这个游泳项目。

体验目标：

学校的不同族群文化社群可以体验到他们对与自己孩子有关的决定是有影响力的，对解决方案感到满意。

讨论的具体起点：

对游泳项目的描述，以及相关家庭的担忧。

提示：

要解决文化差异带来的问题，通常需要很长时间的讨论，需要试错，最后才能形成各方都满意的方案。这次讨论设计了很多问题，实际讨论中尽可能少地只使用最需要的问题。

引导者需要觉察到自己的倾向性，要坚定地维护开放的讨论氛围，直到最终达成各方满意的结果。尊重所有不同的观点。特别是当一个可行的解决方案在参与者的挫败感中悄悄消逝的时候，是真正考验引导者的时刻。

设计者：

欧尼·科赫迈斯特

讨论设计

开场白：

女士们，先生们，晚上好！感谢你们在临时通知的情况下还可以来参加今晚的讨论。跟我一起的是两位负责游泳项目的教师和一位校医，他们会描述游泳项目并回答问题。我们学校有一个学习游泳项目，这个项目的设立源于几年前的一起学生溺水事故。我了解到，有一些家庭出于宗教和文化原因，希望自己在上高年级的女儿不要参加这个项目。

我们首先来对这个游泳项目有一些更清晰的了解。请教师先来介绍一下这个项目的框架和项目开展的步骤。

客观性问题：

大家有什么需要澄清的问题？我们有一些人对相关的文化背景不太熟悉，可否请一位家长为我们描述一下，你们对于年轻女性有哪些期待？

反应性问题：

我们已经介绍了这个游泳项目，现在有什么最让你感到困扰的？我们对这个问题有什么矛盾的感受吗？

诠释性问题：

在这里的其他人是否有解决类似问题的经验？我们在哪里可以找到解决这样问题的办法？是什么把我们分隔开？是什么让我们联结在一起？我们需要回应哪些担心？我们有哪些看法？每种选择各有什么优缺点？

决定性问题：

我们需要对游泳项目的开展方式做哪些调整？我们怎么才能平复这些担心呢？我们能如何加强已经在发挥作用的一些工作？我们接下来要做什么？我们要怎样对结果进行评估和沟通？

结束语：

这次讨论为我们提供了很多信息，希望我们都能对这个问题和所有相关人的立场有更好的理解。看起来我们已经开始解决这个问题了。带着我们每个人的良好愿望和耐心，我相信我们会克服这个障碍，我们所有的孩子也都会从中受益。

教师个人学习与合作分享的反思

O（客观性） 在你的课堂上，你观察到（看到/听到）学生有什么反应？在他们的作业或任务中呢？	**R（反应性）** 当你思考学生的反应，或其在活动中的参与情况时，头脑中有哪些反应（感受、联想、问题）？

> **课程设计**
> **教师个人学习与合作分享的反思**
> **课程（年级及学科）：_____**
> **姓名：_____日期：_____**

I（诠释性） 这对学生的学习会有什么影响？（你的见解和判断）	**D（决定性）** 你需要做哪些决定（选择、下一步行动），来设计未来的课程？

设计者：

巴博·米尔恩（Barb Milne）

一段内容讲解之后的反思

O（客观性）	R（反应性）
我所讲解的内容中，有什么让你特别注意到的？ 	我在讲解中出示的图表让你有什么反应？你觉得你的教职工会有什么感受？你的父母会有什么反应？ 
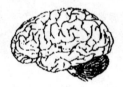 **I（诠释性）** 如果你的学校形成了一种痴迷于学习的文化，这对于教学实践意味着什么？	 **D（决定性）** 你可能会怎样跟老师或家长或学生谈论我们今天的交流？

设计者：

帕特·萨克斯-布朗（Pat Sachse-Brown）

对会议成果进行反思

O（客观性—观察）

你今天在这里看到了什么？

R（反应性—反应）

你对此有怎样的反应？

会议的名称和日期

I（诠释性—含义）

这对你来说意味着什么？

D（决定性—方向）

你会做出怎样的改变？

设计者：

加拿大文化事业学会，2013 年

第四部分

附录

附录一
本书贡献者

以下人士对本书的讨论设计均有贡献。他们的智慧、洞见、创造性是教育的可贵财富。

Doug Balsden, Cochrane, Alberta

Karen Wright Bueno, Thornton, Colorado

Gail Burton, Calgary, Alberta

Lucille Chagnon, Willingboro, New Jersey

David Church, Winnipeg, Manitoba

Burna and David Dunn, Denver, Colorado

Carol Fleishman, New Orleans, Louisiana

Karen Greenham, London, Ontario

Pearl Gregor, Edmonton, Alberta

Trish Griffin, Winnipeg, Manitoba

Beret Griffith, San Carlo, California

Barbara Hall, Yellowknife, Northwest Territories

Gordon Heaton, Highlands Ranch, Colorado

Don Hinkelman, Hokkaido, Japan

Ellen Howie, Altamont, New York

Robyn Hutchinson, Lewisham, Australia

Suzanne Jackson, Toronto, Ontario

Sorene Kampen, Dawson Creek, British Colombia

Simon Koolwijk and Jouwert van Geene, Amsterdam, The Netherlands

Leslie Lambie, Dawson Creek, BC

Teresa Lingafelter, Redlands, California

Barb Low, Woodstock, Ontario

Sandy McAuley, Yellowknife, Northwest Territories

Jann McGuire, Lindsay, California

Dana McTavish, Winnipeg, Manitoba

Barb MacKay, Winnipeg, Manitoba

Jill Persichetti, Houston, Texas

Claudette Petuin, Winnipeg, Manitoba

Linda Reid, London, Ontario

Jim Roscoe, Shanghai, China

Pam Santesteban, Glendale, Arizona

Pat Scheid, Washington, DC

OliveAnn Slotta, Denver, Colorado

Brenda Hutcheson Smith, Nome, Alaska

Cathryn Smith, Winnipeg, Manitoba

Jim Spee, Redlands, California

Peter Taylor, Boston, Massachusetts

Kathy Thomas, London, Ontario

Karen Snyder Troxel, Chicago,

Jane Stallman, San Francisco, California

Jeanette Stanfield, Toronto, Ontario

Jeff Steckley, Woodstock, Ontario

Brenda Turnbull, Woodstock, Ontario

Carol Webb, Denver, Colorado

Jim Weigel, Phoenix, Arizona

Judi White, Crescent City, Florida

Creating a Culture of Change Project, Ontario Teacher's Federation, Ontario

Parents, teachers, and students from the public and separate school boards in Durham Region, Ontario

Teachers from Manley, Mason, Herzl, Lawndale, Dvorak, Lathrop, Pope, Johnson, and Chalmers schools in Chicago, Illinois

Leah Andrews, High Prairie School Division 48

Rick Ast, Regina Public Schools

Jamie Babcock, High Prairie School Division 48

Craig Caslick, Peel District School Board

Cathy Dunne, Peel District School Board

Ernie Kuechmeister, Peel District School Board

Kim McConnell, High Prairie School Division

Beverley MacInnis, Edmonton Public Schools

Toni Marlow, Halton District School Board

June Mielnichuk, Edmonton Public School Board

Barbara Milne, Edmonton Public School Board

Jo Nelson, ICA Associates jnelson@ ica-associates. ca

Sandra Pace, Regina Public Schools space@

Mary Parlslow, School District 59, Dawson Creek, BC

Sarah Patten, Peel District School Board Ian Pettigrew, Peel District School Board

Donna Pym, Regina Public Schools

Montaz Rampertab, Peel District School Board

Pat Sachse-Brown, Edmonton Public School Board

Janet Savard, District School Board of Niagara

John P. Smith, City of Toronto Recreation Department

Staff of Sir Albert Love Catholic School, Durham Region

Katherine Weinmann, Edmonton Public School Board

David Wilkinson, Des Moines, Iowa

Craik Wolherspoon, Regina Public Schools

附录二
用于引导焦点讨论的一些起点

　　成功引导焦点讨论法的关键就是以具体的对象或共享的经验作为讨论的起点。这可以让讨论从一开始就具备客观性。有时，找到合适起点的困难不亚于设计合适的问题。下面列出了一些可能的起点，或许会对大家有帮助。

电影和视频

　　培训视频；剧情片；凸显某个有价值观点的一幕或一段视频；商业广告短片

文件

　　政策文件；组织机构的使命陈述；课程文件；调查结果；书面作业；项目描述；样品或草案（如学生报告卡的样例）；共识创建类工作坊的成果；体现学校发展成就的数据；"数据墙"（在墙上粘贴展示的各类数据）

艺术或艺术形式

　　海报；图表；绘画；照片或相册；雕塑；音乐；舞蹈

学习体验

　　概念的讲解；技能的展示；学生项目；角色扮演；演讲或报告；观察到的行为表现

新闻事件

　　杂志文章；报纸文章；电视纪录片；近期分享过的一些公众事件

个人经验

野外旅行；假期活动；游戏；讨论开始时分享的之前经历过的故事；在与讨论相关的空间中考察参观

职业经验

教职工评估；家长参观；学生采访谈话；最近的教职工会议；近期操场上的冲突事件

知名人物

英雄或著名人士；伟大的老师；反面人物；神话人物；文学作品中的人物；体育或电影明星

神话故事

民间故事；传奇；神话；童谣

文学

戏剧；小故事；短篇小说；儿童故事；其他类的文章

引言

专业文献；文化类的文本；启发性的文字

象征符号

文化象征物；历史物品（古董）

附录三
焦点讨论法每个层面的问题示例

这些问题示例来自不同的讨论设计，它们展示了焦点讨论法每个层面可以涵盖的问题范围。当你从头开始设计讨论时，这些问题可以给你一些提示，甚至也许会小小挑战一下你的想象力。

客观性层面的问题

1. 故事中有哪些人物？

2. 你看到了哪些物体？

3. 这份文件讲了些什么？

4. 事故中有哪些车辆？

5. 老师说了些什么？

6. 描述你看到桌子上有哪些东西。

7. 你的教职工们表达了对这个项目的哪些担心？

8. 我们目前已经完成了哪些步骤？我们首先做了什么？其次呢？接下来呢？

9. 演讲者的主要观点是什么？

10. 你注意到每个团队展现了哪些肢体语言？

11. 你有什么问题需要澄清？

12. 请大声读出调研结果的概述。

13. 什么词语吸引了你的注意？

14. 回想你的生活，分享你自己在搜索信息方面的一次经历。

15. 在翻阅这一文件的时候，你注意到文件提及的这门课程分为哪几个部分？

16. 这里的哪些事实吸引了你的注意力？

17. 你还想知道其他什么信息？

18. 我们知道哪些相关的背景信息？

19. 你听到父母对此有哪些评论？

20. 从我们上次开会之后到现在发生了什么（与我们工作相关的成就、事件、活动等）？

21. 目前我们了解哪些有关本区的统计数据？

22. 关于对这位教师的行为，你自己有什么观察记录或报告？

23. 你在什么地方看到过有效的团队合作？举一个例子。

24. 回忆一下演讲者所做的演讲内容，描述你听到的其中的一点内容。

25. 如果把你自己想象成墙上的一架摄像机，你会记录下怎样的行动、话语、对象或情景？

26. 你见过哪些具体的不良行为？

27. 你什么时候看到过他表现得很好？

28. 告诉我发生了什么。试着从一个拿着摄像机的外部记者的角度出发，越具体越好。

29. 你今天做了什么？展示一下你今天所做的事情。

30. 这项活动的规则是什么？

31. 你对项目的哪一部分记得最清楚？

32. 你在课堂上使用的一种评估策略是什么？

33. 哪些数据吸引了你的注意力？

34. 我们已经讨论了哪些主题？

35. 在通读我发给你的这份资料时，你注意到了什么？哪些内容吸引了你？

反应性层面的问题

1. 你感到故事的什么部分好笑？

2. 什么时候你感到害怕或恐惧？

3. 今天讨论的哪些环节（内容）让你感到困惑、兴奋或应接不暇？

4. 在这一年里，你在哪些方面对×××（指人名）心存感激？

5. 在今天的活动中，你们的高峰体验和低谷体验分别有哪些？

6. 你头脑中出现了什么样的画面？

7. 你最先认同哪个人物？

8. 令我感兴趣的这些内容使我想到什么？

9. 什么让你感到惊讶？

10. 这唤起了你什么样的回忆？

11. 你在什么时候感到高兴？

12. 在什么时候你真正感觉到自己投入其中？

13. 你被这段视频的哪些内容打动了？

14. 哪些内容让你感到愤怒？

15. 你最喜欢什么动物？

16. 你的第一反应是什么？

17. 对于实施我们的计划，你有什么感到担心的地方？

18. 哪一点让你觉得仍然具有启发性？

19. 什么地方让你感到毛骨悚然，或感到自己很脆弱？

20. 什么地方——哪些词句让你觉得最有力量？

21. 哪些内容最让人警醒？

22. 你觉得哪些内容是可以接受的？

23. 请你站在一位家长的立场上思考一下，是什么让他（她）感到沮丧？

24. 这其中，你特别厌恶的是什么？

25. 关于我们的工作，有哪些地方你感到做得最好？

26. 我们在哪些地方感到最纠结？

27. 你会一下子联想到什么样的动物或几何形状？

28. 眼前的哪些工作看起来是沉重的负担？

29. 你的表情看起来会是怎样的？做给我们看看？

30. 对你来说最糟的是什么？

31. 教学对你来说最大的乐趣有哪些？最大的挑战有哪些？

32. 什么让你感到震惊？

33. 什么让你想要逃跑？

34. 请举出一件别人做过的、让你感到挫败的事。

35. 你在哪些地方能找到最微小的一线希望或一点乐趣？

36. 他的哪些行为让你最担心？

37. 你会通过身体内的哪些部位感受到这种沮丧？

38. 你在这里喜欢做些什么？带给我你最喜欢做的东西看看吧。

39. 什么时候你在这里会感到悲伤、愤怒或不开心？

40. 什么时候你感到最自豪？你希望当时在哪些方面能做得更好？

41. 项目中哪些部分让你感到最惊讶？

42. 什么时候你会有恍然大悟的感觉？

43. 什么环节让我感到如坐针毡？

44. 什么环节让我感到昏昏欲睡？

45. 这一年有哪些故事或回忆，让你能把大家的表现跟你的工作联系起来？

诠释性层面的问题

1. 这个故事是关于什么的？故事传达了什么讯息？

2. 你的一个关键性发现是什么？

3. 你在哪些地方取得了突破？

4. 这对你个人有什么影响？对你的工作呢？

5. 什么是最有价值的？

6. 哪些做法的益处最小？

7. 为了鼓励学习的发生，他所做的最大胆的事情是什么？

8. 事故发生的原因是什么？

9. 我可以从中学到什么？

10. 你对自己有什么发现？

11. 如果你在这个故事里，你会是哪个角色呢？为什么？

12. 为什么这一点这么重要？

13. 在应用这个流程时，对你最大的挑战是什么？

14. 这些问题有哪些相似之处？或者它们彼此之间是如何联系在一起的？

15. 他们所做的这些与我们学校的需要或目标相关的行动，有哪些看起来是正中目标的？

16. 这跟我们上节课学到的公式有什么相似之处？有什么地方不同？

17. 你们分享的这些有关成功学习的故事之间，有什么共通之处？

18. 这其中有哪些独特的部分？

19. 你听到了哪些共同的问题，即各个小组都曾反复提及的观点？

20. 你觉得作者在试图把什么样的讯息传递给读者？

21. 是什么使得这条讯息如此重要？

22. 这次体验让你有什么改变？

23. 我们在哪些领域的共同工作最有效？我们需要在什么地方有所改进？

24. 从你的观察和反思中，你看到的一个相关的价值点是什么？

25. 这些问题中，最让你感到担心的是什么？

26. 如果再来一次，你会做哪些调整？

27. 如果你在这幅画里，你会是谁？你会在做什么？

28. 你在什么环节遇到了问题？为什么？

29. 这个草案有什么需要修改、替换之处？

30. 这些建议里，哪些对你最重要？为什么？

31. 完成哪些部分的工作是最重要的？

32. 到现在为止，你听到的哪些问题、担心、反对或障碍是最需要谨慎回应的？

33. 你觉得这个部分还缺少什么？

34. 你看到哪些趋势显现了出来？

35. 在实际生活中，在我们日程工作中，这些（理念、方法等等）看起来是怎样的？

36. 关于"我们是谁"的问题，这一点向我们揭示了什么？

37. 我们可以怎样组织这些概念，以进行更有效的教学？

38. 有哪些根本性的问题？

39. 面对这种新情况，你认为有可能存在哪些积极的和消极的影响？为什么？

40. 当我们完成这个项目时，结果会是怎样？

41. 我们可以做些什么来应对这种情况？

42. 关于我们去年的工作，这一点告诉了你哪些信息？

43. 你学到的一个新观点是什么？

44. 这和你在学校、学区、学校委员会的身份有什么关系？

45. 它有什么优势和弱点？

46. 你听到刚刚大家所说的哪些东西是我们共同的目标？

47. 在这些共同目标中，你优先考虑的是哪一个？

48. 你从这项研究中，学到了什么？

49. 在我们的社会中，有什么样的价值观会助长性骚扰？

50. 你认为这个问题为什么会产生？

51. 你发现了什么？

52. 如果我们自己的孩子正在观察并从这个案例中学习，我们可以做些什么？

53. 这些可能的决定会产生哪些积极的和消极的影响？

54. 这些可能的决定会带来哪些长期的和短期的收益？

55. 我们还可以做什么来实现积极的意愿，同时把负面的影响最小化？

56. 以前的要求和新的要求之间有什么关键的差别？

57. 哪些部分是切实可行的？哪些部分不是？

58. 这样做的目标是什么？

59. 这会怎样帮助我们的学校更有效地开展工作？

60. 这会怎么影响学生？

61. 团队工作会怎样影响我们的教学？

62. 你觉得在此之下还有什么？

63. 在我们新的领导团队中，你想要看到怎样的新价值观？

64. 在有效引导学生的学习过程中，有哪些看起来是核心要素？

65. 你现在有什么不同了？

66. 从现在开始到一年之后，我们会有哪些变化？

67. 从大的方面看，今天的讨论中有哪些是重要的？

68. 对于乔尼和其他学生而言，哪些行为带来了最消极的影响？

69. 这一行为可能有哪些原因？

70. 这对于学生会有什么积极的和消极的影响？

71. 这对于教职工会有什么积极的和消极的影响？

72. 这对于学校系统会有什么积极的和消极的影响？

73. 这一决定背后的价值观是什么？

74. 关于这一点，你会给我们分享一个怎样的故事？

75. 我们的一些核心价值观是什么？

76. 我们会怎样谈论我们的使命感？

77. 你会做出怎样不同的处理？

78. 你学到了哪些东西？

79. 你学到了哪些在未来会对你有帮助的技能？

80. 如果其他一些学生申请参加这个项目，你会跟他们说些什么？

81. 这在课堂上看起来会是怎样的？

82. 在这些方法中，你注意到哪些相似之处？发现了哪些不同？

83. 从所有这些讯息中，显现出哪些主题？

84. 你在这所学校里听到大家反复谈论的是什么？

85. 对我自己教学而言，什么是最相关和最重要的？

86. 最挑战我的是什么？

87. 有哪些工具、技术、方法对你有帮助、起作用，并且是我们今年实践领导力的关键所在？

88. 有哪些事情你做过但没有起作用，或者有哪些事情你会在将来采取不同的方式去做（或者告诉别人不要那样做）？

89. 你在我的学习中发现有什么东西缺失了吗？

90. 现在你从这些工作示例中，对我的工作和进展有什么新的理解了吗？

91. 重复的优点和缺点各有哪些？

92. 你发现你的孩子有哪些学习的需求？

93. 在这一点上，哪些部分最需要引起注意？

94. 还需要哪些资源？

决定性层面的问题

1. 你会怎么总结你从这个版本的故事里学到的东西？

2. 你想到哪些在实践中的应用？

3. 你会怎么给这一切起个名字？

4. 如果你要给一个对此完全不知情的人解释你今天所做的，你会说些什么？

5. 画一幅与此有关的画。

6. 我们在下面几个月需要做些什么呢？

7. 谁会负责哪项任务呢？

8. 你有什么建议？

9. 我要做什么来完成这项作业？

10. 如果你再去拜访一次，你有哪些不同的做法？

11. 你觉得这些知识或经验会在未来怎样帮到你？

12. 需要把谁考虑进来？

13. 你会怎么开始？

14. 基于我们到目前为止所看到的，我们可以怎样设定到这周末要达成的学习目标？

15. 要掌控这个过程，我们需要做什么？

16. 请大家总结背后的原因。

17. 我们怎样实践自己学到的东西呢？

18. 这个故事怎样改变了你或是你的想法？

19. 你愿意做怎样的承诺？

20. 我们可以给这个练习起个怎样的名字？

21. 你会怎么总结这幅画对于当今世界的意义？

22. 这样的回答应该会怎样被组织起来？

23. 我们怎样才能互相支持？

24. 你可以在你的学校里做的一个跟进行动是什么？

25. 谁会为这些改变承担起责任？

26. 我们想为这个写作小组提些什么建议？

27. 我们接下来要做什么？谁来做？

28. 要完成这项工作，我们都需要做什么？

29. 请为我们这一年命名，也可以用一段诗或一幅视觉画面来概括。

30. 如果请你用两分钟时间来给一个没有参与这次会议的人解释这项政策，你会说些什么？

31. 你打算为你的项目计划采取的第一项行动是什么？

32. 我们可以做些什么事情来帮助你？

33. 为阻止骚扰的发生，我们可以做些什么？

34. 这些问题会产生哪些自然的结果？

35. 我们怎样才能解决这个问题？

36. 我们怎样才能与其他家长、教职工以及学生来沟通我们做出的决定？

37. 我们怎样把这些元素融合在一起，创造出一个我们需要的解决方案？

38. 这些东西会产生多少成本？

39. 我们怎么才能支付这些成本？

40. 谁来确保这些事情能够落地发生？

41. 可以采用哪些策略？

42. 我们怎样才能把这些关键因素融入我们学校的日常行为中？

43. 我们可以做些什么来避免这样的事再次发生？

44. 我们可以做些什么来彼此关怀？

45. 你会做怎样的选择？

46. 什么样的比喻可以用来总结这一天？

47. 我们什么时候需要回过头来评估哪些起了作用并重新分组？

48. 我们可以做些什么来限制他的破坏性行为并鼓励他的积极行为？

49. 我们可以做些什么来影响这个决定？

50. 我们可以做些什么来应对这一新情况——将负面影响最小化，同时强化或创造正面的影响？

51. 我们需要采取的第一个行动是什么？

52. 你想在什么情境下使用这种知识？

53. 为促使好的行为发生，我们可以做些什么？

54. 画一幅画，画出幼儿园最好的地方。然后给我讲讲你的画。

55. 你会建议做出哪些改变？

56. 你形成和学会了哪些可以用在你平时学习中的技能或知识？

57. 如果你需要更多帮助，你会去找谁？

58. 未来几年中，我们最需要聚焦在哪三四个方面来优先发展？

59. 我们在下一学年需要采取哪些行动？

60. 我们会具体聚焦在哪些方面？

61. 我会和我的同事分享哪些内容？

62. 谁（什么事情、行为等）需要被庆贺、认可、巩固、嘉奖、感谢？

63. 我们需要做些什么来确保这一点能实现？

64. 你今年收获的经验和形成的反思会怎样影响你明年的行动？

运用焦点讨论法的时机

——一个"开始—中期—结束"的框架示范

下面的框架为学校的部门主管提供了一些在实践中使用焦点讨论法的建议：如何在整个学年或一个学期的开始、中期、结束时使用焦点讨论法。

开始（9月或2月）

- 回顾暑假的经历
- 评估过去的课堂教学经验
- 明确学生在新学期的需求
- 反思上一次部门负责人的失败经验
- 重整旗鼓，再次确认集体的承诺
- 对未来社区关系进行规划
- 为未来专业发展（学习）进行规划
- 为植入转化实践制订计划
- 引入、培养合作技能，并在所有会议上进行拓展应用和实践
- 检查学生的理解情况
- 计划毕业典礼或校友聚会活动
- 反思一个学校团队、社团或组织的成败经验
- 部门、部门负责人委员会，教职工及学校委员会的会议
- 回顾这一学期的经验
- 评估个人在本学期内的成长、优势和劣势

- 明确学生在下一学期的需求
- 准备考试和阅读能力发展项目

中期 （10~12 月或 3~5 月）

- 准备考试和（跨学科）阅读能力发展项目
- 实施帮助学生的早期干预策略
- 课程小组的评价与评估准备
- 学校成功行动小组制订计划
- 完善补修学分项目
- 对教职工和学生身心健康及需要的支持
- 在期中报告后，反思教师的教学实践
- 检查学生的理解情况
- 计划课程结束策略
- 为未来做出明智的课程选择和计划
- 数学测试及干预
- 春假后的重点工作计划
- 教职工和学生的身心健康和需要的支持
- 部门、部门负责人委员会，教职工及学校委员会的会议
- 部门负责人为保证下一学年的成功而制订计划

结束 （1 月或 6 月）

- 准备期末评估
- 准备数学测试
- 教职工和学生的身心健康
- 检查学生的理解情况
- 就学生对课程的反馈进行评估
- 反思这一年的经验，明确未来计划的关键点
- 部门、部门负责人委员会，教职工及学校委员会的会议

附录五
参与式共识工作坊方法（ToP^{TM}）^①

参与式共识工作坊方法可以帮助引导者把参与者的个人想法汇集为集体的共识。这个方法可以用于计划、构建模型和问题解决。一般用时 1~3 小时。

准备
在准备这一工作坊时，很重要的步骤是确立以下内容。

理性目标：工作坊的产出，包括讨论的产品、结果、决定、理解等内容。这一目标要体现产出的种类，而不是产出的具体内容。

体验目标：你希望团体在工作坊中获得的体验，或你希望参与者因为参与讨论而产生何种不同。

焦点问题：一个指向讨论主题的开放性问题，这一问题可以令团体聚焦于希望得到的讨论结果上。焦点问题可以激发头脑风暴，为分组和命名提供指导。

团体过程的步骤
在使用参与式共识工作坊方法时，有五个主要步骤：

> 设定情境——设置讨论氛围；
>
> 头脑风暴——产生新想法；

---

① ToP^{TM}是文化事业学会的注册商标，包括一系列参与式讨论的方法，是由文化事业学会的工作人员在 1966 年到 1986 年间开发和完善的。

分组——形成新关系；

命名——澄清共识；

就讨论进行反思——确定结果。

具体而言，这几个步骤包含如下内容。

1. 设定情境——设置讨论氛围

为团体给出工作的背景。

澄清开设工作坊的原因和目的，包括过往情况等。

解释期待的产出或结果。

简要介绍讨论过程、时间框架、参与的指导原则。

强调焦点问题。

2. 头脑风暴——产生新想法

头脑风暴出35~60个想法，回应焦点问题。

每个人进行个人头脑风暴，从自己的清单上选出"最好的"想法。

在小组中继续头脑风暴。（从整个团体中要得到的想法是50个左右，所以用50除以小组数，得到每组要提供的想法数量）

在小组里，把每个想法都用粗笔写在宽5英寸、长8英寸（12厘米×20厘米）的卡片上。

3. 分组——形成新关系

把针对焦点问题的想法放在一起，并把这些想法分成不同的组。

从每组收集想法。向所有人大声读出卡片上的内容，并把卡片用墙泥或胶带固定在墙面上。让参与者知道，他们可以提一些问题来澄清卡片上的内容。如果大家不太理解某个想法，就请提出这个想法的小组来简要地解释一下。通过几轮来进行这样一个过程。在第一轮时，请每个组提供两个最清晰的想法。在第二轮时，请每组提供两个最有力的想法。

找到5~6对想法，每一对的想法是用类似的方式回应焦点问题。把这些卡片放在一起，用一个中性的符号来标记，比如画一个圈，这样团体就可以用符号来表征这类想法。通过这种方式，你实际上是在根据分类创建卡片的列或群组。

询问团体，是否还有跟已粘贴上墙的卡片不同的想法，如果有的话也收集起来，读出每个新的想法。

继续分类，直至所有的想法都被分成不同类。

4. 命名——澄清共识

给每组想法起一个名字，让这些不同的命名揭示团体对于焦点问题所给出的答案。

读出一组中所有的卡片。

询问团体，这些卡片的关键词是什么。

讨论这一组的内容，澄清与焦点问题相关的主要想法。

给这一组起一个简短的名称，这个名称可以吸纳团体的智慧和共识，同时可以作为解决焦点问题的一个答案。

5. 就讨论进行反思——确定结果

帮助团体反思自己的经验和所达成的共识。

重新排列卡片组，拼搭成一个"表格"，可以体现整体画面和不同组之间的关系。

用焦点讨论法对工作坊进行总结。（印象深刻的想法、惊喜、新想法、主要的发现和共识）

明确接下来要采取的步骤。（什么、谁、何时、如何做）

附录六
焦点讨论法之歌

这首歌是由一组最近学习了焦点讨论法的引导者们创作的，他们用这样一种特别的方式介绍了这个方法的步骤。

焦点讨论法之歌

嘿！你想让每个人都参与
想让大家畅所欲言，毫不迟疑
让每个人都进入一个频道
这就是我们说的 ICA 秘籍

首先，你要问发生了啥
有什么无聊，什么精彩
要是在讨论里你能找到这些事实
也就开始了我们的观察之旅

可只有这些信息还远不够
你得进入事实后的感受层面
大家都有哪些感受？
问些反应性问题吧！
答案就会向你显露

这个引导的过程一定会让你渴望

渴望知道大家学得怎样

如果你想像个 ICA 老手那样

就要提出个诠释性的问题

所以我们要做点什么呢?

对我、对你,各担其责

准确有力,提出问题

你就会获得一个团体决策

O-R-I-D

它带来共识

消解张力

拆除藩篱

加入我们吧

和你的兄弟姐妹一起!

现在,你知道该怎么引导别人了吧?

焦点讨论法流程

可用于教授焦点讨论法过程的海报

适用于儿童的焦点讨论法视觉呈现图

把这些海报张贴在教室墙面上，有助于焦点讨论法在课堂中的应用。

O. R. I. D.
通向批判性思维之路
2002 年 5 月 2 日
© Institute of Cultural Affairs

客观性层面的思考

· 我看到什么，听到什么
· 只是事实

反应性层面的思考

· 我内心有何反应

诠释性层面的思考

· 我在想什么
· 那是什么意思

决定性层面的思考

· 我做什么

适用于青少年和成人的焦点讨论法视觉呈现图

把这些海报张贴在教室墙面上，有助于焦点讨论法在课堂中的应用。

O. R. I. D.

通向批判性思维之路

2002 年 5 月 2 日

© Institute of Cultural Affairs

客观性层面的思考

· 外部的

· 感官（看、听、闻、尝、触）

· 可直接观察到的

· 事实和信息

反应性层面的思考

· 内在的

· 即时的回应或反应

· 感受和直觉

· 记忆和联想

诠释性层面的思考

· 隐含的意思

· 意义

· 重要性

· 价值

· 故事

· "为什么?"

决定性层面的思考

未来解决方式：

· 接下来的步骤

· 谁会做

· 产出

· 达成的目标

· 应用

· 总结

附录九

相关表格工具

焦点讨论法工作表

焦点讨论法的设计框架	
参与者：	主题：
理性目标：	体验目标：
开场白：	
具体的讨论起点：	
O 客观性层面	
R 反应性层面	
I 诠释性层面	
D 决定性层面	
结束语：	

焦点讨论法的设计框架

参与者：					主题：			
理性目标：					体验目标：			
开场白：								
具体的讨论起点：								
O 客观性层面								
R 反应性层面								
I 诠释性层面								
D 决定性层面								
结束语：								

焦点讨论法的方法流程表

主题：

开场白：

理性目标：	体验目标：		结束语：
客观性层面	反应性层面	诠释性层面	决定性层面

参考文献

Ada, Alma Flor, and María del Pilar de Olave, *Hagamos Caminos*, *Exploramos*, *Teacher's Edition*, World Language Division, Addison-Wesley, Menlo Park, CA, 1986

BaFá-BaFá, a simulation game from Simulation Training Systems, P. O. Box 910, Del Mar CA 92014, sts@ cls. com, website: www. stsintl. com/schools/bafa. html

Bloom, Benjamin, *Taxonomy of Educational Objectives*, David MacKay, New York, 1956

Boulding, Kenneth E., *The Image: Knowledge in Life and Society*, University of Michigan Press, Ann Arbor, 1956

Bruner, Jerome, *The Culture of Education*, Harvard University Press, Cambridge, Mass, 1996

Chagnon, Lucille, *Voice Hidden*, *Voice Heard: A Reading and Writing Anthology*, Kendall-Hunt, Davenport, IA 1998

Clark, Barbara, *Optimizing Learning: The Integrative Education Model in the Classroom*, Merrill Publishing, Columbus, OH, 1986

Dewey, John, *Art as Experience*, Minton, Balch and Co., New York, 1934

Dickinson, Dee, *New Developments in Cognitive Research*, New Horizons for Learning, Seattle, 1987

Drath, Wilfred H. and Charles J. Palus, *Making Common Sense: Leadership as Meaning-making in a Community of Practice*, Center for Creative Leadership, Greensboro, North Carolina, 1994

Gardner, Howard, *Frames of Mind: The Theory of Multiple Intelligences*, Harper and Row,

New York, 1983

Goleman, Daniel P., *Emotional Intelligence*, Bantam, New York, 1995

Guild, Pat Burke and Stephen Garger, *Marching to Different Drummers*, Association for Supervision and Curriculum Developments, Alexandria, VA, 1985

Hutchinson, Robyn, *Family Youth Conferencing Process*—developed with Restorative Justice Unit, NSW Police for teacher/student use, Lewisham, Australia, 2000

ICA CentrepointS: "The Art Form Method" on Golden Pathways CD-ROM, Chicago, 1996

Institute of Cultural Affairs, Imaginal Training Methods, *Image: A Journal on the Human Factor*, Volume XI, Chicago, 1981

Institute of Cultural Affairs, *Fifth City Preschool Education Manual*, Chicago, 1981

Jenkins, John, *International Facilitator's Companion*, DigiTALL, Groningen, The Netherlands, 1997

Johnson, D., R. Johnson, and E. J. Holubec, *Cooperation in the Classroom*, Interaction Book Company, Edina, MN, 1988

Kierkegaard, Søren, *Despair: The Sickness Unto Death*, Princeton University Press, Princeton, NJ, 1980

Kloepfer, John, "The Art of Formative Questioning, A Way to Foster Self-Disclosure", in *Group Facilitation: A Research and Applications Journal*, International Association of Facilitators, Winter, 1999 Volume 1, Number 1

Kolb, David, *Learning Style Inventory*, McBer and Co., Boston, 1976

Kolb, David, *Experiential Learning: Experiences as the Source of Learning and Development*, McBer and Co., Boston, 1984

Langer, Susan, *Reflections on Art*, Arno Press, New York, 1979

Lazear, David, *Seven Ways of Knowing: Teaching for Multiple Intelligences*, IRI Skylight, Palatine, IL, 1991

Lazear, David, *Seven Ways of Teaching: The Artistry of Teaching with Multiple Intelligences*, IRI Skylight, Palatine, IL, 1991

McCarthy, Bernice, *The 4MAT System: Teaching to Learning Styles with Right/Left Mode Techniques*, EXCEL Inc., Barrington, IL, 1980

McCarthy, Bernice, "What 4MAT Training Teaches Us about Staff Development", in *Edu-*

cational Leadership 42, 7 (April 1985)

Perkins, David, *Smart Schools: Better Thinking and Learning for Every Child*, Free Press, New York, 1992

Piaget, Jean, *The Construction of Reality in the Child*, Basic Books, New York, 1954

Piaget, Jean, *The Psychology of Intelligence*, Littlefield Adams, Totowa, NJ, 1972

Seagren, Ronnie, "Imaginal Education", in *Approaches that Work in Rural Development*, Volume 3, K. G. Saur, Munchen, 1988

Saul, John Ralston: from an address to the graduating class of the University of Western Ontario, Spring 1999, as quoted by Robert J. Giroux, "The Need for Long-Term Thinking and Support" in *Education Canada*, Fall 1999, Vol. 39, No. 3

Schein, Edgar, *Organizational Culture and Leadership* (2nd ed.), Jossey-Bass, San Francisco, 1992

Slotta, OliveAnn, editor, *Imaginal Education Workbook*, Institute of Cultural Affairs, Denver, CO, 1996

Spencer, Laura, *Winning Through Participation*, Kendall/Hunt, Davenport, IA, 1992

Stanfield, R. Brian, editor, *The Art of Focused Conversation: 100 Ways to Access Group Wisdom in the Workplace*, ICA Canada and New Society Publishers, Toronto, 1997

Williams, R. Bruce, *Twelve Roles of Facilitators for School Change*, IRI Skylight, Arlington Heights, Illinois, 1997

Williams, R. Bruce, *More than 50 Ways to Build Team Consensus*, IRI Skylight, Arlington Heights, Illinois, 1993

出版人　李　东
策划编辑　刘　灿　谭文明
责任编辑　谭文明　郑　莉
版式设计　沈晓萌
责任校对　张　珍　张晓雯
责任印制　叶小峰

图书在版编目（CIP）数据

关键在问：焦点讨论法在学校中的应用／（加）乔·
尼尔森著；屠彬译. —北京：教育科学出版社，
2016. 10（2023. 9重印）
　　（学校引导力提升丛书）
　　书名原文：The Art of Focused Conversation for
Schools：Over 100 Ways to Guide Clear Thinking
and Promote Learning
　　ISBN 978-7-5191-0805-2

　　Ⅰ.①关…　　Ⅱ.①乔…②屠…　　Ⅲ.①教学法—研究
Ⅳ.①G424. 1

中国版本图书馆CIP数据核字（2016）第215742号

北京市版权局著作权合同登记　图字：01-2015-4937号

学校引导力提升丛书
关键在问——焦点讨论法在学校中的应用
GUANJIAN ZAI WEN——JIAODIAN TAOLUNFA ZAI XUEXIAO ZHONG DE YINGYONG

出版发行	教育科学出版社		
社　　址	北京·朝阳区安慧北里安园甲9号	市场部电话	010-64989009
邮　　编	100101	编辑部电话	010-64981357
传　　真	010-64891796	网　　址	http://www.esph.com.cn
经　　销	各地新华书店		
制　　作	北京金奥都图文制作中心		
印　　刷	唐山玺诚印务有限公司		
开　　本	720毫米×1020毫米 1/16	版　　次	2016年10月第1版
印　　张	20.75	印　　次	2023年9月第11次印刷
字　　数	293千	定　　价	59.80元

如有印装质量问题，请到所购图书销售部门联系调换。

Original English Title

The Art of Focused Conversation for Schools: Over 100 Ways to Guide Clear Thinking and Promote Learning

By Jo Nelson

First Published 2001 by The Canadian Institute of Cultural Affairs, Toronto, Ontario, Canada